ライブラリ 心理学の杜 1

心理学概論

行場次朗・大渕憲一　共著

サイエンス社

監修のことば

　心理学はどの大学でも，もっとも人気のある科目の一つです。一般市民向けの講座でも，同様です。心理学への関心の高さは，人間とは何かという尽きぬ疑問のせいもありますが，一方で，暴力と虐待，環境と災害，紛争と差別，少子化など，様々の社会問題に人の心の特質が関与しているからと思われるからでしょう。心理学に携わる者にとっては，人々のこうした関心に応えるためにも，心理学の知識を社会に対して正しく伝えていく責務があります。その中核を担うのは大学教育です。

　実証科学としての心理学では，日々，新しい知見がもたらされ，新しい理論が提起され，新しい技術が開発されています。脳科学，遺伝学，情報学など隣接諸学とのコラボレーションも進み，新展開を見せている心理学分野がある一方で，社会の諸課題に挑戦する応用分野でも心理学者の活発な活動が見られます。知識体系，技術体系としての心理学の裾野は益々広がりを見せています。大学における心理学教育も，これらの発展を踏まえ，教育内容を絶えず書き換え，バージョンアップしていく必要があります。

　近年，我が国の心理学界では大きな動きがありました。2017年より公認心理師法が施行され，心理専門職の国家資格がスタートしました。これに先立って，心理学を講ずる各大学や関連諸学会では，大学における心理学教育の在り方をめぐって精力的に検討が行われ，いくつかの団体から標準カリキュラムの提案もなされました。心理学徒の養成を担う大学での今後の心理学教育は，こうした議論や提案を踏まえたものになる必要があり，このためにも，そこで使用される心理学テキストの内容については抜本的見直しを行うことが急務です。

　本ライブラリは，これらのことを念頭に構想されました。心理学の基本となる理論と知識を中核に据え，これに最新の成果を取り入れて構成し，現代の心理学教育にふさわしい内容を持つテキスト・ライブラリを刊行することが目標です。公認心理師養成課程はもちろん，それ以外の心理学専門課程や教養としての心理学にも対応できるよう，教師にとって教えやすい簡明な知識の体系化をはかり，同時に，学生たちが読んで分かりやすい内容と表現を目指します。

監修者　大渕憲一

阿部恒之

安保英勇

まえがき

　心のはたらきは自分で体験できるとても身近なものですが，案外，気づかないところがたくさんあり，驚きや不思議さ，不安や心配を感じてしまいます。それだけに多くの方たちが心理学に興味を持ち，一般書を読んでみたり，公開講座に足を運ばれたりしています。

　心理学を大学で本格的に学ぼうとするときに，最初に出会い，学修することを求められるのが「心理学概論」です。2017 年よりスタートした心理専門職の国家資格である公認心理師となるために必要な科目においても，心理学概論が初めのほうに位置づけられています。また，本書が収められている「ライブラリ 心理学の杜」でも第 1 巻が『心理学概論』となっています。

　このようにオープニングとしての重要な役割を担うのが心理学概論なので，その内容構成を企画するときには様々な配慮や工夫を行いました。まず，心理学がカバーするテーマの広さを実感し，学問としての成り立ち（歴史）を体系的に学ぶことができるように，第 1 章「心理学とは」と第 2 章「心理学の歴史」を設けて解説を行いました。

　次に心理学の主要な領域についての基本的知見や理論を相互に関連づけて学ぶことができるように，以下のような領域のペアを作りました。心の入り口にあたるともいえるはたらきをまとめて第 3 章「感覚と知覚」とし，情報を選択して解釈するはたらきを第 4 章「注意と認知」，経験を蓄積して心を紡いでいくはたらきを第 5 章「学習と記憶」としました。そして，人間特有のコミュニケーションや推論などのはたらきをまとめて第 6 章「言語と思考」とし，マインドよりもハートと呼ばれることが多い心のはたらきを第 7 章「感情と動機づけの心理学」として解説を行いました。ここまでの領域は基礎心理学としての特色を多く持っていますが，さらに応用や実践的側面も多く含まれる領域を，第 8 章「発達心理学」，第 9 章「パーソナリティの心理学」，第 10 章「社会心理学」，第 11 章「臨床心理学」として取り上げ，代表的な知見や理論とともに社会生活上の様々な問題とのつながりがよくわかるように概説を行いました。

このような章立ては，公認心理師のために日本心理学会が定めた標準シラバスにほぼ準拠し，大きく外れることのないような構成となっています。

　現代の心理学の進歩や展開はめざましく，関連領域や学際領域は日々拡大しています。様々な難問に直面している 21 世紀において貢献が期待される文理融合的分野として「心の科学」がよく取り上げられています。このような心理学の発展領域を知ってもらうために，第 12 章「脳科学と心理学」，第 13 章「認知科学・人工知能と心理学」，第 14 章「行動経済学と心理学」，第 15 章「健康と安全の心理学」を設け，新たな種々のテーマに挑戦し貢献する心理学の姿を紹介することにしました。

　したがって，本書は全体として 15 章で構成されています。大学の授業は半期 15 回や通年 30 回でなされることがほとんどなので，シラバスにもなじみやすいのではないかと思います。

　心理学概論というと，かための講義内容を思い浮かべてしまうかもしれませんが，心理学の内容はバラエティ豊かで，独特の面白さや深みを持っています。そのような心理学を学ぶ楽しさを味わってもらう工夫として，各章には，興味深い研究例や，事例，学説などについて BOX を設けて紹介しました。本書が，心理学を初めて本格的に学ぶ方たちにとって，心のはたらきについて体系的に学び，そして心理学のさらなる魅力を感じ，関心を引き出すスイッチとなることを望んでやみません。

　最後に，本書の企画から出版までサイエンス社編集部の清水匡太氏に大変お世話になりました。記して感謝いたします。

2021 年 4 月

　　　　　　　　　　　　　　　　　　　　行場次朗・大渕憲一

目　次

第6章　言語と思考　99

第7章　感情と動機づけの心理学　113

心理学とは

　心理学という学問分野を理解する上で，その歴史を振り返ることは有意義です。心理学は，19世紀後半，独自の学問としての産声を上げました。1908年，ドイツの実験心理学者，エビングハウス（Ebbinghaus, H.；1850-1909）は，その著書『心理学要論（*Abriss der Psychologie*）』の巻頭で「心理学は長い過去を持つが，その歴史は短い」と述べました。古代から様々な分野の学者たちが，人間性に関する探求を続けてきました。その過程で彼らは心身相関などにも気づいていました。心理学の「長い過去」とは，良い意味では，人間性に関するこうしたエピソードや観察に事欠かないこと，悪い意味では，その多くは客観的基盤のない机上の議論に過ぎなかったことです。人の心についても，体系的かつ実証的な科学的アプローチによって，客観的で信頼できる理論とデータを生み出すことができると信じる研究者が現れたとき，エビングハウスの言う心理学の「短い歴史」が始まりました。

1.1　心理学とは何か

　心理学という学問があることは一般の人々も知っており，漠然とですが，ある種のイメージを持っているようです。例えば，「脳の研究かな」とか「人の心についての学問ね」などです。また，心理学者については，人の心が読めて，人を操ることができるマジシャンのように思っている人もいて，実際，そうした特殊な技能を持つ専門家として，心理学者が登場する映画やテレビドラマもあります。「専門は心理学です」と言ったとたん，相手が困惑したように「それじゃ，言葉に気をつけなくちゃ」と反応された経験を持つ心理学者は少なくないでしょう。心理学者というものは，常に周りの人の言動を分析し，人の心

の奥底に隠された秘密を暴こうとしているかのように思っている人もいるようです。

　心理学が人の心や脳に関する学問であることは間違いありませんが，心理学者なら人の心の秘密を簡単に覗き見ることができるというのは真実ではありません。心理学の最も簡潔な定義は「**心の科学**（the science of the mind）」というものです。では，この場合の「心」とはいったい何を指すのでしょうか？また，「科学」とはどういうことなのでしょうか？

　「心」とは，態度，思考，感情，行動など，人間が示す多様で複雑な動きすべての源となるもので，心理学は，これら心のはたらきを探求する学問です。一方「科学」とは，心理学者が，他分野の科学者たちが用いているものと同じ厳密な方法を用いて心を研究しようとしていることを指します。それは，観察，実験，仮説検証などです。

　脳生理学者は神経細胞を顕微鏡や脳画像で観察しますが，心は，そのようなやり方で直接観察はできません。脳のスライス画像をいくら撮っても，心の中で今何が進行しているかを知ることはできません（第 12 章参照）。心理学者は，心がどのようにはたらくかに関して理論仮説を立て，これを検証するために人間行動を研究するという方法をとります。心理学の研究は，人がどのように考え，どう感じ，どう行動するかを理解し，説明しようとするものですが，科学であろうとすることから，観察，測定，分析にあたっては，組織的で厳密，かつ客観的な手続きを用いて人間行動の原因を探求しようと試みます。こうした点を押さえた上で心理学のより正しい定義を示すなら，それは「**心と行動の科学的研究**（the scientific study of mind and behavior）」ということになります。

1.2　心理学の起源

　心理学は，哲学や生物学から派生・進化してきましたが，興味深いことに，いずれも古代ギリシャの哲学者に遡ります。例えば，現代の心理学者も人の心のはたらきを「**知，情，意**」に分けて論じますが（**表 1.1**），このような区分を最初に提起したのはプラトン（Plato；B.C. 427-347）です。その弟子，アリ

表 1.1　心の 3 機能

知：心の知的はたらき。知覚，認知，記憶，言語など。
情：心の情的はたらき。感情，気分など。
意：心の動的はたらき。意欲，関心，欲求，動機づけなど。

ストテレス（Aristotelēs（Aristotle）；B.C. 384-322）は著書『心とは何か』の中で，心をやはり機能とみなし，それはすべての生物に存在するが，植物は栄養能力，動物はそれに加えて感覚能力と運動能力を持ち，人間はさらに思考能力を持つなど，心の機能に階層性があると論じました。もともと，「**心理学（psychology）**」という語はギリシャ語の**プシケ**（psychē；BOX1.1 参照）と**ロギア**（logia）に由来します。前者は文字通り「心」を意味し，後者は何かを探求するということです。

　心理学を独立した学問として確立したのは，1879 年に初めて心理学実験室をドイツのライプツィヒ大学に作ったヴント（Wundt, W. M.；1832-1920）（第 2 章，図 2.5 参照）です。彼は意識を研究対象とし，刺激を組織的に変化させて意識の変化を内省的にとらえようとしました。これは**内観法**と呼ばれます。20 世紀初頭，心理学者の研究対象は意識から観察可能な行動へと移り，**行動主義者**たちによって行われた実験的研究とそこから生まれた理論によって現代心理学の基礎が築かれました（第 2 章参照）。

　20 世紀半ば，人間の**認知**についての研究が盛んになり，この分野の研究者たちも，厳密な実験室ベースの科学的アプローチを採用しましたが，行動の説明にあたって人の内的過程により注意を向けるようになり，これが心理学の対象領域を格段に拡張させました。筆者自身，心理学を学び始めた半世紀前，心理学ではとても扱えないだろう思っていた事象について，今日，多くの研究が行われているのを見て，心理学分野の拡大を実感することがありますが，そのほとんどはこの「**認知革命**」によってもたらされたものです（第 13 章参照）。

BOX 1.1	女神プシケ

　「プシケ」とは，もともとは「息」という意味のギリシャ語です。生きている人は常に呼吸をしていますが，死んでしまうとそれが止まってしまうことから，ギリシャ人は息を魂と同一視していました。プシケは，また，女神の名前です。ギリシャ神話に登場するプシケの物語は，愛欲に苦しみ，周りの人の思惑に振り回される女性像を描いた生々しいもので，ここにギリシャ人が抱いていた人の心の本質，つまり，惑いや弱さこそ人の心であるとの観念が暗示されています。

1.3　心理学の主要テーマ

　研究領域の拡大とともに，心理学は，今では，人間の広範な経験をカバーする学問となりました。それは，**感覚と知覚**，**学習と記憶**，**思考と言語**，**動機づけと情動**，**パーソナリティ**と**社会的行動**，**知能**，子どもの**発達**，**精神疾患**などです。心理学者たちの活動を見ると，最新の機器と技術を使って脳の生物学的研究をする者，人間がどう情報処理を行うかをコンピュータとの比較で分析する者，人間行動を進化の視点から考察する者もいれば，人間の行動と思考に及ぼす文化と社会の影響を研究している者など，実に多様です。

　「心理学とは何か」を抽象的に論じるよりも，現代社会において，心理学者たちが，実際，どんな研究テーマや課題に取り組んでいるのか，あるいは専門職としては社会のどんな場所でどんな活動をしているのかなどを具体的に見ていくほうが，心理学についての理解が深まると思われます。そこで本節では，現代心理学の主要テーマを見ていくことにします。

　各テーマは，本書の後続の章で取り上げて詳しく論じますので，関心を惹かれたテーマについては，それらを読んでいただきたいと思います。

・異常の心理（第 11 章）

　これは，「**正常**」範囲から逸脱し，異常な行動を示す人たちの心理に関する研究です。何が「**異常**」かの基準は複数ありますが，この分野では主として精神疾患／障害の研究と治療に焦点が当てられます。臨床心理学は異常心理学の

応用分野で，医療機関など臨床実践の場で心理的問題や精神疾患を査定し，理解し，治療しようとするものです。臨床心理学者たちの中には，自分たちの支援対象者に「異常」という用語を使いたがらない人もいます。

・脳と神経作用（第12章）

これは，心理過程や行動と関連づけながら脳の構造と機能を探求するものです。この分野は**神経科学**（neuroscience）と密接に関連し，脳損傷や脳異常を探るためだけでなく，脳の正常な機能の解明にも fMRI や PET などの脳画像を多用します。神経心理学者の多くは研究機関で仕事をしていますが，臨床・司法機関で対象者の査定に携わったり，産業分野で薬理効果の研究などに神経心理学的知識を活用している例もあります。

・臨床の理論と技法（第11章）

心理学のこの分野は，メンタル・ヘルスの問題を抱える人の査定，診断，治療などを行うものです。そのうち，**認知行動アプローチ**は，行動主義や認知学派から発展したもので，患者の感情，行動，思考がどのように相互作用するかを分析しようとします。**精神力動アプローチ**は，人間の行動において無意識が中心的役割を果たすとした精神分析学者のフロイト（Freud, S.；1856-1939）から発展したものです。**人間主義アプローチ**は，マズロー（Maslow, A. H.；1908-1970）やロジャーズ（Rogers, C. R.；1902-1987）などの理論と研究に端を発します。この視点は全人的に個人を理解しようとするもので，自己実現などの概念に基づいて，対象者が自分自身で問題を克服できるよう支援します。臨床心理学者たちは，医療機関，保健・福祉などの行政サービス機関で働いていますが，中には，クリニックを経営する人もいます。

・認知と情報処理（第3〜6，13章）

「**認知心理学**（cognitive psychology）」という用語は，1967年，ナイサー（Neisser, U.；1928-2012）が同名の著書を出版したときに使ったもので，注意，言語，記憶，知覚，問題解決，創造性，思考，学習，意思決定など，人間の情報処理過程を研究する学問領域を指します。これを契機に心理学に「**認知革命**」が起こり，研究の潮流は，観察や測定が容易な外顕的行動に焦点を当てていた1950年代の**行動主義的アプローチ**から，行動を説明する内的過程に焦点

を当てる**情報処理アプローチ**へと変わりました。認知はほとんどすべての心理学テーマに含まれる心的プロセスで，その意味では現代心理学の要といえる概念です。

・発達と加齢（第8章）

　これは，人間の成長・発達を生涯にわたって研究する分野です。**発達心理学**（developmental psychology）では，以前は乳幼児など幼い子どもたちが主な研究対象でしたが，今日では，青少年，成人，老人までを含め，幅広い年齢層を対象に**加齢**現象が検討されています。人間のすべての機能に発達的変化が見られますが，この分野では**認知能力**，**道徳性**，**社会性**，**自己認識**と**アイデンティティ**などがよく取り上げられます。

・動物行動との比較（第5，8章）

　人間の行動の意味を理解する上で，他の動物の類似の行動と比較することは有益です。**比較心理学**（comparative psychology）では，動物との類似点と相違点に注目することによって，人間の行動特性における**遺伝性**，**適応**，**進化**的変化などの問題が議論されてきました。代表例には，**古典的条件づけに関するパブロフ**（Pavlov, I. P.；1849-1936）（図5.1 参照）の研究，**愛着理論**の発展に結びついたハーロウ（Harlow, H. F.；1905-1981）のアカゲザル研究などがあります。また，ローレンツ（Lorenz, K. Z.；1903-1989）の**動物行動学**（ethology）や，今西錦司（1902-1992）に始まる日本の**霊長類学**（primatology）などとも密接な関連性を持ちます。

・進化と適応（第2章）

　他の生物同様，人間も進化の産物なので，それが示す行動特性は**自然淘汰**（natural selection）を受けてきたものと考えられます。これまで述べてきたような人間の心理的特性（認知，社会性，道徳性など）もまた，人間の祖先が生存のために環境に適応しようとして生み出されたものである可能性があります。**進化心理学**（evolutionary psychology）はダーウィン（Darwin, C. R.；1809-1882）の自然淘汰理論に歴史的起源があります。ダーウィン自身，著書『種の起源（*On the origin of species*）』（1859/2009）の中で進化心理学の発展を次のように予言していました。「遠い将来，より重要な研究分野が拓かれるであろ

う。心理学は新しい基盤の上に築かれるであろうが，それは，心の各機能と能力は徐々に獲得されてきたという［淘汰の］原理である。」

• 個人差研究（第 9 章）

　個人差は心理学における最も古い歴史をもつ研究テーマです。主なトピックは，**性格や気質**，**動機づけ**，**知能**，他の能力，**ライフ・スタイル**，**価値観**などです。こうした個人差を総称して「**パーソナリティ**（personality；個性）」と呼ぶことがありますが，狭義ではこの用語は性格・気質を指します。代表的なパーソナリティ理論としては，フロイト（**図 2.7 参照**）の心的構造モデル，**ビッグ・ファイブ**（Big Five）**理論**などがあります。また，能力の評価・測定にも心理学者は古くから取り組んできましたが，その成果は**知能検査や発達検査**を生み出し，障害・発達臨床の現場で利用されています。

• 人間関係と集団（第 10 章）

　実生活では，他の人たちとの関わりが不可欠で，その中で人の心と行動は様々に影響を受けます。他の人と一緒にいることによって，人の心と行動がどのように変化するかを調べることが**社会心理学**（social psychology）の基本テーマです。また，家族や友人は誰にとっても大切なものですが，それはなぜでしょうか。これは人間関係が人にとって持つ意味を問うもので，これに答えることも社会心理学の重要な使命です。その他，コミュニケーション，**攻撃と援助**，**協力と搾取**，**同調と服従**，集団行動と**リーダーシップ**，**社会的知覚**（social cognition），**偏見**（prejudice）と**差別**（discrimination），**流行**，**文化**など，人々の間や集団内で起こる多様な現象が社会心理学者の研究対象です。

• 産業と組織運営（第 14，15 章）

　この分野にも，心理学の知識と理論を応用できる課題がたくさんあります。効果的な**広告・宣伝**，**マーケティング**による消費者**嗜好**の調査，効率を上げるための職務形態と環境整備，人が使いやすい**製品デザイン**，効果的な訓練プログラムの開発，従業員の職務能力・態度の評価と選抜，職場の安全と健康の心理学的分析，集団心理から見た組織運営のあり方，適切な**リーダーシップ**（leadership），謝罪会見，等々です。欧米ではこの分野にたくさんの心理学者が，研究者あるいは実務家として参入しています。

•情動，ストレス，健康（第7，15章）

　病気の発症には医学的要因（ウイルス，腫瘍など）だけでなく，心理的（態度や信念など），行動的（生活習慣など），社会的（貧困や有害環境など）な要因も関与しています。また，近親者との死別，災害や事故，人間関係のトラブルなどの**ストレス**（stress）から精神面で不調に陥る人も少なくありません。**健康心理学者**（health psychologist）は，カウンセリングなどの手法を用いて，悩みを持つ個人に対して指導や助言を行うだけでなく，一般の人々に対して保健行動を促すための啓発活動や公衆衛生施策に関与することで，社会全体の健康増進を図る役割も果たしています。この分野は感情とストレスに関する基礎研究から発展してきました。感情や気分は心理学者たちが古くから関心を持ってきたテーマですが，依然として謎の多い分野です。負の感情はストレスの指標であり，一方，正の感情はこれを軽減させることから，感情研究の成果は健康の維持・回復に応用可能です。

•犯罪捜査，裁判，更生（第11章）

　裁判所，矯正施設（刑務所，少年院），警察などの**司法機関**では，思いのほかたくさんの心理学者が働いています。彼らは，犯罪の予防，捜査，原因分析に加えて，犯罪者や非行少年の立ち直り支援などに従事しています。裁判における被告の**心理鑑定**，**目撃証言**（eyewitness testimony）の信ぴょう性の検証などが心理学者に求められることもあります。フィクションの世界ではプロファイリングによって犯人像をぴたりと当てる心理学者が登場しますが，それは誇張としても，捜査を支援する心理学的技術は着実に向上しています。

•学習と学校不適応（第5，11章）

　人がどのようにして新しい知識や行動パターンを習得するか，その学習と動機づけのメカニズムは心理学で最も早期に取り組まれた研究テーマの一つです。その知識を応用しているのは，学校などの教育機関で仕事をしている心理学者たちです。彼らは子どもたちの個性をとらえるとともに，彼らに対する効果的な**教授・指導法**の開発を進めており，その成果に基づいて教師たちに対する訓練やアドバイスを行います。さらに発達臨床の専門家たちは，**学習障害**（learning disorder），**発達障害**（developmental disorder），**不登校**（school refusal）

などで悩む子どもたちやその親に対して心理学の観点からアドバイスを与え，また他の専門職と連携して問題の改善と関係者の支援にあたっています。

• スポーツとエクササイズ（第 15 章）

　新しい心理学分野の一つはスポーツとエクササイズです。**スポーツ心理学**（sports psychology）や**コーチング心理学**では，アスリートに心理面から効果的なトレーニング方法をアドバイスし，また，競技に向けた心構えを作るよう支援します。その中には，ストレス対処法も含まれます。一般の人々の間では，心身の健康のために運動やレクリエーションへの関心が高まっています。これを管理運営する団体に対して心理学の観点からアドバイスする心理専門職も現れてきました。

　以上，心理学の諸領域と主要テーマを見てきましたが，それらはいずれも基礎研究と応用研究のクロスするところから生まれたものです。**基礎心理学**（basic psychology）は，信頼性の高い知識と理論を生み出すことを目指し，そのために科学的方法を用いることが原則です。そして，理論に基づいて仮説を構築し，これを観察や実験によって検証し，統計的技法を用いて知見を分析します。**応用心理学**（applied psychology）は，現実の問題解決を志向しますが，この問題に関与する人の心のはたらきを理解した上で，その人たちにはたらきかけて，問題解決のためにより良い効果を生み出そうとしています。

復 習 問 題

1．人の心を科学的に研究するとはどのようなことか，説明してください。

2．現代の心理学と関連性を持つ他の学問領域を列挙し，なぜ心理学が幅広い学際性を持つようになってきたのか，その理由について考察してください。

3．心理学の応用分野である臨床心理学や健康心理学において，心理専門職はどのような活動をしているか，説明してください。

参 考 図 書

バトラー＝ボードン，T．米谷 敬一（訳）（2008）．世界の心理学 50 の名著——エッセンスを学ぶ——　ディスカヴァー・トゥエンティワン

　心理学史に名を残す古典だけでなく，現代の研究者による重要文献も取り上げられています。心理学を学ぶ者にとって常識として知っておきたい必須文献が網羅されており，それらの要点をつかむことができます。

マイヤーズ，D．村上 郁也（訳）（2015）．カラー版　マイヤーズ心理学　西村書店

　欧米の大学で使われている代表的な心理学テキストです。カラーの図表がふんだんに使われ，理解を助けてくれます。浅過ぎず，深過ぎず，テキストとして使いやすいと講師からも高い評価を得ています。また，類書の中では体系性を重視したものとなっており，専門課程に進む人にとっても必読書といえます。

心理学の歴史

　思想家や宗教家だけでなく，人々はいつの時代にも，人間とは何かを理解しようと努め，時には，人の心について，今から見ると奇妙で誤った考えに取りつかれていたこともありました。例えば，長い間，心の病は悪魔のような邪悪な存在が人間に乗り移って引き起こすものと信じられてきました。このため古代においては，心の病を治療する手段として，悪霊が出て行けるよう患者の脳蓋に小さな穴を開けるトレフィングという技法が「開発」され，地域によってはルネサンスの頃まで用いられていました。人の心に関する研究が科学的になるにつれて，心の病に関する理解も科学的になってきたのです。

2.1　心理学の発展に影響を与えた思想

　科学は実証主義（positivism）と決定論（determinism）という2つの基本原理の上に誕生しました。実証主義とは，知識は経験から得られ，経験によってその真偽が確認されるという信念を，決定論とは，事象は因果関係によって支配されているという信念のことです。生物学，物理学，天文学，化学など多くの科学は，こうした原理に基づいて1600年代に発展しました。それらに比べると，心理学の発展はだいぶ遅れました。

　異常行動に関する近代以前の解釈は，宗教的観念に由来するものが大半でした。この背景には，個人の心のはたらきは不滅の魂など超自然的存在によるものだという素朴な信念があります。1600年代以前の心理学にはこうした宗教的あるいは素朴な信念が強く反映されていました。実証主義と決定論という原理を採用し，心理学が科学を目指すようになったのは1800年代になってから

です。学問としての心理学の成立は，第1章で見たように，1879年，ヴント（図2.5参照）がライプツィヒ大学に心理学の教育・研究拠点を作ったときとされています。しかし，それ以前から，人の心については様々な形で議論や検討がなされてきました。本章ではそれらの歴史的経緯を含めて見ていくことにします。

2.1.1　体液と気質

　心理学の主要テーマの一つは個人差ですが，この問題に対する学問的関心は古代ギリシャ時代にすでに見られました。紀元前4世紀の医学者ヒポクラテス（Hippocrates；B.C.460頃-370頃）は，人の気分，感情，行動は体液（humour）と呼ばれる身体内の流動物質の多寡によって起こると考えていました。それは血液，黄胆汁，黒胆汁，粘液の4種類です。彼の説は長い間信じられてきましたが，紀元2世紀頃，ガレノス（Galēnos（Galen）；130頃-200頃）はこれを拡張し，どの体液が優勢かによって個人の「**気質（性格）**」が変わってくるという説（**体液気質論**）を提起しました（**表2.1**）。

　時代は下り，1600年代になっても体液がパーソナリティに影響を及ぼすと

表2.1　ガレノスの体液気質論

優勢な体液	気質（性格特性）	関連元素
血液	**多血質** のんき，陽気，おしゃべり，社交的。すぐ友達となり，多趣味で様々なことに手を出すが飽きっぽい。物事を楽観的に見る。	空気
黄胆汁	**黄胆汁質** 興奮しやすく，落ち着きがなく，衝動的。その一方で，合理的でもあり，意志が強く，計画的に行動する側面もある。	火
黒胆汁	**憂うつ気質** 慎重，内向的，きまじめといった特性を持つ。半面，むら気で抑うつ的で，また一人でいることを好む。	地
粘液	**粘液気質** 物静か，親切，寛大だが，秘密主義な面がある。己に自足し，決まりきった生活習慣と限られた友人の中で暮らす傾向がある。	水

いう考え方は存続し続けました。イギリスの植物学者で医師でもあったカルペパー（Culpeper, N.；1616-1654）は，体液が健康を左右する支配原理であり，それはまた占星術とも対応がある，と書きました。彼は，特定の気質を持つ人がいる一方で，複数の気質を併せ持つ人もおり，この場合，複数の気質は主従関係をなしてはたらくとしました。近代心理学の中にも体液気質論の痕跡は残っています。オーストリアの精神科医アドラー（Adler, A.；1870-1937），ドイツの医学者クレッチマー（Kretschmer, E.；1888-1964）などが**気質類型**に関する心理学理論を提起しています。身体過程をベースにした気質概念は，特に**パーソナリティ理論**などにおいて現代まで続く心理学的潮流の一つとなっています。

　現代科学を支える基本思想である合理主義哲学を打ち立てたフランスのデカルト（Descartes, R.；1596-1650）も心理学に相当する理論を提起しています。それは1637年の著書『人間論』の中で展開された**動物精気論**です。デカルトによると，動物精気というものが血液中で作られ，神経というチューブを通して体中を循環し，これが人間の運動を生起させます。一方で彼は，思考を司る魂（精神）は脳の**松果体**にあり，これが動物精気を方向づけることによって，意志的行為が可能になるとも主張しました。動物精気論で論じられた仕組みは，概念的には，現代の神経系のはたらきに非常によく似ています。

　デカルトは，乳幼児がいくつかの運動パターンを生得的に持っているように，精神面でも生得的な観念や知識があると信じていました。こうした認知の先天的枠組みという考え方は，哲学の世界では，近世のカント（Kant, I.；1724-1804）にまで受け継がれています。

2.1.2　進化と発達

　生得的観念を信じたデカルトやカントとは対照的に，現代市民社会の思想的基盤を築いた1600年代のイギリスの哲学者ロック（Locke, J.；1632-1704）は，乳幼児の心は白紙の状態，つまり「白板（blank slates）」として生まれてくると考えました。彼は，子どもが長じてどんな人になるか，どんな考え方や感じ方をするようになるか，また，どんな能力を発揮するようになるかを決めるの

は経験であると主張しています（**経験説**（empiricism））。「生まれか，育ちか」は今も続く心理学の主要論争点の一つです（**BOX 2.4** 参照）。

　イギリス経験論者の一人ヒューム（Hume, D.；1711-1776）は，心が観念結合からなるとし，これによって形成される意識（世界の見方）は実在世界とは一致しないとして懐疑論を展開しましたが，現象世界こそが人の判断や行動を方向づけるものであるとの考え方は現代心理学の基本的枠組みとなりました。

　イギリスの生物学者ダーウィンの**進化論**（evolutionary theory）も心理学に大きな影響を与えました。彼の説は，生物の特性は環境適応と自然選択（natural selection；自然淘汰）に従って形成されるというもので，それは人間の心理的特性にも当てはまるとされました。適応という観点から心的機能を分析する視点はジェームズ（James, W.；1842-1910）（図 2.8 参照）など，アメリカの**機能主義心理学者**（functional psychologist）によって受け継がれ，それは今日も心理学研究の重要な理論的枠組みとなっています。

　ダーウィンのいとこ，人類学者のゴールトン（Galton, F.；1822-1911）もまた，人間の特性は自然淘汰に従って発展してきたとした上で，それは遺伝によって子孫に継承されるとし，人々の間の心理的差異はすべて遺伝学によって説明されると主張しました。彼は著名人の家系分析を通して，血縁が近ければ近いほど類似した才能の持ち主が出現することを見出しました。

BOX 2.1　反応時間には個人差がある

　19 世紀初め，イギリスのロンドンにあるグリニッジ天文台では，時計の音を聞きながら望遠鏡の中心線を通過する星を観察するという耳目法によって，星の子午線通過時刻の測定が行われていました。ある助手は，その観測結果にいつもずれがあるとして解雇されましたが，後にこのデータを分析したベッセル（Bessel, F. W.；1784-1846）は，それが技術の低さによるものではなく，反応時間の個人差によるものであることを見出し，観測値のずれは個人ごとに定数を変えることによって修正可能であるとする**個人方程式**（personal equation）を提案しました。このように，反応時間の個人差は，初めは天文学者によって注目されたものでした。

　ゴールトンは，知能が高く優秀な人たちだけが子孫を残し，劣った特性を持つ人たち（犯罪者や精神障害者など）は国民の遺伝子プールから排除されるべきであるといった極端な**優生学**的主張も行いましたが，この差別的思想は，不幸にして，後にナチス・ドイツによって政策として実行されることとなりました。こうした弊害を伴いながらも，ゴールトンの心理学に対する貢献には大きなものがあり，その一つは，行動測定を重視し，その分析に統計的手法を持ち込んだことです。彼が用いた方法のいくつかは現代心理学でも使われています。

2.1.3　脳機能としての心

　その後発展した医学領域も心理学の発展に影響を与えました。ドイツの医学者ガル（Gall, F. J.；1758-1828）は脳の地図なるものを作成しましたが，それを用いて彼は知性，道徳性，性格などの心理的諸機能をこの中に配置しようと試みました。彼は，個々人の脳が持つ独特の形状やこぶがこれらの機能の指標であるとし，この性格診断技術を**骨相学**（phrenology）と名づけました（図

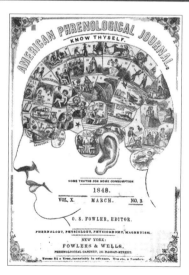

図2.1　ガルの骨相学——アメリカ骨相学会誌の表紙（Wikipedia より）

2.1)。彼の理論は，その後の科学的検証によって否定されましたが，脳の部位がそれぞれ異なる行動や特性を制御しているということを主張した最初のものであるという点では重要です。その後，この考え方は**脳機能局在論**（brain localization）と呼ばれるようになり，今日でも脳研究の基本的考え方になっています（第 12 章参照）。

　この説に基づいて，フランスの医学者ブローカ（Broca, P. P.；1824-1880）は発話を制御する脳部位を突き止めました。彼の患者の一人は「タン」というニックネームで呼ばれていましたが，その理由は，脳卒中を起こした後，彼が発話できる語は「tan」だけだったからです。しかし彼は，音声言語の理解には問題がなく，障害があったのは発話のみだったのです。タンの死後，ブローカは検死を行い，脳左半球に破壊された箇所を発見しましたが，これは今日，**ブローカ野**（Broca's area）として知られるもので，音声言語の生成を担う部位とされています（6.2 節参照）。

　ドイツの医学者，ウェルニッケ（Wernicke, C.：1848-1905）もまた，脳損傷の結果，造語や奇妙な語を話すようになった一人の患者の治療にあたっていました。患者の死後，ウェルニッケは，検死によって左半球に音声言語理解の役割を担う別の部位があることを発見しました。これは**ウェルニッケ野**（Wernicke's area）と呼ばれています（6.2 節参照）。

　ドイツの医学者メスメル（Mesmer, F. A.；1734-1815）も，当人が意図したものではないのでしょうが，結果として，心理学に貢献する役割を担いました。彼は，体の病気の多くは体内の金属流体の乱れが原因であり，この流れを修正することによって病気を治すことができると信じ，磁石を体の様々な部位に当てる治療方法を考案しました。近代医学はメスメルの主張を否定し，患者が改善されたと感じるのは感じ方の問題であると結論づけましたが，皮肉なことに，これが**心身医学**（psychosomatic medicine）への関心を高め，医学治療における心理学的アプローチを促しました。

2.2　心理学の萌芽

2.2.1　心理物理学

　19 世紀になると心理量と物理量の対応関係を明らかにする学問として**心理物理学**（psychophysics；**精神物理学**）が構築され，科学的心理学が生まれる基盤が作られました。

　その先駆けとなったのが，19 世紀初頭にライプツィヒ大学の解剖学・生理学の教授であったウェーバー（Weber, E. H.；1795-1878；図 2.2）でした。彼は，感覚の大きさと刺激の物理量との間に明確な法則があることを見出しました。例えば，標準刺激として 100g のおもりを持ち上げ，少しずつその重さを増やしたとします。そして，それが 105g になったときに，さっきよりちょっと重くなったと感じたとします。このときに標準刺激の重さを S，違いを感じたおもりの増分を ΔS として，それらの比 $= \Delta S/S$（**ウェーバー比**（Weber fraction）と呼ばれます）を計算すると，5/100 = 0.05 となります。では今度は 1,000g のおもりを持ったときにはどうでしょうか？　さっきと同じように 5g 増やしただけでは違いがわからず，1,050g に増加させるとより重くなった違いがわかります。このときウェーバー比を計算すると，50/1,000 = 0.05 で先ほ

図 2.2　ウェーバー

図2.3　フェヒナー

どと同じ値になります。このようにウェーバー比が一定となることを**ウェーバーの法則**（Weber's law）といいます。ウェーバー比は，感覚の種類や個人によっても異なりますが，おしなべて言えば5％ぐらいと覚えておいてよいでしょう。著者の個人的経験かもしれませんが，消費税が3％のときには増税はさほど気になりませんでした。ところがその後5％，そして8％，さらに今の10％にもなるとぐっと税が重くなったように感じています。

　ウェーバーよりも少し後にライプツィヒ大学の物理学の教授になったフェヒナー（Fechner, G. T.；1801-1887；図2.3）は，実験中の事故で失明に近い状態になり，大学を辞めて思索生活に入りましたが，1850年10月22日の朝目覚めたとき，心理量と物理量の関数関係を解明しようとする新しい学問である心理物理学の着想を得ました（その日は彼の業績を讃えフェヒナー・デイと呼ばれ，現在でも毎年，学会が開かれています）。彼はウェーバーの法則をもとに，かろうじて違いがわかる刺激の増分ΔSに対応する感覚の大きさをΔEとしました。ΔSは物理量で**丁度可知差異**（JND; just noticeable difference）とも呼ばれますが，ΔEは「ちょっと違う感じ」を表す心理量です。フェヒナーは，ΔEをウェーバー比によって表すと，$\Delta E = k \Delta S / S$（$k$は定数）となり，この式で$\Delta S$を移項することによって変形すると，$\Delta E / \Delta S = k / S$のように微

分の形式になるので，さらにこの式を積分すると次の式が導かれることを示しました。

$$E = k \log S + c \quad (c \text{ は積分定数})$$

これが有名な**ウェーバー–フェヒナーの法則**（Weber-Fechner law）です。この式の意味は，感覚の大きさ E は刺激の物理的大きさ S の対数に比例するということになります。

このときの log は自然対数でその底は 2.73… という無理数ですが，今，計算を簡単にするために底を 2 として $\log_2 S$ としてみましょう。待ち合わせで，ある人が 16 分間待たされたとすると，その人の待ったという感じの心理量 E は $k \log_2 16 = 4k$ です（c は仮に 0 としました）。その倍の 32 分待たされたときは，$E = k \log_2 32 = 5k$ となります。つまり物理的には 2 倍の時間を待たされても，心理的には $5k/4k = 1.25$ となるので，1.25 倍にしか感じないのです。この法則によると，約束の時間に遅れて人を待たせている場合，相手の待ったという感

BOX 2.2　心理物理学の展開

　フェヒナーの関心は 1870 年代になると美学の問題に集中し，美感を実証的に解明する手法をいろいろと考案しました。例えば，長辺と短辺の比は約 8 対 5 の四角形が美しいという**黄金比**（golden ratio）が知られていましたが，彼は実験参加者に美しいと思う四角形を選ばせたり，作らせたり，一番使いたいと思うのはどれかと聞くなどの手続きを使って調べました。フェヒナーは**実験美学**（experimental aesthetics）の創始者でもあったのです。

　心理物理学の考え方，およびそのアプローチから生み出された様々な測定方法は，心理学と様々な実践を結びつける上でもとても重要です。それは，人の感覚や知覚，感性に影響を与える刺激や要因を定量的に把握し，用途に応じて的確にコントロールする応用可能性を支えるものだからです。20 世紀後半にはアメリカの心理学者スティーブンス（Stevens, S. S.；1906-1973）によって新たな測定法が考案され，**新心理物理学**が創設されました。

じの増え方は次第に緩やかになるので，焦る必要はなく，むしろあわてて事故を起こしたりしないよう注意したほうがよいことになります。

2.2.2　感覚・知覚の生理機構

19世紀，心理学に先行して発展した生理学にも心理学前史にふさわしいものがあります。人間は視・聴・嗅・味・触の5種類の異なる感覚を経験できますが，ミューラー（Müller, J. P.；1801-1858）は，その違いは対象刺激の違いではなく，それを脳に伝える神経の種類の違いであるとする**特殊神経エネルギー説**（the theory of specific nerve energies）を唱えました。

19世紀の中頃にドイツのいくつもの著名大学の生理学教授を務めたヘルムホルツ（Helmholtz, H. L. F. von；1821-1894；図2.4）は，色の知覚に関する**三色説**（trichromatic theory; three-component theory），音の高さや音色を感知する蝸牛の機能に関する説明など，生理光学や音響生理学の分野で大きな貢献をしました。

このようにヘルムホルツは感覚を生理学的機構に基づいて考察しましたが，知覚の問題になると経験主義に基づく説明に転じました。それは，3次元世界

図2.4　ヘルムホルツ

BOX 2.3	無意識的推論説のその後

　無意識的推論という考え方は，知覚における自動的な補正過程を強調したものですが，その後，経験主義的知覚論の文脈の中で拡大され，知識や仮説が先行して外界情報が解釈されるとする**相互交渉心理学**（transactional psychology）や**ニュールック心理学**（new look psychology）などの進展につながりました。前者は，有名な「エイムズの歪んだ部屋」などのデモを生み出した学派で，後者は，貧しい家庭の子どもは硬貨のサイズを大きく見積もるという知見を見出す実験などを行った学派です。

の対象と，それが2次元の網膜に映し出された像は一対一対応しているわけではなく，同じ対象が様々な網膜像を与えたり，逆に，複数の対象が同一の網膜像を結果としてもたらすことがありうるからでした。しかし，私たちが経験する知覚はそうした不安定なものではありません。不安定な感覚情報から安定した1つの解釈に自動的にすばやく至る知覚過程をヘルムホルツは**無意識的推論**（unconscious inference）と呼びました（**BOX2.3** 参照）。このような過程がはたらいていることを理解しやすい代表的な例は，トリックアートの分野でもよく使われる**大きさの恒常性**（size constancy）です（第3章参照）。

2.3　心理学の展開

2.3.1　要素主義・構成主義心理学

　ヘルムホルツの助手を務めていたこともあったヴント（Wundt, W. M.；1832-1920；図2.5）は，生理学に大きな影響を受けましたが，心理学に関心を向け，ライプツィヒ大学の哲学教授として1879年に心理学実験室を設け，演習などで使い始めました。この年は実験心理学が創始された年とされています。

　ヴントは心理学の問題に科学的に取り組むために**要素主義**（elementalism）をとり，私たちが意識する世界を構成要素に分解することを試みました。例え

図2.5　ヴント

ば，観察者に板に開けられた小さな覗き穴（**還元衝立**）から机の上に置かれた本を見せて，できるだけ忠実に報告させると（**内観報告**（introspective report）），台形のような面が見えるという回答が返ってきます。ヴントはそのような属性を**純粋感覚**ととらえ，それらの要素が**統覚**（apperception，現代心理学の用語では認知や注意のはたらきに対応します）といわれる能動的な心的活動によって結合され，意識が構成されると考えました。このアプローチは**構成主義**と呼ばれました。

　なお，ヴントの書斎にあった約1万6,000冊に及ぶ蔵書と論文は，ライプツィヒ大学に留学中の千葉胤成（1884-1972；後の東北帝国大学教授）の尽力により購入され，東北大学附属図書館に**ヴント文庫**として保存されており，現在でも閲覧ができます。

2.3.2　ゲシュタルト心理学

　20世紀の初頭になって，要素主義や構成主義に対する反対論を展開したのが**ゲシュタルト心理学**（Gestalt psychology）です。「全体は部分の総和以上のものである」というテーゼがゲシュタルト心理学の根底にあります。例えば，2つの点では直線が，3つの異なる位置にある点では三角形が見えるように，要素が少し加わったり，変わったりしただけで，以前とはまったく異なった性

質を持つ別の全体が現れてきます。

　ゲシュタルトは形態や布置と訳されることが多いのですが，ドイツ語でまとまりのある構造体のことを指します。皆さんが夜空で見る星座はゲシュタルトそのものです。本来，星はランダムに配置された光点ですが，私たちは空間的に近い位置にある星をまとめて，例えば白鳥座のように全体的な形態をとらえます。このような知覚傾向は，ゲシュタルト心理学では**近接**（proximity）の**要因**と呼ばれますが，その他にも**類同**（similarity）や**閉合**（closure）などたくさんの要因があげられています。それらの要因の上位に考えられた法則が，**プレグナンツの原理**（principle of Prägnanz）で，全体として最も簡潔で秩序あるまとまりをなす特性があるとされています。

　ゲシュタルト心理学の旗頭はヴェルトハイマー（Wertheimer, M.：1880-1943：図2.6）ですが，その他にもケーラー（Köhler, W.：1887-1967）や，コフカ（Koffka, K.：1886-1941），レヴィン（Lewin, K.：1890-1947）などそうそうたる研究者が名を連ね，感覚知覚心理学を越えて，学習思考心理学，社会心理学や臨床心理学の分野まで大きな影響を与えました。また，アルンハイム（Arnheim, R.：1904-2007）に代表されるように，絵画や映画などの芸術理論においてもゲシュタルト心理学の考え方は広く展開されました。

図2.6　ヴェルトハイマー

2.3.3　精神分析

　精神医学から心理学に大きな影響を与えた人物はオーストリアのフロイト（Freud, S.；1856-1936）です（図2.7）。彼はもともと生理学や麻酔医学などに取り組んでいましたが，フランスの神経学者シャルコー（Charcot, J. M.；1825-1893）のもとで，催眠によるヒステリー患者の治療に携わりました。ウィーンに戻り，催眠治療の経験を重ねるうちに，人間の心は意識だけでなく，当時はあまり知られていなかった**無意識**（unconsciousness）のはたらきによって強力な影響を受けているとする**精神分析学**（psychoanalysis）を提唱しました。精神分析学では心は氷山に例えられ，海面上に現れている部分を意識とするなら，海面下に沈んでいる氷山の大部分は無意識であり，**夢分析**（dream analysis）や**自由連想法**（free association）などで分析を行うと，ヒステリーや神経症などの症状，日常でのちょっとした物忘れや言い間違い，そして夢内容などは，抑圧された無意識の世界が自覚されることなく現れることによって生じるものであることが明らかにできると考えられました。

　フロイトは，また，イド，自我，超自我の3層からなる人格理論を提案しました。**イド**（ido；**エス**（es）とも呼ばれます）は本能的欲動で，特に重視されたのは性的欲求でした。**超自我**（superego）は，しつけや教育などによっ

図2.7　フロイト

て意識的に，あるいは無意識的に埋め込まれた道徳や倫理観のようなもので，快楽原則によって突き上げてくる本能的欲動を**検閲**（censorship）し，これを**抑圧**（repression）するはたらきをします。**自我**（ego）は，超自我とイドの両者の板挟みにあいながら**現実吟味**（reality testing）を行い，心的状態や行動を調整する機能を担うと考えられました。

　フロイトの説は，当時の常識や道徳観に反するものだったため，最初は批判が多く受け入れられませんでしたが，次第に諸外国の文学や芸術，そして心理学に大きな影響を与え，国際精神分析学会も創設されました。彼の娘のアンナ・フロイト（Freud, A.：1895-1982）は，欲求不満状態に対処する**自我防衛機制**（ego defense mechanism）を体系化し，ユング（Jung, C. G.：1875-1961）は，個人的無意識だけでなく，世界各地の神話などに共通点が多いことなどから，無意識の底流には人類に共通する**集合的無意識**（collective unconsciousness）が存在すると主張しました。アドラー（Adler, A.）は，人間が持つ劣等感を重視し，それを補償するために，より強く完全になろうという**未来志向的意志**があると考え，個人の劣等感を理解し，適切な目標設定ができるよう支援する治療教育を展開しました。

2.3.4 機能主義心理学

　フロンティア精神で国を拡大したアメリカでは，概念や認識は，それがどんな客観的効果をもたらすかによって示されるべきとする**実用主義**（pragmatism）と，環境に適応するためのはたらきを重視する**機能主義**（functionalism）が広く受け入れられました。心理学および哲学の分野で，それらの考え方を展開したのがジェームズ（James, W.：1842-1910）です（図2.8）。ハーバード大学で医学を学んだジェームズは，心（意識）は生物学的欲求を充足して環境に適応する手段の一形態であると考え，そのような心的活動の機能や意識の効用を明らかにすることが心理学の課題であるととらえました。

　ヨーロッパの，特にヴントの心理学では，意識の内容やそれを構成する要素が研究対象とされましたが，ジェームズは彼の著書『心理学原理（*Principles of psychology*）』の中で，その時点ごとに動的に観念や表象が移り変わる**意識の**

図 2.8　ジェームズ

流れ（stream of consciousness）こそが本質であるととらえ，その作用や機能
に注目しました。この考え方は，当時の文学や哲学にも大きな影響を与えまし
た。

　ジェームズはまた，心理現象と身体過程との関係を明らかにすることも重視
しました。有名なのは，デンマークの心理学者ランゲ（Lange, C. G.；1834-
1900）とともに主張した**情動の末梢起源説**（peripheral theory of emotion）です。
「悲しいから泣くのではなく，泣くから悲しい」という文言は**ジェームズ-ラン
ゲ説**（James-Lange theory）を表すものとして有名です。身体反応の後に感情
の変化が生起すると考えたわけですが，近年，ダマジオ（Damasio, A.；
1944-）の**ソマティック・マーカー説**（somatic marker hypothesis）とともに
再認識されるようになっています。

　ジェームズの機能主義や実用主義に影響を受けたソーンダイク（Thorndike,
E. L.；1874-1949）は，動物の知能研究から出発し，そこで見出した知見を教
育心理学に応用しました。有名なのはネコの**問題箱**です。ひもを引かないと扉
が開かない仕掛けによって簡単には外に出られない箱にネコを閉じ込めると，
ネコはいろいろな行動を何度も重ね，反復するうちに，脱出に要する時間は次
第に短くなり，**試行錯誤学習**（trial-and-error learning）が進んでいきます。た

だし，学習が生起するためには行動や反応が何らかの効果をもたらすことが必要です。これは**効果の法則**（law of effect）と呼ばれます。反復して覚え，その効果をすぐさま実感できる**ドリル学習法**を考案したのもソーンダイクです。

2.3.5 行動主義心理学

　ジェームズの教えを受けた心理学者の中で，最も際立った主張をしたのがワトソン（Watson, J. B.；1878-1958）です（図2.9）。彼は1913年に「行動主義宣言」と呼ばれる論文を発表し，心を内観によって観察することは再現性や予測可能性に乏しく，科学的方法とは呼べない，科学的心理学が扱うべきものは外側から客観的に観察・測定可能な**行動**（behavior）であるべきで，心理学の目標は行動の予測とコントロールでなければならないと強く主張しました。行動という言葉を聞くと，何か意志的に体を大きく動かすようなイメージを思い浮かべるかもしれませんが，心理学が対象とする行動には，特殊な測定装置を装着することにより外側から観察可能となる不随意的な微細反応，例えば，まばたきや発汗，筋や腺，身体や内臓の反射運動なども含まれます。

　行動主義心理学でもう一つ大切なコンセプトは**学習**（learning）です。ここでいう学習とは，経験の反復によって行動に変容が生じるケースをすべて含み

図2.9　ワトソン

BOX 2.4 　「生まれか，育ちか」論争

　心理学者の間で長い間続けられてきた論争の一つは，「人の特性を決めるのは，**生まれか，育ちか**（nature-nurture issue）」というものです。人間の行動，態度，その他の諸特性は，どの程度，遺伝特性（生まれ）によって規定されているのでしょうか。また，それらにおける個人差を生み出す上で，生後の経験（育ち）の比重はどのくらいなのでしょうか。これまでの多くの心理学研究は，この疑問をめぐって行われてきたといっても過言ではありません。

　「生まれか，育ちか」というフレーズは，シェイクスピアが戯曲『テンペスト』の中で用いたものですが，現代的な意味での用法は，社会的発達に対する**遺伝と環境**の影響を論じたゴールトンが最初とされます。

　この論争の一方の陣営には，心理特性を説明する際に，人間の生理学的な構造と過程に焦点を当てる生物学的アプローチがあります。他方の陣営には，行動はすべて条件づけによって学習されると主張する行動主義的アプローチがあります。人間の特性の中で，最初期に姿を現すものは，一般に，学習性というよりも遺伝性のものでしょう。後に現れてくる諸特性には，経験や学習の影響が強いと思われますが，**成熟**（maturation）という要因も忘れることはできません。

1. 生 得 論

　人間の行動や心理に関して遺伝性を強調する立場は**生得論**（nativism）と呼ばれます。人間の特徴は全体として進化の産物であり，個人差は各々の遺伝コードに由来するというのかその基本的主張です。ボウルビィ（Bowlby, J., 1969 黒田他訳 1991）の**愛着**（attachment）理論では，親と子を結びつける情緒的絆は，乳幼児が生存を確保するために生得的に備わった心的機構に由来するとされています。言語発達の分野では，普遍文法を仮定するチョムスキー（Chomsky, A. N., 1965 福井・辻子訳 2017）の**生成文法**（generative grammar）が生得主義に属します。乳幼児はどこで育っても，短期間のうちに周囲で話される言語を習得しますが，これは彼らが普遍的な言語構造を生得的に備えているからであるとチョムスキーは主張しました（第 6 章参照）。

　一卵性双生児は同じ遺伝子を持っていますが，彼らの一方が幼少期に養子に出され，別々の家庭環境で育てられたケースというのは「生まれか，育ちか」論争に対して興味深い知見を提供します。米国ミネソタ双生児と養子研究センターの所長だったブシャール（Bouchard, T. J. et al., 1990）が報告した「2 人のジム」のケースは，その意味で特別です。1979 年，ブシャールは，ともにジムという名前を持つ双子に関する記事を目にしました。彼らは別々に育てられ，39 歳のときに再会したの

でした。彼らは互いの存在を知らずに成長したのに，ともにリンダという名前の女性と結婚し，それぞれ離婚した後，ベティという同じ名前の女性たちと再婚していました。彼らには息子がいましたが，どちらもジェームズ・アランと名づけていました。彼らは，学校時代，ともに数学が得意で書字が苦手でした。趣味も同じ大工仕事でした。彼らは喫煙量と飲酒量も同じで，同じ時間に頭痛に悩まされていました。彼らの物語は，人生行路に対して遺伝が大きな力を持っていることを印象づけるものです。

2. 経験論

　対照的に，生後の経験の影響を強調するのが**経験論**（empiricism）です。イギリス経験論を引き継いだアメリカの行動主義者たちは，言語に限らずあらゆる行動は学習の産物であると主張しました。ワトソン（Watson, J. B.）やスキナー（Skinner, B. F.）は個人が経験する報酬と罰を操作する（すなわち，強化する）ことによって，どんな行動特性でも作り上げることができるとし，これを**行動形成**（behavior shaping）と呼びました（第5章参照）。

　学習概念の幅を広げ，直接経験だけでなく間接経験や観察にも学習効果があることを実証したのは**社会的学習**（social learning）を提唱したバンデューラ（Bandura, A.：1925-）です。「ボボ」と名づけられた等身大のプラスチック人形に対して，大人が殴ったり蹴ったりする様子を子どもたちに見せると，彼らも同じような攻撃行動を行うようになりました（Bandura et al., 1961）。こうした行動は「お手本にする」という意味で**モデリング**と呼ばれます。人間の様々な行動特性やスキルは，他の人たちとの交流を通して，社会的に学習されたものであると考えられます。

　第2次世界大戦後，心理学はアメリカで大きな発展を遂げますが，そこでは生育環境や教育を重視する経験論が強まり，心理学の理論と研究をリードしました。しかしその後，生得論の見直しも行われ，現代心理学において「生まれか，育ちか」論争は新しい段階に入っています。人の一生の変化を追跡する長期の**縦断的研究**の成果が次々と公表され，一方で，遺伝子を直接観測し，心理学の研究にも組み込むことができるようになりました。これらを踏まえて，近年では，遺伝子が子どもの生後の経験をどのように方向づけるかとともに，経験によって遺伝子のはたらきがどう変化するのかなど，**遺伝と環境の相互作用**が研究の焦点となっています。

ます。ワトソンがパブロフ（Pavlov, I. P.；第 5 章，図 5.1 参照）の影響を受けて特に重視したものは**条件づけ**（conditioning）で，行動は刺激―反応の結合からなるとしました。パブロフの条件づけは，刺激によって受動的に引き起こされる反射（例えば，唾液分泌など）でしたが（**レスポンデント条件づけ**（respondent conditioning））後に，スキナー（Skinner, B. F.；1904-1990；第 5 章，図 5.2 参照）は随意行動（例えば，レバーの操作など）も条件づけ（**オペラント条件づけ**（operant conditioning））することができ，しかも報酬の与え方（**強化スケジュール**（schedule of reinforcement））によって，的確にコントロールできることを実証しました。

　ワトソンの**行動主義**（behaviorism）やその後継者による**新行動主義**（neobehaviorism）は，心理学の学問分野だけでなく，教育現場などの応用分野でもめざましい成果をあげたので，しだいに心理学は行動の科学であって意識の科学ではない，心は行動の随伴現象に過ぎないといった極端な考え方が優先される風潮までも生じました。これに対する反動として，心の内的状態を「認知」としてクローズアップする**認知革命**がコンピュータの進展とともに起こったのでした（第 4 章と第 13 章参照）。

2.4　日本の心理学小史

　西欧においては，哲学や思想が心理学前史を形成しました。しかし，古代，日本にもたらされた仏教や儒教にも，人の心に関する見識や洞察があふれていました。そうした東洋思想は，日本人の感性や価値観に大きな影響を与えてきましたし，人の心に関する思索の深さは西欧思想に勝るとも劣りません。しかし，心を科学的に分析する作業は，欧米からの心理学の導入を待たなければなりませんでした。

2.4.1　「心理学」という学問名

　「心理学」という学問名は，現在は，英語の psychology（ドイツ語では Psychologie）に対応するものとして使われています。「心理学」という名称を

初めて用いたのは西 周（1829-1897）ですが，それは「psychology」を指したものではありませんでした。西は江戸幕府の役人としてオランダに留学し，西欧の諸学問に触れました。帰国後の明治8（1875）年，彼はヘブン（Haven, J.：1816-1874）の著書 *"Mental philosophy: Including the intellect, sensibilities and will"* を翻訳し，『心理学』と銘打って出版しましたが，この本は精神哲学を論じたもので，現代の心理学に相応するものではありませんでした。

その後，実証的な心理学が導入され，日本のいくつかの大学で本格的にこの分野の教育・研究が行われるようになりましたが，その際，「心理学」という名称が使われ，それが次第に広まっていったのです。

2.4.2　実証的心理学の導入

西 周の『心理学』の出版と相前後し，日本から西欧諸国に留学して心理学を学んだ人たちが，帰国後，名称はともかく，内容は心理学にあたる講義を様々の大学で行っていました。心理学の講義自体は，このように，明治の半ば頃にはいくつかの大学で行われていましたが，心理学を一つの学問分野として日本に根づかせたのは元良勇次郎（1858-1912）です（サトウ・高砂，2003）。彼は開校間もない同志社英学校（後の同志社大学）に学び，そこで心理学に触れます。アメリカに渡り，ジョンズ・ホプキンス大学の博士課程に在籍して実験心理学の研究に携わり，日本人として初めて，データに基づく研究論文を制作しました。

帰国後，元良は，明治26（1893）年，東京帝国大学教授となり，学生指導を行いながら，自らも実験的研究に従事しました。元良は実証的心理学を日本に紹介するとともに，研究活動を通してそれを自ら展開させ，またこの分野の研究者の育成にあたるなどしました。こうしたことから，元良は日本の心理学の基礎を作ったといえます。

2.4.3　大正・昭和期の心理学の展開

明治から大正にかけては日本の心理学の教育・研究は東京と京都，2つの帝国大学を軸に展開されていきましたが，大正期後半になり，他の地域の大学に

BOX 2.5	福来の超心理学研究

　福来友吉（ふくらいともきち）（1869-1952）は岐阜県高山市の出身ですが，旧制二高で学び，仙台の資産家の援助で東京帝国大学に進学しました。当時（明治 30 年頃）日本では催眠ブームが起こり，これを民間療法として病気治療に施術する人たちも全国にたくさんいました。大学院において催眠効果の学術研究で成果をあげた福来は，元良のもとで東京帝国大学助教授に採用され変態心理学（異常心理学）の研究に従事しました。しかし彼は，透視や念写（心の中で念じた観念を印画紙に焼きつける）といった**超心理学**（parapsychology）に関心を持つようになり，その研究にのめり込みます。こうした超能力を持つとされる女性たちを使い，他分野の学者たちを招いた公開の実験も数回試みましたが，トリックではないかという疑惑を払しょくすることはできませんでした。研究の信ぴょう性を疑われた福来は東京帝国大学を辞し，その後は在野で超心理学の研究を続けました。彼が仙台に設立した超能力研究所「福来心理学研究所」は今も存続しています。

　超心理学は人間の特殊能力（テレパシー，予知，透視など）を研究する分野ですが，オカルティズムとの区別が難しく，科学ではないという批判も強くあります。

も心理学講座・専攻が置かれ，卒業生を輩出するようになりました。例えば，大正 11（1922）年には仙台の東北帝国大学に，また大正 15（1926）年には，当時，日本の植民地だった朝鮮半島のソウルにあった京城帝国大学に心理学講座が置かれました。また，大正 13（1924）年には，私立大学として初めて日本大学に心理学専攻が設置されました。

　教育・研究拠点の多様化と並行して，日本の心理学は応用分野においても裾野を広げていきます。知能検査の開発や障害児支援といった教育心理学，**森田療法**や催眠療法などの臨床心理学，文化や民族に焦点を当てた社会心理学などがあり，また**血液型気質相関説**をめぐる論争は諸領域から注目されました。

　太平洋戦争時，心理学者たちは兵士の適性検査の開発や傷痍軍人のリハビリテーションなどに従事しましたが，戦況の悪化とともに研究活動は停滞せざるを得ませんでした。敗戦後，アメリカ主導の民主主義的教育改革の中で，大学において心理学の諸分野が再び活気を取り戻しました。

　戦後，日本では大学の新設が続きましたが，心理学はほとんどの大学で必須科目として講じられるようになり，これによって，心理学講座・専攻とそこで学ぶ学生の数は増加の一途をたどりました。これとともに，研究機関に所属する心理学者だけでなく，教育・医療・福祉・産業・司法など社会の諸領域で働く心理専門職も増加し，彼らが参加する学術団体も増えてきました。学会などの学術団体は，研究者にとって成果発表の場であるとともに，実務家にとっては研修・研鑽の場となるもので，2021 年現在，心理学関連の学術団体を束ねる日本心理学諸学会連合には 56 の団体が加盟しています。

復 習 問 題

1. ガレノスの体液説を，多血質を例に，説明してください。
2. フェヒナーの心理学への貢献にはどのようなものがあるか，説明してください。
3.「生まれか，育ちか」論争における経験論者の主張にはどのようなものがあるか，研究者名を 1 人あげてその主張を説明してください。
4. 日本において「心理学」の名称を初めて用いたのは誰か，それはどのような内容の学問を指していたかなど，併せて説明してください。

参 考 図 書

コーリン，C. ・ベンソン，N. C. ・ギンズバーグ，J. ・グランド，V. ・ラジャン，
　　M. ・ウィークス，M. 小須田 健（訳）(2013). 心理学大図鑑　三省堂
　心理学の主要な理論や概念を，具体的な研究例やエピソードを交え，写真や図表を多用してわかりやすく解説しています。心理学を初めて学ぶ人，幅広い読書人までを対象に，人の心の不思議さを訪ね，味わうことができます。
サトウ タツヤ・高砂 美樹（2003). 流れを読む心理学史——世界と日本の心理学
　　—— 有斐閣
　心理学史を専門とする著者たちによる入門テキスト。心理学の成立から現代心理学まで，心理学の大きな流れをコンパクトにまとめ上げています。あまり知られていなかった日本の心理学史の諸側面にも光を当てています。

感覚と知覚

　感覚（sensation）は誰にとっても極めて身近に感じとられる体験なので，古くから考察されてきました。ギリシャ時代の有名な哲学者アリストテレスは『霊魂論』という著書の中で，感覚の一般的特性について延べ，分類を行いました。彼が主に取り上げたのは視覚，聴覚，嗅覚，味覚，触覚でしたが，それは今日でも「五感」という言葉で知られています。

　さらに，知覚（perception）とは，感覚でキャッチされた外界の情報を統合し，空間や対象の特性を具体的に知る心のはたらきのことを指します。このような知覚の過程には，処理に伴う負荷をできるだけ軽減するように，情報を秩序づける体制化（organization）と呼ばれる能動的なプロセスがはたらいています。

3.1　感覚の種類と大分類

　私たちの感覚はよく五感と呼ばれますが，心理学見地からはまた別の分類の仕方があります。表3.1は感覚体験の質の違いを表すモダリティ（modality；様相）によって分類したものです。

　それぞれのモダリティの感覚が生起するためには，受容器（receptor）と呼ばれるそれぞれ特有のセンサー群と，それらが感知できる適刺激と呼ばれる特定の性質を持つ刺激が必要です。例えば，視覚（vision）であれば波長が400〜700nm の狭い範囲の電磁波（可視光）で，聴覚（auditory sensation）の場合には，周波数が20〜20,000Hz の音波（可聴音）が適刺激となります。ただし受容器の神経がたまに不適刺激によって興奮させられることがあって，その場合には，受容器の感覚神経興奮に対応する感覚体験が生じます（ミューラー

表 3.1　感覚の種類（モダリティ，受容器，適刺激）(行場, 2018)

感　覚	感覚体験の違い （モダリティ）	受容器	適刺激
視　覚	明るさ，色，形，動きなど	光受容器（網膜の錐体，桿体）	可視光（電磁波）
聴　覚	音の大きさ，高さ，音色など	蝸牛内の有毛細胞	可聴音（音波）
味　覚	酸，塩，甘，苦，うま味	味蕾中の味細胞	水溶性物質（化学刺激）
嗅　覚	ハッカ，ジャコウ，腐敗臭など多様	鼻腔内の嗅細胞	揮発性物質（化学刺激）
皮膚感覚	触，圧，温，冷，痛など	マイスナー小体，パチニ小体，自由神経終末など	圧力，熱，侵害刺激など
平衡感覚	揺れ，ふらつきなど	三半規管内の有毛細胞	重力，頭部・身体の傾きなど
運動感覚	動き，重さなど	筋紡錘，ゴルジ腱器官，前庭器官など	重量刺激，張力，加速度など
内臓感覚	空腹，満腹，渇き，痛み，尿意，便意など	自由神経終末，機械受容器など	機械的，化学的，侵害刺激など

(Müller, J. P.) の特殊神経エネルギー説（theory of specific energy of nerves））。
例えば，眼球を指で強く押すと光が見えます。また，43～47℃ぐらいのお湯に
手を入れると，冷覚の受容器神経も興奮するために冷たさを感じることがあり
ます（**矛盾冷覚**）。

　たくさんの感覚の種類を大きく分類するいくつかのやり方があります。まず
外受容感覚は体の外側にある刺激を感受するはたらきで，視覚や聴覚は代表的
なものですが，嗅覚や触覚の機能も含まれます。一方，**内受容感覚**は体の内側
にある刺激を察知するはたらきで，内臓感覚が主なものですが，痛覚や圧覚な
どの体性感覚の一部も含まれます。そして**自己受容感覚**は自己の姿勢や動きに
由来する刺激を感知するはたらきで，運動感覚や平衡感覚などが含まれます。

　もう一つの大分類の仕方は**遠感覚**と**近感覚**です。遠感覚は刺激の源が遠くに
あっても感じとることができる感覚で，視覚と聴覚に代表されます。近感覚は，
刺激源が近くにないと感じることができない感覚で，その代表は「肌で感じ

る」などという表現にある通り，触，圧，温，冷，痛を感じる**皮膚感覚**（skin
sense）です。**嗅覚**（olfaction）は人間の場合，遠感覚と近感覚の中間に位置
していますが，イヌの場合は2km先のにおいの源を追尾できるとされていま
す。ですので，何百mも先の焼鳥屋の発するにおいを察知できるような嗅覚
を持つ人にとって，それは遠感覚にあたるかもしれません。

3.2 代表的な感覚

3.2.1 視　　覚

　視覚の受容器は網膜にある**桿体**（かん）（retinal rod）と**錐体**（retinal cone）です
（図3.1）。桿体は細長い棒の形をした視細胞で，弱い光でも敏感にキャッチし
ますが，色の違いには応答しません。一方，錐体は太い円錐形をした視細胞で，
弱い光に対する感度は良くありませんが，それぞれ赤，緑，青の3原色に応答
する3種類（L, M, S錐体）があって，色の違いを見分けることができます。
最近では4種類の錐体を持つ人がいることも知られ，そのような人は普通の人
では感じられない微細な色の違いが見分けられると報告されています。桿体の
数は片方の眼で約1億2,000万個，錐体が約700万個ですが，視野の中心に対
応する網膜には錐体が高密度で分布しています。一方，視野周辺に対応する網

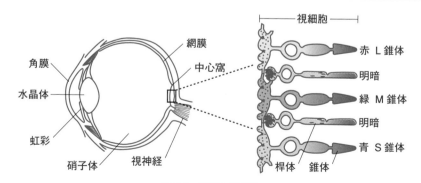

図3.1　網膜と視細胞

膜では，錐体の密度は急激に低下し，その代わりに桿体の密度が急増します。これらのことから，私たちの網膜は中心部分が高解像度の超微粒子カラーフィルム，周辺部分が高感度白黒フィルムのハイブリッドになっているとみなすこともできます。

　明所視（photoic vision），つまり昼のように明るいところでは錐体の活動が活発で，550nm（黄色）付近に波長を持つ光に対して最大感度を示しますが，暗くなってくると錐体は次第に活動しなくなり，桿体が感じる最適波長 500 nm 付近（緑色）に最大感度がシフトします。ですので，昼間はひまわりのような黄色が鮮やかに見えますが，**薄明視**（mesopic vision），つまり夕暮れや朝方になると緑色がより明るく感じられます。この現象は発見者の生理学者の名前をとって**プルキンエ現象**（Purkinje phenomenon）と呼ばれています。

　桿体と錐体からの信号は網膜内の**神経節**（ganglion）**細胞**によって集められ，神経節細胞の軸索が片眼で 100 万本も集まって**視神経**（optic nerve）となり，間脳にある**外側膝状体**（lateral geniculate nucleus; LGN）で中継された後大脳皮質後頭葉の**視覚野**（vision area）に投射されます。視覚野は特定の機能を担うようにモジュール化されており，例えば，視覚第 4 野（V4）は色を，第 5 野（V5）は視覚対象の動きを認識する機能を担っています（図 3.2）。

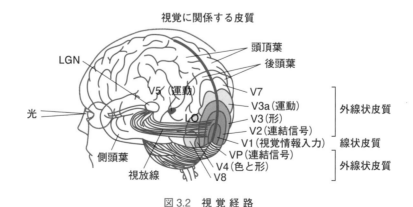

図 3.2　視 覚 経 路

3.2.2 聴　覚

　聴覚が生起するには，まず空気の振動（音波）が中耳の**鼓膜**を震わせ，耳小骨を介して内耳にある蝸牛内の基底膜を振動させます。高い音ほど蝸牛の入口近く，低い音ほど蝸牛の奥の基底膜を大きく震わせます。基底膜の振動は近傍にある有毛細胞を刺激するので，異なる高さの音は，違った位置にある有毛細胞によって検出されることになります。聴覚情報はいくつもの神経器官で中継され，大脳皮質側頭葉の外側溝付近に位置する**聴覚野**に伝えられます（図3.3）。

　可聴音で最も高い周波数は2万Hzですが，加齢に伴いその値はどんどん下がっていきます。ですので，若者には聞こえても高齢者には聞こえない音があって，これは蚊の羽音にたとえて**モスキート音**と呼ばれます。若者を長居させたくないお店でモスキート音を流したり，試験監督に気づかれないでカンニングする方法として利用されたりして，話題になりました。

　一方，周波数が20Hz以下の音は聴こえませんが，個人差があります。また，

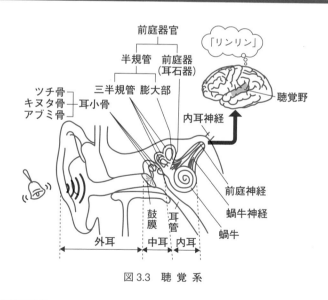

図 3.3　聴　覚　系

緊張感や圧迫感を感じる場合があり，**低周波音公害**をもたらすこともあります。交通騒音だけでなく風力発電のプロペラ音なども問題となっています。より深刻なのは若者のスマホ難聴です。世界保健機関（WHO; World Health Organization）が2019年に出した警告によると，携帯端末のヘッドホンで聴く音楽やゲーム音は80〜100dB（新幹線が通過する音量）ぐらいになり，12〜35歳の若者が11億人も**難聴**（hearing impairment）になる危険性があるというのです。WHOは安全利用の目安として，こうした聴音は週40時間程度にとどめるべきとしています。

3.2.3 体性感覚

　体の皮膚や粘膜などの表層組織と筋や腱などの深部組織で感受される感覚を**体性感覚**といいます。皮膚の表面付近には体に関するいろいろな感じ方を引き起こす特定のスポット（**感覚点**（sensory spot））があって，**触点**，**圧点**，**温点**，**冷点**，**痛点**などと呼ばれています。それぞれの感覚点には特有の受容器があって，メルケル触小盤やマイスナー小体は触覚，パチニ小体は圧覚，ルフィニ小体は温覚，クラウゼ小体は冷覚とされてきましたが，近年の研究では**自由神経終末**が冷覚と痛覚を担うと考えられています。それぞれの感覚点の分布密度は体の部位によって異なります。例えば冷点は体全体で合計25万個と，温点の3万個に比べてかなり多いのですが，特に腰や頬で密度が高く1cm^{2}あたり20個以上あります。

　また，体性感覚でよく取り上げられるのは**触2点閾**です。これはコンパスのような形状をした触覚計を皮膚表面に接触させ，2カ所触れているのか，1カ所なのか判断がつかない限界の間隔を求めます。触2点閾も体の部位によって異なり，舌先では1mm以下ですが，背中では7cmにもなります。**感度**（sensitivity）は閾値の逆数で求められるので，舌先の触覚感度は背中の70倍にもなります。背中に文字を書いて遊ぶのは，背中の感度が低いので，正解が出にくいからです。触2点閾は疲労や酩酊，ストレスなどの要因によっても大きくなることが報告されています。

　さらに触2点閾は，私たちの体が脳にどのように投射されているかを教えて

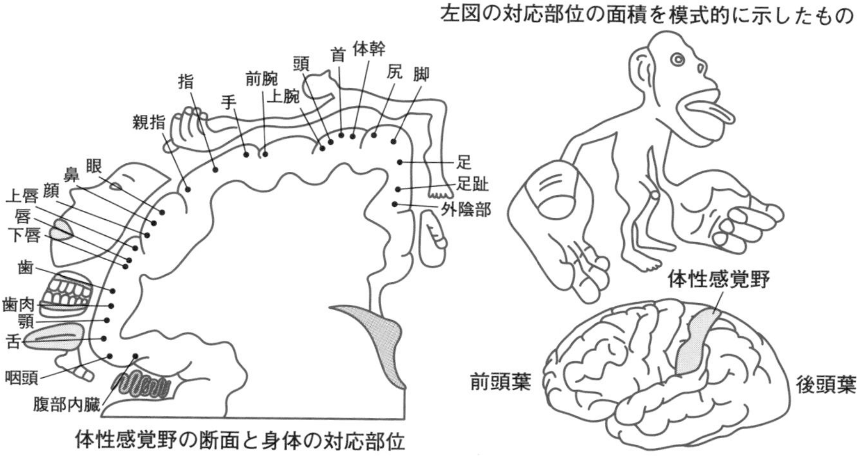

左図の対応部位の面積を模式的に示したもの

体性感覚野の断面と身体の対応部位

図3.4 体性感覚野と「脳の中の小人」

くれます。大脳皮質の中心溝の近く，後頭寄りのところには**体性感覚野**があって，その領域では顔や手などの部位を担当するニューロンが数多く，広い面積を占めています。一方，背中や脚部を担当する面積はかなり小さくなっています。つまり，触2点閾が小さい部位ほど，体性感覚野では大きく表現されています。このような投射を模式的に描くと，**図3.4**のような奇怪な形状になり，「脳の中の小人（homunculus：**ホマンキュラス**，あるいは**ホマンクル**）」と呼ばれています。スタイルの良い俳優さんも，脳の中ではそのような形をしていると思うと，おかしいですね。

3.2.4 味 覚

　主に舌に分布する**味蕾**（taste bud）には，味覚受容細胞がたくさんあり，それらの細胞の先端にある化学的受容体に口腔内に入った物質が結合することが，**味覚**の複雑な生理過程の始まりです。舌先には甘みを感じる味蕾が，舌の奥には苦みを感じる味蕾が分布する図を見かけることがよくがありますが，今日で

はそのような分布は認められず，誤りであるとされています。味覚で有名なの
は，ドイツの心理学者ヘニング（Henning, H.）が 1916 年に提唱した「味の四
面体」で，この説によると，**甘味，酸味，塩味，苦味**の 4 つの**基本味**を正四面
体の角に配置し，様々な味はそれらの配合割合に応じて，四面体上のどこかに
位置づけることができるというものです。それよりも前の 1908 年に池田菊苗
がうま味を引き起こすグルタミン酸ナトリウムを発見し，その後に，その物質
の味覚受容体も確認されたことから，今日ではヘニングの説は誤りで，うま味
を加えた 5 基本味を前提とする考え方が一般的になっています。

　味覚は，特に嗅覚と密接なつながりがあり，風邪をひいたときなどに味がし
ないと感じられるのは，実は食べ物の香りが感じられないためです。視覚情報，
特に色覚も大きな影響を与えます。刺身が青や黄色だったりしたら，おいしい
味にはとても感じられないでしょう。また，味覚は経験や知識などによっても
影響を受けます。バリスタから豆の由来などについて講釈を受けた後に飲むコ
ーヒーは格別な味がします。このように他の感覚や，記憶・知識から影響を受
ける高次心理過程としての味の感覚は**風味**（flavor）と呼ばれます。

3.2.5　嗅　　覚

　嗅覚が生じるには，次のようなプロセスが関与します。鼻腔の奥には数千万
個の嗅細胞があり，その細胞膜上にある嗅覚受容体を活性化する化学物質の分
子が結合することにより，神経興奮が起こり，**嗅神経**を通して嗅球に伝わりま
す。その興奮は**嗅球**（olfactory bulb）から大脳皮質嗅覚野に，また嗅内野を経
て大脳辺縁系や視床下部に伝わります。**嗅覚野**（olfactory area）は価値判断を
行うとされる眼窩前頭皮質領域にあります。ですので，よく「うさん臭い」
「きな臭い」などという疑いの表現が使われることと何らかの関係があるのか
もしれません。また，辺縁系には海馬や扁桃体がありますから（第 12 章参照），
嗅覚に関連した記憶が残りやすいことや，好き嫌いの判断と結びつきやすいこ
ともあるのかもしれません。

　嗅覚研究の歴史では，ドイツの心理学者ヘニングが 1916 年に提唱した**にお
いのプリズム説**がよく知られています。彼は，心理学的実験などから，におい

を薬味臭，花香，果実香，樹脂臭，焦臭，腐敗臭の6グループに分け，それら
を各頂点に置いた三角柱（プリズム）を仮定しました。そして，どのグループ
にもあてはまらない種々のにおいは三角柱の合計5つの面上の1点で記述され
ると考えました。しかし，現在では，嗅覚受容体の種類は約300あり，その活
性化の組合せによって，人間は1兆種類ものにおいの違いを弁別できるとされ
ています。

　また近頃，**香害**という言葉をよく聞くようになりました。香水や柔軟剤など
のにおいは個人によって好き嫌いの差が大きく，アレルギー反応を引き起こす
こともあるので，注意が必要です。

3.3　共 感 覚

　それぞれの感覚モダリティは完全に絶縁されたものではなく，**色聴**（colored hearing）と呼ばれるように，例えば高い音を聴くと黄色などの明るい色
が実際に目に見えるなどの**共感覚**（synesthesia）**現象**があります。また，円
錐形を見るとペパーミントの味，球形を見るとバニラの味がするなど，様々な
感覚モダリティの間で驚くべき結びつきを示す共感覚保持者も，多くはありま
せんが，報告されています。共感覚保持者の割合は100人〜1万人に1人など
研究者によって大きなばらつきがありますが，それは共感覚の測り方にもより
ます。例えば，ラマチャンドランたち（Ramachandran & Hubbard, 2001）は，
数字の5がたくさん書かれた中に数個の2が三角形をなして並ぶパターンを見
せると（図3.5（a）），ほとんどの人はこの三角形を見つけることができない
のに，共感覚保持者ではそれぞれの数字に別の色が見えるので（図3.5（b）），
三角形がポップアウトし，すぐに見つけられることを実験によって示しました。
共感覚が純粋に感覚レベルで生起する人が存在することがわかります。

　また，実際に感覚経験を伴わなくとも，モダリティの異なる感覚間に共通の
感性や感情，連想が生じる場合はよくあります。例えば，「甘い声」や「温か
い色」などという**共感覚的表現**（synaesthetic expression）はよく使われてい
ます。共感覚表現には，近感覚（触覚や味覚など）に関する形容詞が遠感覚

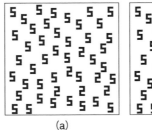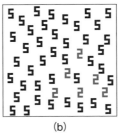

図3.5　**共感覚の有無を調べる方法の一例**（Ramachandran & Hubbard, 2001）

（視覚や聴覚）に関する名詞を修飾するという一方向性のルールがあります。近感覚は具体的で直接的なイメージを喚起しやすいのに対し，遠感覚では刺激情報源が遠いため，不確定性の度合いが高くなって，より間接的なイメージを喚起することが考えられます。ですので，より具体的・直接な感覚内容が，より抽象的・間接的な感覚内容を形容したほうが自然なのでしょう。このルールを破ると，例えば，「明るい手触り」「まぶしい味」などのように，理解困難になる場合があります。

3.4　優位な感覚とクロスモーダル現象

　感覚の中には様々なモダリティがありますが，健常な人の場合，それらの中では視覚が人間の行う情報処理において高いウェイトを持っており，**視覚優位**（visual dominance）現象と呼ばれています。例えば，図3.6に示す「びっくりハウス」と呼ばれるアトラクションでは，大仕掛けがしてあって，自分の体が止まっているのに，家全体のほうが回転すると，自分が回転していると感じます。「家のほうが回る」という知識を持っていても体感は同じで，逆らいがたい強い錯覚が生じてしまいます。テーマパークなどでは，大画面に放射状に拡大する無数の光点（オプティカル・フロー（optical flow））を投影するとその動きにつられて，自分が宙を前に進んでいくような体験（**視覚誘発性身体運動**

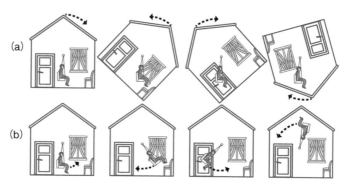

図 3.6　びっくりハウス（Metzger, 1953 盛永訳 1968）
（a）実際は，自分は動かないで，家のほうだけが回転しているのに，（b）自分がブランコ
に乗って回転しているように感じます。魔法のブランコとも呼ばれます。

感覚，**ベクション**（vection））を引き起こすアトラクションがあります。視覚
が，身体の加速度的な動きを検知する前庭感覚を誘発したことになります。

　困った問題として，地震などで傾いた家に住んでいると，柱などから視覚的
に感じられる垂直方向に自分の体を合わせて立つので，結局，重力方向と不一
致が生じることになり，肩こりや頭痛，めまいなどの心身失調をきたす場合が
あります。視覚と内耳にある**三半規管**（semicircular canals；図 3.3 参照）が
担う**平衡感覚**（equilibratory sense）がミスマッチを起こしている状態になる
ことから，こうしたことが起こります。

　また，音がどこから聞こえてくるかをあてる課題は**音源定位**（sound local-
ization）といわれますが，視覚情報に音源定位は影響を受け，声に同期して口
を動かす人形が近くにあると，その人形の口元から声が聞こえてくるように感
じられます。この現象を利用したのが**腹話術効果**（ventriloquism effect）です。

　類似の現象で有名なものに，女性心理学者マガーク（McGurk, H.）が見出
した**マガーク効果**（McGurk effect）があります。これは，音声的には「ガ，
ガ，ガ」と音を出しているのに，「バ，バ，バ」に対応する口唇の動きを見る
と，音が変化して「ダ，ダ，ダ」と言っているように聞こえる現象です。この

ような錯覚から，私たちは人の話を聴いているときには視覚と聴覚の情報を上手に統合していることがうかがわれます。聴覚だけに頼った電話での聞きとり（特に外国語の場合など）が難しいことは，日常，よく経験します。

3.5　感覚の一般的特性

ほとんどすべての感覚に当てはまる特性として以下のような現象があげられます。

まず，**順応**（adaptation）ですが，これは同じ刺激を受け続けていると受容器の感度が低下し，感覚が弱く感じられる現象です。順応が起こりやすい感覚の代表は嗅覚です。香水をつけると，やがて香りに順応して自分では感じられなくなり，またつけ直すのですが，順応を起こしていない他の人には強烈過ぎるにおいとして感じられることがあり，これは香水公害と呼ばれます。逆に順応が起こりにくいモダリティは痛覚です。もし歯痛や頭痛に順応が起こるとすれば鎮痛剤は不要となるでしょう。

暗闇に入ると最初は何も見えないのに，次第に見えてくる現象は**暗順応**です。これは，受容器の感度が良くなったように思いがちですが，実は明所でしか機能しない受容器（錐体）から，暗所でも光を敏感にとらえる受容器（桿体）に視覚の担い手が代わったためです。暗順応の逆の現象は**明順応**です。暗くて長いトンネルを抜けて急に明るくなると，まぶしくて見えない状態になりますが，次第に見えるようになります。交通事故を防ぐため，設備の良いトンネルの照明では暗順応や明順応を考慮して，トンネルに入ったときの照明は明るくして，次第に暗くし，出口に近づくとまた徐々に明るくする設計がなされています。

次に**対比**（contrast）ですが，これは刺激の強さの違いを強調して感じる特性です。例えば，甘い食べ物には隠し味として塩味のするものを少しつけ加えることがありますが，そのおかげで甘みをより強く感じることができます。また，これは甘さに対する順応も防いでいるわけです。視覚においては，明るさ対比（明暗対比）や大きさ対比現象などがあります。

対比と逆の特性を持つものに**同化**（assimilation）があります。これは刺激

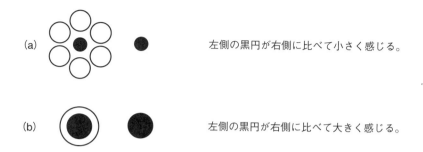

図 3.7 対比錯覚（a）と同化錯視（b）

の差異を小さく感じてしまう特性です。服や壁の色などでよく起こる現象で，ある色が他の色に囲まれているとき，その色は周囲の色に近づいた色合いに感じられます。対比と同化のどちらが起こるかは紙一重の刺激条件で決まります。図 3.7（a）は有名な対比錯視（**エビングハウス錯視**），図 3.7（b）は同化錯視（**デルブーフ錯視**）を示しています。一般に刺激の差異が大きいときには対比が，小さいときには同化が起こります。もし自分をやせて見せたいなら自分よりかなり太った人と一緒に歩くと対比がはたらいて効果的ですが，自分よりちょっと太めの人と一緒では，同化現象によって自分も太って見えてしまう可能性があるので注意が必要です。

　もう一つの一般的特性として**マスキング**（masking）があげられます。これは強度の大きな刺激が小さな刺激の感覚を妨げる現象です。騒音で人の声が聞こえない場合や，芳香剤で嫌なにおいを感じさせないケースが当てはまります。筆者の経験ですが，たまには贅沢しようと板前さんがいる高級なお寿司屋さんに入ったのですが，隣に座った人の強烈な香水のにおいで，せっかくのお寿司の味が何もわからなくなってしまったことがありました。

　これらの感覚の一般的特性は，多くの錯覚現象の基本原理ともなっています。また，ここで紹介した一般的特性は，感覚の領域だけにとどまらず，広く感性

や感情の分野にまで当てはまります。例えば，幸せな気持ちがすぐに順応して
しまって退屈に感じたり，あるいは事故や災害などによる大きな悲しみに襲わ
れたときには，それ以外の気持ちがマスクされてしまうことなどがあります。

3.6　知覚の基本過程

　私たちの知覚の最も基本的な過程は，**図地分化**（figure-ground segregation）
です。図 3.8 は，ゲシュタルト心理学の先駆けとなった実験現象学の有名な研
究者の名前をとって**ルビン図形**（Rubin's figure）と呼ばれています。ルビン図
形は向かい合った顔に見えたり，真ん中の部分が杯に見えたりします。**図**（fig-
ure）は輪郭を伴って前面に少し浮き出ているように見えるのに，**地**（ground）
は特定の形を持たずに図の背後まで広がって見えます。ですので，形の知覚は
図に対してはたらくことになります。音楽でもメロディは図になり，伴奏は地
に知覚されます。さらに，図と地は時々反転します。**図地反転**（figure-ground
reversal）を使ったアートでとても見事なのはエッシャー（Escher, M. C.）の
不思議な絵の数々です。図地反転を起こし，異なった形が現れるものは**多義図
形**（ambiguous figure）とも呼ばれます。知覚体制化が多重に成立する多義図
形は，**トロンプ・ルイユ**（trompe-l'oeil；だまし絵）と呼ばれるアルチンボル

図 3.8　ルビン図形

ド（Arcimboldo, G.）の気味の悪い絵や，ダリ（Dalí, S.）のシュールな絵に多く使われています。

　知覚体制化（perceptual organization）の重要性は，全体は部分の総和以上のものであることを前提とする**ゲシュタルト心理学**によって強調されました。星空は実はランダムに並ぶ光点の集まりですが，人々はいくつかの星を結びつけて，星座として見ています。このような秩序やまとまりを持った形態や配置は**ゲシュタルト**（Gestalt）と呼ばれます。ヴェルトハイマー（Wertheimer, M.）はこのような知覚のはたらきを**ゲシュタルト法則**（Gestalt laws）としてまとめました（2.3.2 項参照）。**近接**（proximity）は距離的に近いものをまとめて見るはたらき，**類同**（similarity）は似た色や形などを持つものをまとめて見るはたらきです。**良い連続**（smooth continuity）は，方向を急に変えないで滑らかに連続するものをまとめて見るはたらきで，**閉合**（closure）は，閉じた領域を形成するものをまとめて見るはたらきです。**共通運命**（common fate）と呼ばれるものもあって，同時に同じ変化（同方向に運動したり，点滅するなど）をするものはまとまって知覚されます。

　このようなゲシュタルト法則の上位には，全体として最も簡潔な，最も秩序あるまとまりを知覚するはたらきがあるとされ，**プレグナンツ傾向**（Prägnanztendenz）と呼ばれています。ただし，ゲシュタルト法則の考え方は知覚の特性をうまくとらえてはいますが，定性的表現（質的な記述）であり，定量的に明確な定義や予測ができないことが弱点として指摘されています。

3.7　恒常性——外界を安定して知覚するはたらき

　一般的に，知覚される特性の変化は感覚受容器に与えられた刺激（**近刺激**）の変化よりも小さく，その刺激の源となっている対象や事象（**遠刺激**）に近似する内容となります。つまり，感覚入力の変化を補正して，対象や空間の安定性や一貫性を保つようにしています。このようなはたらきを知覚の**恒常性**（constancy）と呼びます。

　代表的な例は，図 3.9 に示す大きさの恒常性です。同一の物体が遠くにある

図 3.9 大きさの恒常性
手前の人物と奥の人物は同じ大きさで描かれています。

と網膜像では小さく，近くにあると大きく投影されていますが，知覚される大きさは変わりません。このような恒常性のはたらきを逆手にとって，同じ大きさの物体を見かけ上，近くにあるように操作すると，極端に小さく見えてしまいます。恒常性は，この他にも形や色，明るさ，音の大きさの知覚などでも成立します。知覚の恒常性は，私たちの知覚世界が物理的刺激に直接的に左右されるわけではないことを教えてくれます。

3.8 錯覚——物理世界と知覚世界の違い

　物理世界と知覚世界が直接的に対応しないことは，**錯覚**（illusion）現象が端的に教えてくれます。例えば，等しい重さの物体でも，見たり触ったりしてより体積が大きいと感じたものは，小さく感じたものよりも軽く感じられます（**シャルパンティエの錯覚**）。また，人差し指と中指を交差させ，その間に自分

BOX3.1　ギブソンの生態学的知覚論

　外界を安定して知覚するには，例えばサカナやカエルでもヘルムホルツの言う無意識的推論（第2章参照）をはたらかせているのだろうかといった素朴な疑問が生じます。これに答えるのがギブソン（Gibson, J. J.）の生態学的アプローチです。

　ギブソンは，生体が自分の生活圏の中で活動するときに必要な対象や環境に関する情報は，生体が入手可能な刺激系列の中にすでに豊富に含まれており，生体は単にそれらを検出すればよく，解釈や推論などの内的処理は必要がないと強調しました。例えば，図3.10に示すように，パイロットが飛行機を着陸させるときに自機の移動方向や奥行の知覚に必要な情報は，**オプティカル・フロー**（optical flow）と呼ばれる視界内の対象の速度変化パターンや，**きめの勾配**（texture gradient）と呼ばれる対象の密度変化の中に含まれていることを示しました（ギブソンはこのような情報を光学的不変項と呼びました）。

　またギブソンは，事物の価値や意味でさえも，思考や推論なしに直接知覚されるという大胆な説を主張し，**アフォーダンス**（affordance）という考え方を提唱しました。これは英語に"afford（提供する）"という動詞があり，それを名詞化したギブソンの造語です。例えば，登山をしているとき，25cmぐらいの高さの石は踏み越える動作をアフォードしますが，50cmぐらいの高さになると，その上に腰かけて一休みする行動をアフォードします。アフォーダンスは生体と環境が相互作用し合う中で生まれることに注意してください。例えば，幼児にとってはその高さの石は腰かけることができないので，むしろよじ登る反応を引き起こすでしょう。

　ギブソンの考え方は，いろいろな生体の感覚や知覚，そして動作の生態学的特性をベースとしていることから応用範囲が広く，コンピュータ・ビジョン，仮想現実，ユーザ・インタフェース，使いやすいデザイン，ヒューマン・エラー防止など，様々な分野で広く活用されています。

図3.10　オプティカル・フロー
　　　　　　（Gibson, 1979）
ギブソンが例示した飛行機が着陸するときにパイロットの目に入るオプティカル・フロー。進行方向から視覚刺激が噴き出し，視界周辺にいくほど，それらの動きは速くなります。

	言語表現との類似性	錯視	
歪み	「一日千秋の思い」 「千里も一里」	大きさ錯視，面積錯視，長さ錯視，角度方向錯視，対比錯視など	(a) 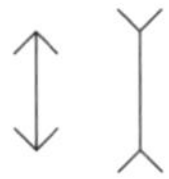 (b) 
逆説	「私はうそつきだ」 「絵のない絵本」	不可能図形 仮現運動 運動残効 誘導運動	(c)  (d) 
多義性	「ここではきものをぬいでください」 「かわいいイヌを連れた女の子」	多義図形 図地反転図形	(e)  (f) 
虚構	「まぶたの裏にうつる母」 「見えない糸で結ばれた二人」	主観的輪郭 非感覚的補完	(g)  (h) 

図 3.11　様々な錯視と言語表現との類似性（Gregory, 1998 近藤他訳 2001 を改編）

の鼻先や鉛筆などを挟むと，鼻や鉛筆が 2 本に感じられる**アリストテレスの錯覚**（Aristotle's illusion）もあります。これは，普段物を挟むときと異なって，両指の外側どうしの触覚受容器群が同時に刺激されるために生じると考えられます。

　視覚における錯覚で有名なのは，主に線図形からなる**幾何学的錯視**（geomet-
rical illusion）です（図 3.11 参照）。大きさ，長さ，角度などの歪みを示すも
のとして有名なのはミュラー–リヤー錯視（Müller-Lyer illusion；図 3.11（a））
やポンゾ錯視（Ponzo illusion；図 3.11（b））です。大きさや長さの歪みを示
す錯視は，グレゴリー（Gregory, R. L.）が提唱した錯視の遠近法説にも述べ
られているように，実は，視覚系が恒常性を保つために行う自動的な補正作用
の副産物であると考えられています。また，グレゴリーは，錯視を言語表現の
類似性の点から考察しています。それによると上述の錯視は，「一日千秋の思
い」や「千里も一里」といった歪みを含む誇張した言語表現に似ているとして
います（Gregory, 1998 近藤他訳 2001）。

　不可能図形（impossible figure）として有名なのはペンローズの三角形
（Penrose triangle；図 3.11（c））や悪魔のフォーク（図 3.11（d））です。そ
れらの絵は部分的には解釈可能ですが，全体として見ると矛盾が生じています。
グレゴリーはこれらの錯視を，「絵のない絵本」とか「私はうそつきだ」など
の自己矛盾を含む表現である逆説（パラドックス）と類似していると述べてい
ます。

　また，異なる位置に対象を継時的に提示すると，実際には動くものはないの
に運動が知覚される現象である**仮現運動**（apparent motion），ある方向へ動く
対象を見続けた後に静止した対象を見ると，逆方向に動きが見える**運動残効**
（motion aftereffect；滝の錯視としても有名），びっくりハウス（図 3.6）のよ
うに，自分は静止しているのに周囲のものが動くと，自分が動いて知覚される
誘導運動（induced motion）と呼ばれる知覚現象などもパラドックスとして取
り上げられています。

　さらに，**多義図形**として有名なウサギとアヒル（図 3.11（e））や妻と義母
（図 3.11（f））と同様のことは，言語的にも複数の意味にとれる文章，例えば
「かわいいイヌを連れた女の子」などの多義文にも見られます。

　最後に，「まぶたの裏にうつる母」や「見えない糸で結ばれた二人」といっ
た虚構を含む表現に対応する錯視もあります。これには，ゲシュタルト心理学
の系譜を引くイタリアのカニッツァ（Kanizsa, G.）が創作した**主観的輪郭**

（subjective contour）（図 3.11（g））のように，物理的には存在しない情報が感覚としてはっきり見える**感覚的補完**（modal completion）や，覆い隠されたものを見えないのに完全なものとしてとらえる**非感覚的補完**（amodal completion）（図 3.11（h）右，隠された「B」が見える）があげられます。両方の補完現象はいろいろな錯覚やアートで応用されています。特に後者はいわゆる「未完の美」にも関係するのではないかと考えられています。

復 習 問 題

1. 感覚モダリティにはどのようなものがあるか，特に遠感覚と近感覚の特性の違いに焦点をあてながら解説してください。
2. 感覚間相互作用に関して，特に視覚優位を示す現象のいろいろな例をあげてください。
3. 感覚の一般特性としてどのような傾向や現象があげられるか，身近な例をあげながら解説してください。
4. 知覚体制化の特性を利用して，自分の姿を目立たなくするカモフラージュの例をあげてください。

参 考 図 書

綾部 早穂・熊田 孝恒（編）（2014）．スタンダード感覚知覚心理学　サイエンス社
　　感覚に関する歴史的論争についても良い解説がなされています。また感覚・知覚や，感覚間相互作用（クロスモーダル現象）などに関する知見も紹介されています。
太田 信夫（監修）行場 次朗（編）（2018）．感覚・知覚心理学（シリーズ 心理学と
　　仕事）　北大路書房
　　様々な分野の仕事に貢献する感覚や知覚，感性の心理学を解説しています。生活の中での安全性や快適性，日用品や食品，またアートやエンターテインメント，さらには障害者の感覚機能の支援や加齢変化への適応的対応など，幅広い研究成果を紹介しています。

注意と認知

第3章では，外界や身体からの情報の受容を担う感覚過程と，それらの情報をまとめるはたらきをする知覚過程について学んできました。第4章ではさらに進んで，私たちが日常生活の中で，巧妙に効率よく行っている情報選択のはたらき，すなわち，注意過程について解説します。さらに，選択された情報を適応的に解釈し，適切な行動につなげるはたらきを担う認知過程についても考察します。

4.1　注意過程——情報の選択

「心ここにあらざれば，視れども見えず，聴けども聞こえず」ということわざがあります。私たちの感覚では様々な情報を絶えず受けとっているのですが，**選択的注意**（selective attention）と呼ばれる機能により，特定の情報のみがピックアップされて意識にのぼり，それ以外の情報は意識から除外されています。このプロセスをよく表すのは**カクテルパーティ現象**（cocktail-party effect）です。立食パーティ会場のようにざわざわと話している人が周囲にたくさんいても，自分と会話している特定の人の声はかなりよく聞こえます。ところがこのパーティで録音した音声を後で聞いてみると，雑音のような混じり合った会話が聞こえてくるだけです。

選択的注意を実験的に検討したのは，1953年にチェリー（Cherry, C.）が行った**両耳分離聴**（dichotic listening）**実験**です。実験参加者の右耳と左耳に別々のメッセージを同時に提示し，どちらかの耳に入ったメッセージを追唱させると，他方の耳に入ったメッセージがどのようなものであったかを答えるこ

とができなくなります。ただし，意味レベルはともかく，男性女性いずれの声であったかといったぐらいの感覚的特徴はわかります。このような特性を，情報通信理論を使ってモデル化したのがブロードベント（Broadbent, D. E.）でした。彼は注意を**選択フィルター**（selective filter）としてとらえ，それを通過した情報のみ容量制限のある処理チャンネルに送られると考えました。

　「あっち向いてホイ」の遊びにある通り，指先や手の動き，あるいは矢印の方向には注意が思わず誘導されます。このようなはたらきを持つものを**手がかり刺激**と呼びます。ポズナー（Posner, M. I.）は，手がかり刺激と同じ方向に検出すべきターゲットがあると反応は速いが，手がかり刺激と反対方向にあると反応は遅れることを示しました。このような実験方法は注意のはたらきによる利得と損失を明らかにできるので，**ポズナー課題**と呼ばれています。さらにポズナーは，注意には3つの成分があると主張しました。それらは，ある対象に注意の焦点を向けて分析を開始する**取り込み過程**（engagement），次に注意をその対象に向けることをやめる**引き剝がし過程**（disengagement），そして注意を別の場所に転導させる**移動過程**（shift）です。後に述べるように，注意機能のこれらの成分のいずれかが障害を受けている事例があります。

4.2 　視覚的探索

　以前，『ウォーリーをさがせ！』という絵本がはやったことがありました。人が入り乱れた絵の中から，どこかに潜んでいるウォーリーというキャラクターを探すのです。この本で遊ぶなら楽しいですが，私たちの日常の多くの時間は，財布や携帯，靴下やハンカチなどを探すのに費やされています。アメリカの女性心理学者，トリーズマン（Treisman, A.）は**視覚探索**（visual search）の興味深い特性を明らかにする実験的研究を精力的に行いました。図4.1（a）のような**単一特徴**によって定義された**目標刺激**（target）を探索するときには，一目で目に飛び込んでくる（**ポップアウト**する）ように見え，**妨害刺激**（distracter）の数がたくさんあっても探索時間は増加せず，**並列処理**（parallel processing）が行われます（Treisman, 1986 高野訳 1987）。ところが，図4.1（b）

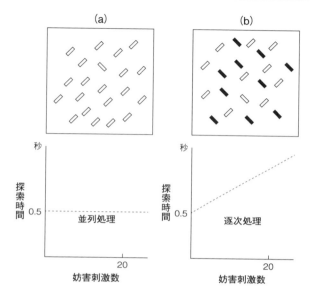

図4.1 ターゲット（1個だけ他と異なる刺激）を見つけ出す視覚探索実験
(Treisman & Gelade, 1980)
（a）ではターゲットがポップアウトしますが，（b）では1つずつ見ていかないとわかりません。

のように，目標刺激が複数の特徴の結合関係で定義された場合には，一つひとつ確かめていかなければならず，妨害刺激の数が増えるとともに探索時間は長くなり，**逐次処理**（serial processing）が必要となります。絵本のウォーリーは，赤い横縞のシャツを着ています。周囲の人の中にも赤や横縞のシャツを着ている人がいます。したがって，ウォーリーを探すためには，「赤かつ横縞」のように**結合特徴**を処理しなければならないので，ウォーリーはポップアウトせず，大勢の人々を一人ずつ逐次的に見ていかなければならないことになります。

　また視覚探索では，特徴の存在を探すのは容易で並列探索ができるのに対し，特徴の不在を探すことは負荷がかかり逐次探索となります。さらに，複数の小さな円の中に大きな円が1個ある場合，大きな円はポップアウトし，並列探索

となります。その逆の場合，つまり複数の大きな円の中に小さな 1 個の円を探すときには逐次探索となります。このようにターゲットと非ターゲットの関係を入れ替えた場合に，探索時間に大きな違いが現れる現象を**探索非対称性**（search asymmetry）といいます。ターゲットとしてポップアウトする特徴は**逸脱特徴**，しない特徴は**基準特徴**と呼ばれます。逸脱／基準特徴の関係性は，大きい／小さいの他に，斜め／垂直，曲線／直線，非平行／平行などがあることがトリーズマンの研究によって示されています。視覚だけでなく，言語表現的にも，例えば「大きさ」「傾き」「曲率」などと表されるように，逸脱特徴がその次元の名前になっているのは興味深いことです。

4.3　注意の特性に関わる諸現象

　私たちの**視野**（visual field）は左右に 180°，上下に 150° ほどの広がりがありますが，視力は周辺（peripheral）視野に向かうにつれて急激に低下します。視野中心から 5° 程度の範囲は細かなものの識別が可能で，**中心**（central）**視野**と呼ばれます。さらに，何かに注意を集中していると，実際に視覚課題が可能になる範囲（**有効**（effective）**視野**）は狭くなりますが，このことは，交通事故や犯罪現場の**目撃証言**（eyewitness testimony）などでよく知られています。

　視覚刺激が高速で連続提示され，特定の 1 個のターゲットを検出するタスクは RSVP（Rapid Serial Visual Presentation）課題と呼ばれ，各刺激の提示時間が約 100 ミリ秒程度の短い場合でもそれが可能です。ところが，その連続提示中に 2 個目のターゲットを入れると，1 個目のターゲットから 500 ミリ秒以上の間隔を置かないと，2 個目が見落とされやすくなります。この現象は，**注意のまばたき**（attentional blink）と呼ばれています。

　また，一度，ある位置に注意を向けさせた後に注意をそらし，同じ位置に再び提示されたターゲットに対する反応時間は，その他の位置に出た場合に比べて遅くなる現象があり，**復帰抑制**（Inhibition Of Return; IOR）と呼ばれています。サッカーのワンツー攻撃で，一度ボールをパスした選手がすぐさまもう一

度パスを受けると守備が遅れます。まだ注意していない位置に注意を向けやすくするはたらきがあるためにこのような現象が起こると考えられています。

さらに、例えば、ある男性に道を尋ねられたとき、自分が地図を見ている間に相手が瞬時に別の男性に置き換わっても、ほとんどの人がその変化に気づかないという**変化盲**（change blindness）と呼ばれる現象も知られています。

4.4 注意の障害

まず、注意過程が健全に機能するためには、適度の脳の活性化レベル、つまり**最適覚醒水準**が必要です。**ナルコレプシー**（narcolepsy）と呼ばれる病的な居眠り病では、緊張するほど眠気発作に襲われ、注意機能もダウンしてしまい、仕事や試験などで失敗したり、重大な交通事故につながる場合もあります。**睡眠時無呼吸**（sleep apnea）症候群との関連も指摘されています。

よく知られているのは**注意欠如・多動性障害**（Attention-Deficit Hyperactivity Disorder; ADHD）です。これは男児に多いとされ、注意の転導（シフト）が激しく、周囲のちょっとした刺激に次々と気がとられるので、重要な情報に集中する選択的注意や持続的注意が難しく、結果として教室での学習が困難になってしまい、**学習障害**（Learning Disorder; LD）にもつながります。多動性は最適覚醒水準のコントロールがうまくできないために生じるとも考えられます。

また、多動性はなく、真剣に聴きとろうとしても、音声を言語情報として認知するのに困難を示す**聴覚情報処理障害**（Auditory Processing Disorder; APD）もあります。特に周囲がざわざわしているときに、特定の音声だけを聴きとる機能が低下するので、教室などでも配慮が必要です。

大脳皮質の右半球頭頂葉が脳血管障害などでダメージを受けると、視野の半分（多くの場合、左視野）にあるものに注意が向かず、それに気づかない症状である**半側空間無視**（unilateral neglect）が現れます。このような症状を持つ患者に顔や時計を描かせると右半分しか描きません。服も右手だけ通したり、食卓でも右側の料理だけ食べたりします。視野の左側に障害物があるときなどは怪我につながりますから配慮が必要です。

　また，後頭葉と頭頂葉の境界部に両半球にわたって脳血管障害などによる病変がある患者の中には**バリント症候群**（Balint's syndrome）と呼ばれる注意障害が見られることがあります。この種の障害を持つ患者は一度に1つの対象しか見えず，他のものはすべて見えなくなってしまい，さらに視線を自分の意思で動かすことも困難になります。バリント症候群の患者は特に注意の引き剥がし過程が阻害されていると考えられます。

4.5　パターン認知のとらえ方

　知覚された対象に一定の秩序を見出し，限られた数のカテゴリーに対応させる処理は一般に**パターン認知**（pattern recognition；パターン認識）と呼ばれます。文字や数字を識別したり，顔や音声で誰かを判断するなど，人間の精神活動は卓越したパターン認知能力に支えられているといえます。

　パターン認知が進行するプロセスについては，基本的に**ボトムアップ処理**（bottom-up processing）と**トップダウン**（top-down）**処理**の2通りのとらえ方があります。ボトムアップ処理は，**データ駆動型**（data-driven）**処理**とも呼ばれ，下から上へ処理が進むことを意味します。入力された情報の**特徴分析**から出発し，抽出された特徴を組み合わせてより高次の表現を構築し，それらを考慮して最終的な認知結果を得る方式です。一例としては，セルフリッジ（Selfridge, O. G.）が1959年に提案したパターン認識方式である**パンデモニアム・モデル**があげられます（図4.2）。ボトムアップ処理は帰納的で着実な方法といえますが，入力情報が多くのノイズを含んでいたり，複雑なパターンの場合には，特徴をうまく抽出できず，処理に時間がかかる場合があります。

　これに対し，トップダウン処理は**概念駆動型**（conceptually driven）**処理**とも呼ばれ，上から下へ処理が進むことを意味します。あらかじめ特定の候補を高次処理系において想定し，それに見合う特徴が入力情報に実際に存在するかどうか検証的分析を行い，結果が良好ならその候補を最終的な認識結果とする方式です。トップダウン処理は，ノイズの影響に頑健で，素早い処理も可能ですが，最初の想定が間違っていた場合には候補選定をやり直さなければならず，

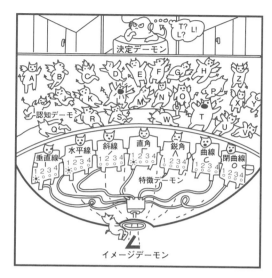

図 4.2　セルフリッジのパンデモニアム（万魔堂）・モデル（Selfridge, 1959 をもとに作成）
特定の処理を担う多数のデーモン（処理モジュール）が階層的に構成されています。文字
認識では，イメージデーモンから送られた入力情報を特徴デーモンが分析し，垂直線，水
平線，角などの有無がチェックされます。それらの特徴構成にマッチする認知デーモンの
出力は大きくなるので，それを評価して，最終的に決定デーモンが判定を下します。並列
的ですが，基本的な情報処理の流れは，特徴抽出から解釈に至るボトムアップ型です。

それがないがしろにされた場合には大きな誤りを生む危険性もあります。「杯中
の蛇影」という故事がありますが，中国の晋の人物が友人と酒を飲んでいたと
き，杯に映った影を見てヘビと思い込み，それを飲んだことを気にして病気に
なりましたが，友人がそれはヘビではなく，弓の影が映っていただけだと言う
と，すぐに具合が良くなったということです。

　両方の処理にはそれぞれ長所と短所があるので，両者を相補的にとらえ，中
間結果を書き留めておく黒板のようなバッファ・メモリを介して，ボトムアッ
プ処理とトップダウン処理がインタラクションを持ちながら認識を進めるとす
る考え方もあり，これは**黒板モデル**と呼ばれています。また，ナイサー
（Neisser, U.）は，日常の認知活動は両者が循環的に作動することにより支え

られているとみなし，**知覚循環モデル**を 1976 年に提唱しました。

4.6　内 部 表 現

　パターン認知は，脳内（工学的パターン認識の場合には計算システム内）に構成されたパターンの**内部表現**と入力情報とのマッチングをとる過程としてとらえることができます。

　最もシンプルで基本的な内部表現の考え方は，**鋳型表現**です。これはパターンの原型を示す鋳型のようなものが保存されていて，パターンを認知する際，入力された情報と鋳型とのマッチング（**鋳型照合**（template-matching））が行われるとする考え方です。カエルの視覚脳には虫の形に似た鋳型のような受容野を持つニューロン（虫検出器）があり，カエルはアニメの虫を見せられるとそれに食いつきます（その動画は YouTube などで紹介されています）。鋳型表現を利用するためには，入力画像の大きさや傾きなどを鋳型に合うように補正する必要があり，**前処理**に負担がかかります。

　一方，あるパターンを他から区別するのに有効な，局所的あるいは特定の変形次元に関する情報が脳内あるいはシステム内に**特徴表現**として保存されていて，入力情報からそれらの特徴の有無をチェック（**特徴分析**）して認知が行われるとする考え方があります。セルフリッジのパンデモニアム・モデル（図4.2 参照）もこの特徴表現を用いているとみなすことができます。しかし，同じ特徴を同数持つのに，それらの結合の仕方が違うパターンを区別できない問題が生じる場合があります。

　そこで特徴の存在ばかりでなく，それらの結合関係を命題や有向グラフによるネットワークで表現したのが**構造記述**です。構造記述では，全体と部分の関係も階層的に表現され，また，部分の結合以前にはなかった性質（**創発特性**（emergent property））が生じることなども表現できます。このような構造記述形式で表現されたものは**スキーマ**（schema）とも呼ばれます。図4.3 は顔のスキーマの一例ですが，構造記述的に顔のスキーマと一致すれば，アルファベットも目や耳，口に早変わりします（図4.4）。第 3 章でも紹介した 16 世紀

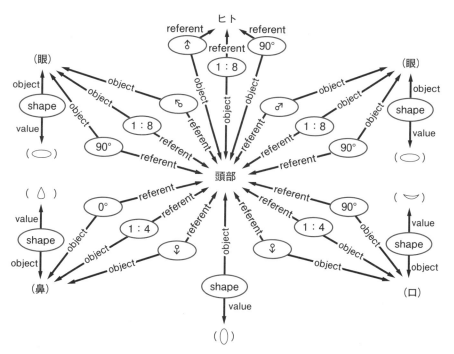

図4.3 **顔の構造記述表現** (Palmer, 1975)
有向グラフ（矢印）で，部分と全体との関係性（referent）を，大きさ，位置関係，向き，形などを表した対象（object）で示します。

図4.4 **顔のスキーマ内に埋め込まれたアルファベット** (行場，1996)

のイタリアの画家アルチンボルドが描いた果物や魚などの集まりが顔に見える気味の悪い絵も同じ原理を使っています。

　これまでの考え方では，認識に必要な特徴や構造などの内部表現をあらかじめ想定する必要がありましたが，そのような想定を必要としないのが**ニューラル・ネットワーク**（neural network）アプローチです（第 13 章も参照）。この考え方では，神経細胞（ニューロン）を模した多数のユニットを多重の層にわたって用意し，入力層に信号が与えられたときに望ましい信号が出力層に現れるように，ユニット間の結合の重み（シナプス・ウェイト）を学習によって調整していきます。**ディープ・ラーニング**（deep learning）とも呼ばれるこのような方式は，最近，コンピュータ科学の分野でめざましい進展を遂げていますが，なぜ特定の認識結果が得られたのか説明が困難な場合がほとんどで，学習がすんだ状態のネットワーク結合から中間層に暗示的に示されている内部表現を推測する必要があります。

4.7　物体の認知

　網膜に映る像は 2 次元なのに，人間はどのようにして 3 次元の物体を認知できるのでしょうか。また，物体を様々な位置や方向から観察すると，その網膜像は複雑に形状を変えるのに，物体の形状自体は一貫性を保ち，安定した認知が得られる**視点不変性**（viewpoint invariance）があります。このような問題を説明するために，大きく 2 つのタイプの理論が提出されています。

　一つは**視点非依存理論**（view-independent theory）で，**一般円筒**（generalized cylinder）や**ジオン**（geon; geometric ion）と呼ばれる視点移動による形状変化の影響を受けにくい部品を想定し，それらから構成される物体の**プロトタイプ**（prototype；元型）を脳内に仮定する立場です。ちょうど積み木セットの中から適当なものを組み合わせれば車，船，家など様々な物体を作ることができるのと似ています。ジオンの提唱者のビーダーマン（Biederman, I.）は 4 個程度の部品があれば，日常物体の多くは表現可能であることを示しています（図 4.5）。

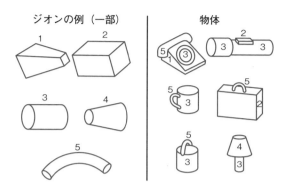

図 4.5　ジオンから構成される日常物体 (Biederman, 1985)

　他方は**視点依存理論**（view-dependent theory）と呼ばれる考え方です。物体に関する視点に依存した複数の**景観**（views）が学習され，新たな視点から観察された物体の認知は学習ずみの景観間の補間処理によりなされるというものです。この立場をとる研究者による実験では，相互の類似度が比較的高い人工的な新奇物体が多く使われています。

　一方，ウマや車，ピアノやメガネなどには日常物体にもそれらを代表する景観があり，やや斜め上方向から見たものが**典型的景観**として選ばれることが報告されています。ただし，典型的景観ではその物体を構成する部品のほとんどが映し出されていることが多いものです。したがって，両理論は排他的なものでなく，長期にわたって学習した物体を大きくカテゴリーに分けて認知する場合には視点非依存理論が，一方，同じカテゴリーの比較的似ている物体を短期的に覚えて認知する場合には視点依存理論が当てはまりが良いと相補的に考えることもできます。

4.8　顔 の 認 知

　顔の認知発達はとても早く，ファンツ（Fantz, R. L.）が考案した**選好注視法**

図 4.6　顔に見える木目

図 4.7　イギリスの元首相サッチャーの顔
　　　　を加工したもの（Thomson, 1980）
本を逆さまにしてみてください。

（visual preference paradigm）を用いた 1961 年の実験では，顔と他のパターン
を対提示すると，誕生して目が開いたばかりの赤ちゃんでも顔のほうをより長
い間注視することが報告されています。

　顔認知には，物体認知と異なる複数の特性があります。まず，**図 4.6** に示す
ような極めて単純なパターンでも顔が認知されることです。いろいろなものを
顔に見てしまうことは**相貌知覚**（physiognomic perception）と呼ばれてきまし
た。より広い意味では，**ロールシャッハ・テスト**（Rorschach test）のように
インクの染みなのによく知ったものに見えてしまう**パレイドリア現象**に含まれ
るのですが，顔パターンではその現象が強く起こります。また，写真の白黒を
反転させると，車などの物体は認知できるのに，誰の顔であるかわからなくな
ります。また倒立した顔を見ると，なじみの薄い顔のように見え，表情認知な
ども困難になります。このような特性を逆手にとったのが有名な**サッチャー錯
視**です（**図 4.7**）。また照明を下から当てると，お化けのような不気味な顔に
見えるのはよく経験するところです。それからお面を裏返しにして，その凹面

を見ても，鼻が飛び出した通常の凸面の顔に見えます。

　このような顔認知に特有な特性は，脳内のいろいろな部位（第12章を参照してください）に，顔に応答する多種類の顔ニューロンが存在することに関係があります。まず，視覚野から側頭葉に向かう途中に位置する紡錘状回は，人でも動物でも顔に似たパターンが提示されると活性化されることが知られており，顔認知の始まりにあたる処理を担っているのではないかと考えられています。下側頭葉には人の顔や表情に応答するニューロンがあって，上側頭溝には顔の向きや視線に応答するニューロンが見つかっています。情動の中枢である扁桃体にも顔表情に応答するニューロンがあります。側頭葉の先端にあたる側頭極はよく知った人の顔を提示すると活性化することが報告されています。前頭葉にある眼窩前頭皮質は，信用できる人の顔かどうかの判断に関与していると考えられています。

　なお，ブルース（Bruce, V.）とヤング（Young, A. W.）が1986年に提出した人物同定と表情や声などの処理は別々の経路でなされるとするモデルは有名ですが，近年では両経路の複数のステージで相互作用があることがわかってきています。

BOX4.1	私の夫は替え玉？——カプグラ症候群

　フランスの医師カプグラ（Capgras, J.）は，とても不思議な訴えをする50代の女性の症例を1923年に報告しました。彼女は，自分の夫の顔立ちは本物そっくりなのに，実は偽物で悪の結社からひそかに送り込まれた他人であると言うのです。このような症状は，当初は妄想であるとして統合失調症が原因とみなされていたのですが，近年では，顔認知の障害とする見解も提出されています。顔の形態的認知過程（側頭葉系）は問題なく機能しているのに，親近感などを感じる感情過程（扁桃体などの大脳辺縁系）との連結が脳梗塞や萎縮などにより途絶えてしまったために，二次的に「偽物」という妄想的な見方が生じるという説です。不思議なことに電話などで夫の声だけを聞くと，本物と思うそうです。

4.9 大域処理・局所処理と認知スタイル

ナヴォン（Navon, D.）は，1977年に「木よりも森が先（Forest before trees)」という有名な論文を発表し，複数の小さな文字を配置して1つの大きな文字を構成した複合パターンを短時間提示すると，大きな文字は素早く認知されますが（**大域優先**（global precedence)），小さな文字の認知には時間がかかり，特に大きな文字と異なる小さな文字の認知は大きく遅れること（**大域干渉**（global interference)）を示しました。このような効果は，大域文字と局所文字の弁別容易性を同じにそろえても生じます。

ただし，大域情報や局所情報に対する処理の偏りは個人差が大きく，**認知スタイル**（cognitive style）も影響します。代表的な認知スタイルとして，周囲の背景や枠組みに大きな影響を受ける**場依存**（field dependence）型と，影響を受けにくい**場独立**（field independence）型があげられます。図4.8に示すような**埋め込み図形テスト**（Embedded Figure Test; EFT：「隠し絵テスト」とも呼ばれます）では，場独立型の認知スタイルを強く持つ人ほど，指定された埋め込み図形を見つけ出すことが得意で，ナヴォンの課題でも大域優先的な特性が減少することが報告されています。また，『木を見る西洋人　森を見る東洋人』（2003年）という邦題がついたニスベット（Nisbett, R. E.）の著書にもあるように，地理的・文化的違いも指摘されています。

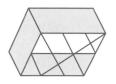

図4.8　埋め込み図形テストの一部を改編したもの
左側の図形が右側に含まれているのがわかりますか？

BOX 4.2　　ゲシュタルト崩壊——森は失われやすい

　図形や文字をちらっと見たときには理解できるのに，そのまま注視を続けると，すぐに全体的印象が消失し，その内容や文字がわからなくなってしまう現象は，**ゲシュタルト崩壊**として知られています。

　これはもともと，ファウスト（Faust, von C.）が 1947 年に報告した症例で使われた用語ですが，戦争で銃弾が頭を貫通し，頭頂葉と後頭葉の境界付近に損傷を受けた男性は，例えば，世界地図を一瞥すると，「これはアフリカです。でもそれはすぐに消えてしまい，今はただの色のかたまりとしか見えません」と訴えたと記されています。

　ゲシュタルト崩壊は，程度の違いはあるものの，誰でも経験します。例えば，自分の書いた漢字を間違いがないかどうか確かめようと，じっと見れば見るほどその漢字がバラバラに見えてわからなくなるといった体験はよくあるでしょう。

　二瀬・行場（Ninose & Gyoba, 2003）は，図 4.9 に示すように，ある漢字を順応漢字として 25 秒ほど注視させ，その後に，それと同じ構造や成分を持つテスト漢字を音読させると，両者が同一漢字の場合や同一構造を持つ場合，順応なしの条件と比べて音読を開始する時間（潜時）に遅延が見られることを見出しました。このような遅延は順応漢字とテスト漢字の大きさや傾きが多少異なっている場合でも生じました。また，顔の表情認知でも持続的注視による順応実験を行ったところ，表情特異的に認知時間の遅延が現れる効果も見出しました。

　ナヴォンが示したように，短時間観察では「木よりも森が先」なのでしょうけれど，持続的に注視すると，大域処理は機能低下してしまい，「森は失われやすい」ことをゲシュタルト崩壊現象は示しています。

順応漢字	テスト漢字			
森	森	崩	検	慎
同じ構造	あり	あり	なし	なし
同じ成分	あり	なし	あり	なし

図 4.9　**漢字のゲシュタルト崩壊を調べる実験で使われたもの**
（Ninose & Gyoba, 2003 を改編）

4.10　心的イメージ

　直接的な感覚刺激がなくとも，感覚・知覚体験と類似した表象を頭の中で内的に生成する能力は**心的イメージ**（mental imagery）と呼ばれています。その重要な機能として，物体の回転や拡大，部分の変換や置換などの心的操作を比較的自由に行うことができることがあげられます。有名なのはシェパード（Shepard, R. N.）とメッツラー（Metzler, J.）が 1971 年に行った**心的回転**（mental rotation）の実験で，同じ立体なのに回転角度の異なる図形をペアにしたものか，あるいはその立体に鏡映変換を施した異なる立体の回転図形をペアにしたものをランダムにして提示し，実験参加者に図形の異同判断を行ってもらいました。反応時間を測定すると，ペアの図形の回転角度差に比例して増加することがわかりました。実験参加者は，頭の中で，あたかも，あるスピードで立体図形を回転させているかのような結果が得られたのです。

　心的イメージの重要な機能として，行動を起こす前に外的事象の**内的シミュレーション**やリハーサルを行うこと，**創造的思考**のきっかけや補助となり，**セレンディピティ**（serendipity；偶察力）をもたらす可能性などがあげられています。ただし，心的イメージには個人差が大きく，視覚的なイメージの鮮明性を測定するテスト **VVIQ**（Vividness of Visual Imagery Questionnaire）のスコアが特に低く，視覚的に明確な心的イメージを持たない**アファンタジア**（aphantasia）傾向者もかなりの割合でいます。心的イメージに関しては，絵のような特性を持つ準知覚的なものと考える**アナログ派**と，イメージは他の知識と同じように記号的な表現であり，知覚的属性は付随物に過ぎないとする**命題派**の間で論争（**イメージ論争**）が行われましたが，実は後者の立場をとる研究者自身のイメージ鮮明度が低いことも報告されています。

4.11　認知的エラーとメタ認知

　人間が犯す過ち（ヒューマン・エラー）の多くは認知過程で起こっています。エラーの分類でよく取り上げられるのは，1986 年にラスムッセン（Rasmussen,

J.）が提唱した知識，ルール，スキルの３つのレベルに分ける考え方です。

知識レベルのヒューマン・エラーは，状況に対する知識や認知の歪みや誤りから生じます。代表的なミステイクとして，自分にとって望ましい情報ばかり集めて，不都合な情報を考慮しない**確証バイアス**，これまでの経験を延長して今回も大丈夫だろうと考えて避難行動をとらないなどの**正常性バイアス**（**恒常性バイアス**とも呼ばれます），出来事の原因を固定観念や自分が思いつきやすかったりすることのせいにしてしまう**帰属エラー**，矛盾するデータがあっても印象に強く残った情報に固執してしまう**アンカリング効果**などがあげられます。

ルールレベルのヒューマン・エラーは，規則を守らなかったり，無視してしまうもので，早く作業を終わらせるためなどに，大切な手順や確認を意図的あるいはうっかり飛ばしてしまう**近道行動**や**省略行動**などによるミステイクをあげることができます。

スキルレベルは，かなり自動化され，意識的な制御が関与することが少ないもので，代表的なエラーには，「うっかり忘れ」（**ラプス**と呼ばれます）があげられます。鍋が煮立つまで火にかけておいて，火を止め忘れ，鍋を焦がしてしまう場合などです。これは作業記憶の中に一時保存していた大切な情報が失われてしまうことにより生じます。また，意図は正しいのに行動が適切でないエラーは**スリップ**と呼ばれます。例えば，エレベータのドアが開くと，自分が望んだフロアではないのに降りてしまうなどの**囚われエラー**（captured error）があげられます。この他にもいろいろな種類のスリップが，アップル社のコンピュータ・インタフェース設計に携わった有名な認知科学者，ノーマン（Norman, D. A.）によって取り上げられています。

このようなヒューマン・エラーを防止するために，工学システム的には，間違った操作では作動しない設計にしたり（**フールプルーフ**），失敗が生じても安全な方向にシステム側が補正してくれる設計（**フェイルセーフ**）が大切になります。

人間の側で認知的に重要なのは，**メタ認知**（meta-cognition）のはたらきです。これは自分の認知活動自体を上段から認知するはたらきです。具体的には，気づきや確認点検，評価や予測を行うメタ認知的モニタリングと，それに基づ

いて目標を的確に設定したり，計画や行動を柔軟に変更修正するメタ認知的コントロールの両側面の機能があります。前者は例えば，「いつもと違う」「焦ってあわてている」「うまくいっていないように気がする」などと認知作業中の自分を監視することであり，後者は，「最初からやり直そう」「別の方法を試してみよう」「自分には難しいので，中断して，他の人に相談しよう」など，自制や切替えによる**自己調整**です。

4.12　認知機能の障害

　視力，聴力，知能などには特に支障がないのに，対象の認知が困難になる障害は**失認症**（agnosia）と総称されます。

　感覚モダリティごとにそれぞれ特異的な障害が見られますが，よく取り上げられるのは**視覚失認**です。視覚機能の脳内基盤はモジュール（機能単位）ごとに部位が分かれていますから，どの部位に損傷を受けるかで異なる症状が現れます（第13章を参照してください）。後頭葉の視覚第4野に損傷を受けると**色彩失認**となり，色鮮やかな花壇も灰色でゴミが散らかったように見えるそうです。視覚第5野が損傷すると，ものの動きがわからない**運動盲**になり，車の通る道路を渡れなくなります。紡錘状回や側頭葉など顔ニューロンが集まっている部位が障害を受けると，顔とその他の物体との区別が困難になったり，顔とわかっても誰の顔なのかがわからなくなる**相貌失認**になります。表情だけが選択的にわからない**表情失認**もあります。また，後頭葉から側頭葉に連結する経路である腹側系に障害を受けると，**視覚性物体失認**になります。例えばハサミを見ても何かわかりませんが，触ったり，ハサミの音を聞くとわかります。後頭葉から頭頂葉に連結する経路である背側系で障害が起こると**空間失認**になります（4.4節参照）。

　失認症には，そもそも感覚情報をまとめ上げる認知機能が損なわれている統合型と，統合はできるけれども，他の情報（名称や用途など）との関連づけができない連合型に分けることができます。**統合型失認**の場合には，対象を模写させると形が崩れてできません。**連合型失認**の場合では模写はできるのですが，

自分が描いたものが何か聞かれても答えることができません。

聴力には異常がないのに，音のいろいろな違いや情報を認知できない場合を**聴覚失認**といいます。これは主に大脳皮質聴覚野の損傷によって起こります。例えば，電話や時計の音，雷や雨の音などの環境音を聞いても何の音であるかがわかりません。楽音がわからなくなる場合には失音楽といいます。言語音に認知困難が見られる場合は語聾といい，聴覚情報処理障害や感覚性失語症などと関連性もあります（注意障害（4.4 節）や言語障害（6.2 節）の項目も参照）。

身体失認では，体の一部や半分側を無視して使おうとしない異常が現れます。主に頭頂葉下部が損傷を受けることが原因で，半側空間無視とも関連します（4.4 節も参照してください）。

認知の障害と聞いて，最初に思い起こすのは**認知症**（dementia）でしょう。認知症は大きく**アルツハイマー型認知症**と**脳血管性認知症**に分けることができます。前者は，脳の萎縮を伴いながらゆっくりと進行します。最初は物忘れがひどくなったり，暗算ができなくなったりしますが，次第に時間，場所，相手がわからなくなる見当識障害や徘徊が現れ，記憶障害も顕著になります（第 5 章参照）。後者の場合には，脳血管が詰まることによる梗塞や，破れることによる脳失血が原因で，発作が起こるたびに障害を受けた脳部位に対応した心身機能がダウンします。

近年，**軽度認知障害**（Mild Cognitive Impairment; MCI）が注目されています。これは，健常とアルツハイマー型認知症の中間にあたるような認知機能の低下を示します。よく取り上げられる徴候は，「物忘れがひどくなり，約束などを忘れる」「仕事や家事でそれまでにはなかったミスをしたり，時間がかかったりする」「長い話を理解できなかったり，自分が話していることのつじつまが合わなくなる」「これまで関心があったことに興味がなくなり，無気力になる」などです。誰もが少しは当てはまることですが，MCI ではそれらの頻度や程度が深刻になり，周囲を困惑させ，問題視されることになります。厚生労働省の調査によれば，65 歳以上の 4 人に 1 人が MCI 傾向を示し，さらに 40% 以上の人は認知症へと進行してしまうので，認知症予備軍ともとらえられています。また若いうち（40 代や 50 代）から，そのような症状が出る場合は**若年性認知症**

と呼ばれます。このような認知症の原因はまだよくわかっていませんが，睡眠不足や糖尿病などによる脳内でのアミロイドβの蓄積，運動不足などによる代謝不全，アルコールやタバコへの依存などが危険因子としてあげられています。

復 習 問 題

1.「心ここにあらざれば，視れども見えず，聴けども聞こえず」ということわざが表している現象を注意の特性を示す用語を使って説明してください。

2. ものを探すとき，すぐに見つけられた場合と，見つけるのが困難だった例をあげ，視覚探索理論の観点からその原因を考察してください。

3. パターンを認知する際に，ボトムアップ処理がより有効な場合と，トップダウン処理がより有効な場合の例をそれぞれあげてください。

4. あなたが日常行動の中で犯しやすい間違いを，ヒューマン・エラー特性の観点から考察してください。

参 考 図 書

坂田 陽子・日比 優子・河西 哲子（編）（2020）．注意の生涯発達心理学　ナカニシ
　　ヤ出版

　やや専門的ですが，日常や社会生活も含めて，注意の様々な機能を生涯発達的に網羅して解説された好書。

行場 次朗・福澤 一吉・開 一夫・松井 孝雄・朝倉 暢彦・近江 政雄・本田 学・花川
　　隆・田中 茂樹（2001）．イメージと認知　岩波書店

　パターンや物体認知に関するテーマを網羅し，また認知障害についての症例も数多く紹介されています。専門書ですが，初学者にもわかりやすく書かれています。

ニスベット，R. E. 村本 由紀子（訳）（2004）．木を見る西洋人 森を見る東洋人
　　──思考の違いはいかにして生まれるか──　ダイヤモンド社

　部分と全体の認知様式から，思考や世界観の違いについての比較文化論にまで展開した名著。

ラマチャンドラン，V. S.・ブレイクスリー，S. 山下 篤子（訳）（2011）．脳のな
　　かの幽霊　角川書店

　カリフォルニア大学の世界的に著名なラマチャンドラン教授の名著。世界的ベストセラーにもなっている著作ですが，驚くべき症例が神経科学的な考察とともにたくさん紹介されています。

学習と記憶

　心の発達や適応がうまくいくためには，経験を繰り返すことによって得た情報や行動パターンを内部に蓄積していくことが欠かせません。この章では，このようなはたらきを担う学習と記憶に関する様々なプロセスと特性について解説します。そしてそれらの機能が障害なくはたらくことが，健全で安定した精神生活の維持にとっていかに重要であるかについて，理解を深めます。

5.1 心理学における学習のとらえ方

　学習（learning）というと，皆さんは「机の前に座って勉強する」といったイメージを持つかもしれません。しかし，心理学における学習のとらえ方はとても広い意味を持っています。経験を反復することによって行動パターンが変容していく過程はすべて学習に含まれます。

　例えば，大きな音が周囲ですると，音源のほうに目や耳，頭や体を向ける反応は**定位反射**（orienting response）と呼ばれますが，同じ音が繰り返されると，そちらのほうには振り向かなくなります。これを定位反射の**慣れ（馴化**（habituation））と呼びます。馴化も経験を反復することによって行動パターンが変容するので，心理学では学習に含まれます。馴化は感度が鈍くなったために起こるのではありません。繰返し聞いた音とかなり異なる新奇な音が周囲でした場合には，再びすぐに定位反射が起こります。これを**脱馴化**（dishabituation）と呼びます。つまり馴化は，反復によって情報価が低くなってしまった情報に対して，学習によって積極的に注意を向けないようにする過程なのです。

5.2 パブロフ型条件づけ

　心理学において最も基礎的な学習過程とされるのが**条件づけ**（conditioning）です。20世紀初頭，ロシアの生理学者パブロフ（Pavlov, I. P.）が，実験用に飼っていたイヌのところに飼育係が近づくと，その足音を聞いただけでイヌが唾液を流すことから条件づけを見出した，という逸話は有名です。

　パブロフの実験では，図5.1に示すようにイヌの唾液腺に手術をして，唾液の滴数が記録されるようにしています。イヌに肉団子（**無条件刺激**（Unconditioned Stimulus; US））を与えると，当然のことながら唾液が分泌されます（**無条件反応**（Unconditioned Response; UR））。メトロノームの音をイヌに聞かせても，初めは唾液は流れませんので，これは中性刺激でした。ところが肉団子を与えるときにメトロノームの音を**条件刺激**（Conditioned Stimulus; CS）として対提示することを続けていくと，イヌはメトロノームの音を聞いただけで唾液を流すようになります。これを**条件反応**（Conditioned Response; CR）といいます。このように，対提示することは条件づけを強めるので**強化**（reinforcement）と呼ばれ，肉団子のような無条件刺激は**強化子**（reinforcer）と呼ばれます。

図5.1　パブロフ（右端の人物）と実験デモの様子（部分）

対提示をする強化試行の後に，条件刺激（メトロノームの音）のみを提示し，無条件刺激（肉団子）を与えないと，条件づけの強さは弱まり，唾液をあまり流さなくなります。これを**消去**（extinction）といいます。消去は学習したことを忘れてしまう**忘却**（forgetting）とは異なります。その証拠に，消去試行を続けた後に，一定の期間をおいて条件刺激のみを提示すると，再び相当量の唾液を流すようになります。これを**自発的回復**（spontaneous recovery）といいます。皆さんも，スポーツなどで悪いフォームの癖が矯正練習によって直っても，練習を休んでしまうと，再開したときにまた悪い癖が出てしまうといった経験をしていることでしょう。また消去試行中に大きな音をたててイヌを驚かせると，唾液を多く流してしまいます。これを**脱制止**と呼びます。おしっこを我慢している子どもの背中を叩いて声をかけて驚かせるとおしっこを思わず漏らしてしまうのと同じです。こうしたことから，消去は忘却ではなく，イヌが唾液分泌に抑制をかけているために生じるものであることがわかります。

なかなか消去ができない，すなわちいったん条件づけが形成されると，なかなか条件刺激の効果が除去されない場合があります。このように**消去抵抗**（resistance to extinction）が強いものとして有名なのは，**味覚嫌悪条件**づけです。リスはキノコが好きですが，毒キノコを食べてしまうこともあります。しかし，あるキノコを1回か2回食べて吐き気を起こすと，生涯にわたってそのキノコを食べなくなるといわれています。その香りや色を条件刺激として学習がすぐに完成するわけです。この原理は，オオカミがヒツジを食べるのを防ぐ目的で使われることがあります。1頭のヒツジを犠牲にしてその肉に強烈に吐き気を引き起こすレクチンという薬をまぶしておくと，そのヒツジを食べたオオカミには吐き気が起こります。そのような経験をごくわずかな回数しただけで，オオカミはヒツジを避けるようになるそうです。

味覚嫌悪条件づけは人間でも起こります。厄介なのはガン患者に放射線治療を行う場合です。放射線を体に照射されると吐き気が起こる場合がありますが，その治療の直前か直後に摂取した薬や食べ物に嫌悪条件づけがついてしまうことがあるのです。皆さんにもこれだけはどうしても嫌いで食べられないという苦手な食べ物があるかもしれません。もしかすると，たまたま体調が悪いとき

にそれを食べたせいで条件づけられたのかもしれません。でも，お酒に関して言うと，二日酔いというとても気持ちが悪いことを何度も経験しても，必ずしもお酒を嫌いにならないことは酒好きな人なら誰でも知っています。味覚嫌悪条件づけが成立するにはある時間範囲があり，食べ物や飲み物を摂取してから2～3時間以内に吐き気などがしないと学習しないとされています。

　パブロフが発見した条件づけは，**パブロフ型条件づけ**（Pavlovian conditioning），あるいは**古典的条件づけ**（classical conditioning）とも呼ばれ，唾液分泌や吐き気のように自律的に生じる**不随意反応**（involuntary response）がベースになっています。受動的な反応の条件づけであるので，**レスポンデント条件づけ**（respondent conditioning）とも呼ばれます。

5.3　オペラント条件づけ

　1950年代になると，スキナー（Skinner, B. F.）は**随意反応**（voluntary response）も条件づけできることを，有名な**スキナー箱**（Skinner box）を使って示しました（**図5.2**）。その箱の中に入れられたネズミはお腹が空くとウロウ

図 5.2　スキナーとスキナー箱

ロと動き回りますが，たまたま梃子に体の一部が触れると**強化子**（reinforcer）
である餌が出てきて，それを食べます。しかし，初めのうちはこれが餌を得る
効果的な行動であることに気づかず，**試行錯誤**（trial-and-error）行動を続け
ます。そして餌を幾度か獲得するうちに，ネズミの行動は**洗練化**（shaping）
され，手で梃子を押し下げることを学習し，簡単に餌を得られるようになりま
す。このように，能動的な操作が学習されるパターンの行動変容は，**オペラン
ト条件づけ**（operant conditioning）あるいは**スキナー型条件づけ**と呼ばれます。

　人間の生活で大切なのは随意的な行動なので，オペラント条件づけの研究は
進み，強化子の与え方，つまりいろいろな強化スケジュールによって学習の仕
方をコントロールできることが見出されてきました。強化はご褒美のように特
定の行動を強める場合を指し，**報酬**（reward）にあたりますが，特定の行動
をやめさせるようにするものは**罰**（punishment）にあたります。条件づけを
形成するときには，望むべき行動が生起した場合には必ず強化子を与える**連続
強化**（continuous reinforcement）が必要です。一方，条件づけがある程度出
来上がり，さらに正反応の頻度を高めたり，消去されにくくするためには，一
部の反応にのみ強化子を与える**部分強化**（partial reinforcement）が効果的で
す。例えば，子どもに歯磨き習慣を身につけさせる場合，最初は歯ブラシを持
つ度に毎回褒めてやりますが，ある程度できるようになったら，時々褒めるよ
うにしたほうが長続きします。部分強化には，一定の時間を決めて強化子を与
える**定間隔**（fixed-interval）**強化**，時間をランダムにして与える**変間隔**（vari-
able-interval）**強化**，一定の正反応数が生起したら与える**定率**（fixed-ratio）**強
化**，ランダムな数の正反応が出たら与える**変率**（variable-ratio）**強化**など，い
ろいろなスケジュールがあります。

　生起率の高い行動自体が生起率の低い行動を強化することもあり，これは発
見者の名前をとって**プレマックの原理**（Premack principle）と呼ばれます。例
えば子どもにとって「遊びに行く」は生起率の高い行動ですが，「宿題をする」
は生起率の低い行動です。このような場合，おばあちゃんが「宿題をしたら遊
びに行っていいよ」などと声がけすることが多いので，別名「おばあちゃんの
原理」と呼ばれます。

5.4 情動条件づけ

　行動に限らず，私たちの恐れや不安，好きや嫌いなどの情動も条件づけされることがあります。有名なのは**アルバート坊や**の実験です。現在では研究倫理上，不可能な実験ですが，行動主義心理学の代表者ワトソン（Watson, J. B.）は，生後9カ月の子どもアルバート（仮名）の**情動条件づけ**を行いました。アルバートはもともと白ネズミを怖がっていませんでしたが，白ネズミが近くにいるときに鉄棒を叩いて大きな音でアルバートを驚かせ，泣かせました。それを数回繰り返すと，アルバートは白ネズミを見ただけで，怖がり泣くようになりました。それだけでなく，毛が多い動物，白いひげのついたサンタクロースのお面も怖がるようになりました。このように，条件刺激（白ネズミ）に似たものにも条件反応が起こることは**般化**（generalization）と呼ばれます。

　情動条件づけは幼児や児童の**登園拒否**や**学校恐怖症**（school phobia）の原因となっている可能性があります。大人の**乗り物不安**や**閉所恐怖症**（claustrophobia）なども情動条件づけで説明できる場合があります。厄介なのは，情動条件づけも消去抵抗が強く，ひとたび条件づけが起こってしまうと，情動を取り除いて元の状態に戻すことはなかなか困難なことです。このような場合に有効なのは**行動療法**で，代表的な方法として**スモールステップ法**による**系統的脱感作法**，強化子をプラス側に変える**カウンター条件づけ**などがあります。例えば，歯科治療で痛い思いをして恐怖を抱いている子どものために，**小児歯科**ではいろいろな工夫がなされています。最初は遊具に囲まれた待合室に入るだけ，次は診察室で飾りをつけた治療器具を見たりするだけ，その次は治療台に座って機具に触ってみるだけ，というように小さな段階を設けて恐れを徐々に低減させ治療に近づけるやり方は系統的脱感作法にあたります。また，毎回，治療に来たら，好みの模様のスタンプやキャラクター人形などのご褒美をあげることはカウンター条件づけにあたるでしょう。

5.5　不随意反応のオペラント条件づけ

　自分の意思でコントロールできない不随意反応に対しても，スキナー型のオペラント条件づけができることがわかっています。脳波，心拍，血圧などの生体反応は装置でも使わない限り，直接感知することはできませんが，例えば，脳波の**バイオフィードバック**（biofeedback）では，目を閉じて安静にしているときにだけ出現するアルファ波をとらえたときには気持ちの良い音を出し，覚醒水準が高く精神活動時に出現するベータ波が検知されたときにはノイズのような音を出すようにします。バイオフィードバック・トレーニングの参加者は，最初の頃は，良い音が出るようにと念じたり，呼吸を止めたりと試行錯誤しますが，次第に行動が洗練化され，肩の力を抜いて安静にして待っている姿勢が良い音につながることを学習し，アルファ波をすぐに，そして長く出し続けることができるようになります。バイオフィードバックは，**リラックス法**，緊張や**ストレス解消法**，スポーツ選手の**メンタル・トレーニング**などに広く利用されています。

　特別な装置をつけずに，自分自身で体の状態をモニターする能力である自己覚知能力を高めて，緊張を緩和し，リラックス状態を誘導する手法として**自律訓練法**（autogenic training）があげられます。自律訓練法には「気持ちが落ち着いている」「両手・両足が重たい」「両手・両足が温かい」「心臓が静かに脈打っている」「楽に息をしている」「お腹のあたりが温かい」「額が涼しい」など7つ程度の**自己暗示公式**があり，スモールステップ法的に，最初は少ない数の公式をマスターし，訓練を続けるうちに実施する暗示公式の数を増やしていきます。この訓練法で大切なのは**受動的注意**で，暗示公式に示されているように体がひとりでにそうなっていくのを静かに待つ態度です。自律訓練法も緊張緩和，不眠，喘息，アレルギー，ストレス回復などに効果があるとされています。

5.6 学習性無力感

　アメリカ心理学会元会長のセリグマン（Seligman, M. E. P.）は，1960年代後半にイヌの回避学習を用いて，無力感のような状態でさえ学習されることを示しました（**学習性無力感**（learned helplessness））。図5.3に示すように，イヌを片方の部屋に入れておいて，予告ブザーを鳴らし，その後に床に電気ショックを流すと，イヌは驚いて動き回ります。たまたまもう一方の部屋に移動すると電気ショックから逃れることができます。ですが，しばらくするとまた予告ブザーが鳴り，今度は移動した部屋の床からも電気ショックが流れます。また驚いて動き回った結果，元の部屋に戻ると電気ショックを回避できます。このような往復移動を10回程度繰り返すうちに，イヌはブザーが鳴っただけで素早く別の部屋に移動して，電気ショックを回避できるようになります。これを**回避学習**（escape learning）といいます。

　これは特別の処置を受けたことがない統制群のイヌの場合ですが，セリグマンは実験群のイヌに以下のような前処置を行いました。両サイドの部屋の間に仕切りを入れて，イヌがどう動き回ろうと，電気ショックを回避できないようにします。その後，仕切りを取り外しますが，先ほどの前処置を3回程度受け

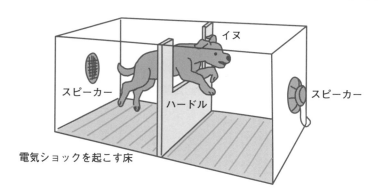

図5.3　学習性無力感の実験で使われた回避学習訓練箱

ただけで，実験群のイヌは回避学習ができなくなります。電気ショックから逃れることを諦め，部屋の隅にうずくまったり，自分の体を噛んだりする**自傷行為**（self-inflicted behavior）が出たりもします。セリグマンは，これは前処置の間に，イヌが電気ショックはどうにも避けられないものであり，どんな行動も無力であることを学習したためと考えました。

この実験の影響力は大きく，例えば，「何をしても無駄だ，自分は何もできない人間だ」といった気持ちが強いうつ**状態**に陥った人や，虐待や監禁状態にあっても逃げる行動をとらない人などにも，学習性無力感があるのではないかと考えられるようになりました。受験や就職活動，そして社会適応などに何度も失敗していると，前処置を受け続けたイヌのように，無力感や無能感が学習され，**引きこもり**につながることも考えられます。

後に**ポジティブ心理学**の創始者の一人にもなったセリグマンは，それとは反対方向の学習，つまり**学習性楽観**も十分可能であることを示しています。これは，**自己効力感**（self-efficacy）や有能感を育て強める学習を行うことですが，具体的には，日常の中でよりポジティブな出来事を意識すること，小さなものでもよいので目標を設定し，それをクリアすることによって成功体験を積んでいくこと，などがあげられます。また**認知スタイル**を変えていくことも重要で，それは，悪いことが起きたときには，それは一時的なものであり，自分だけに問題があるわけではないと考え（**外的原因帰属**（external causal attribution）），良いことが起きたときには，自分の努力のたまもので，持続すると考える（**内的原因帰属**（internal causal attribution））ことなどです。

5.7 記憶の諸相

国会中継を見ていると，「記憶にございません」という答弁を耳にすることがあります。記憶は私たちの日常でよく使われる言葉ですが，この場合の記憶とは何を指しているのでしょうか？　実は一口に記憶といってもその過程は1つではなく，いろいろなフェーズ（諸相）に分かれています。

まず，**記銘**（memorization）は，新しい情報を覚え込むことに対応します。

情報をすべてそのまま覚えるというよりも，要点にあたる**ジスト**（gist）が取り出され，圧縮して**符号化**（encoding）されます。また意図的に努力して記銘する場合や，特別に意識しなくとも自動的に記銘される場合もあります。

　次は，記銘された情報を貯蔵し保っておく過程で，**保持**（retention）と呼ばれます。このとき，心の中，あるいは脳の中には**記憶痕跡**（memory trace），あるいは**エングラム**（engram）と呼ばれるものが残存していると想定されています。痕跡がなくなってしまうことが**忘却**（forgetting）にあたります。

　保持された情報を思い起こす過程は**想起**（recall）と呼ばれます。想起には保持されているものから適当なものを探し出す**検索**（retrieval）が必要です。一般に保持されている情報が多いと検索に時間がかかり，なかなか思い出せなくなります。想起は，覚えているものをそのまま表出する**再生**（reproduction/recall）と，以前に記銘したことがあると自覚する**再認**（recognition）という特性の異なる過程に分けられます。例えば，香りの記憶は，再生は困難なのですが，再認は容易にでき，関連する記憶まで**フラッシュバック**し，過去の出来事が**回想**（recollection）されたりします。この現象は，フランスの文豪プルーストの小説『失われた時を求めて』の中に，紅茶にひたしたマドレーヌのにおいをきっかけに主人公が幼少時を思い出す場面が取り上げられていることから，**プルースト効果**（Proust effect）と名づけられています。

　最初に戻って，「記憶にございません」という言い方には，曖昧で，ごまかすようなニュアンスもあります。そもそもその情報を記銘しなかったのか，一度は覚えたが保持していないのか，保持してはいるが検索困難で想起すること，特に再生ができないのか，あるいは再認ならできそうなのかなどが不明なままになっています。

　記憶の記銘や保持の程度を示す指標には**再生率**と**再認率**があり，後者のほうが通常，高い値を示します。また，再生も再認もできない場合でも，同じ情報を**再学習**（relearning）させると，まったく初めての学習に要したときよりも時間や試行数が短くてすみます。この時間や試行数の減少を比で表したものを**節約率**（savings score）と呼び，最も敏感に記憶痕跡を測る方法といえます。節約率で有名なのは，エビングハウス（Ebbinghaus, H.）が1885年に発表し

た忘却曲線（保持曲線（retention curve））です。実験的記憶研究の創始者ともいえるエビングハウスは，GUL や FET といった無意味つづり（nonsense syllable）を記銘させ，節約率を測りました。その結果，最初の 1 時間程度で節約率は急激に下がりますが，その後はなだらかに下降し 1 カ月後でも約20％の節約率が得られました。長時間たっても記憶痕跡は残っており，再学習は 20％ほど短くてすんだことになります。

5.8　記憶保持の様々な段階

これまで，記銘（符号化），保持（貯蔵），再生（検索）など，記憶の様々なフェーズを学んできましたが，ここでは特に，保持が大きく 3 つの段階（ステージ）に分けられることについて解説します。

5.8.1　感覚記憶

図 5.4 に示すように，保持の最初の段階は，感覚情報保存（Sensory Information Storage; SIS），あるいは感覚記憶と呼ばれるものです。最もよく知られているのは視覚情報保存にあたるアイコニック・メモリ（iconic memory）で，保持時間は約 4 分の 1 秒（250 ミリ秒）と短いのですが，保持容量は大きく，その時点の視覚像がほとんどそのまま保存されるといわれています。有名なのは，スパーリング（Sperling, G.）による 1960 年の実験です。ディスプレイに 3 行 4 列の計 12 個の文字を 20 分の 1 秒で短時間提示し，すべての文字を答えるように求める（全体報告）と，実験参加者は 4〜5 個の文字しか答えられないのに，ディスプレイ提示の直後に低音，中音，高音のいずれかを出し，答えるべき行を指定して報告を求める（部分報告）と，その行の文字をほとんどすべて回答できます。ただし，指示音の提示が 4 分の 1 秒ほど遅れると，部分報告の回答率はたちまち低下し，全体報告の回答率に近づいてしまいます。この実験では，どの行の文字を答えるのかはランダムに指示されたので，4 分の 1 秒ほどまではディスプレイ全体の視覚像が保持されていたことになります。

アイコニック・メモリを実感するには，まばたきのことを考えるとよいかも

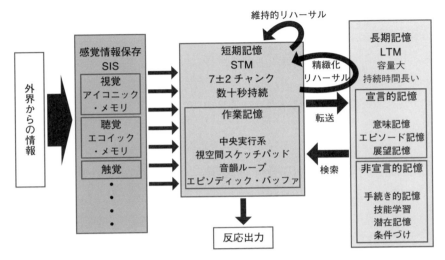

図 5.4　記憶の多重ステージと種類を表すモデル
（Atkinson & Shiffrin, 1971 の論文をベースに Baddeley, 2000 の知見なども組み込ん
で改編）

しれません。私たちが自発的にするまばたきによって視野が遮断されるのは，
ほとんどの場合（意図的に長くまばたきをしない限り），4 分の 1 秒以内の時
間です。普段，自発的まばたきでは視野が遮断されたという意識は起こらず，
外界は連続して見えます。これも視覚情報をほぼそのまま保存しておく感覚記
憶のはたらきによるものとみなすことができます。聴覚の感覚記憶は**エコイッ
ク・メモリ**と呼ばれ，不思議なことにその持続時間は長く，3～4 秒といわれ
ています。聴覚情報にとって空間よりも時間の要因のほうが重要なので，長め
に設定されているのかもしれません。それ以外の感覚（触覚，嗅覚，味覚な
ど）にも感覚記憶があるはずですが，時間を限定した刺激提示が難しいことな
どもあって，それらの特性はまだ詳しくわかっていません。

5.8.2 短期記憶

　次の段階は，**短期記憶**（Short-Term Memory; STM）です（**図5.4**）。ここでは，感覚記憶に蓄えられた情報から，7±2個程度のかたまり（**チャンク（chunk）**）が符号化され，数十秒間だけ一時的に保存されます。わかりやすい例は，パソコンにソフトウェアをインストールするときのプロダクト・キーの入力があげられます。無意味な英数字がたくさん並んでいますが，それを見てパソコンに入力できる桁数は7個程度ではないでしょうか。短期記憶の容量を勘案して，4個や5個ごとに最初から区切ってあるプロダクト・キーも多いようです。そして大事な点は，一度入力がすんでしまうと，その後すぐにきれいさっぱり忘れてしまうことです。短期記憶の容量が7±2チャンク程度ということは，私たちの日常で使う項目数は7が多いこと（例えば，1週間は7日，虹は7色，七味唐辛子など）と関連づけて，**マジカルナンバー7**とも呼ばれますが（第13章も参照），正確な関連性はわかっていません。

　一方，暗算をするときに数字の足し合わせ結果や桁上がりを一時的に覚えておくなど，認知課題を伴う短期記憶は**作業記憶**（ワーキングメモリ：working memory）と呼ばれます。料理をしていて電話に出なくてはならないときのように，**二重課題**や**多重課題**を同時にこなす状況でも作業記憶が必要です。それがないと，料理をどこまでしたか忘れてしまい，塩を入れたはずなのにまた入れてしまうなどの誤り（ヒューマン・エラー）が起こります。

　作業記憶には，さらに次のような3つのコンポーネントが仮定されています。**視空間スケッチパッド**（visuo-spatial sketchpad）は主に視覚でとらえた空間情報を一時的に保持するサブシステムで，自動車運転などで道路状況が目まぐるしく変わるときなどにフル活動します。**音韻ループ**は人との会話や講義を聴いてノートをとるときなどには欠かせないものです。**エピソディック・バッファ**は次に述べる長期記憶とのつなぎ役で，個人的経験から情報を一時的に引き出して作業に利用します。そしてこれらの3つのコンポーネントをコントロールし，認知処理を進める**中央実行系**があると想定されています（Baddeley, 2000）。

5.8.3　長期記憶

　保持の第3段階は，**長期記憶**（Long-Term Memory; LTM）です（**図5.4**）。短期記憶に一時保存された情報がクリアされる前に，繰返し短期記憶に戻す**リハーサル**（rehearsal）処理を行ううちに，長期記憶に転送されると考えられています。また，驚きなどの意外性，身の危険に関わる重大性，情動性を強く伴うなど特別な出来事は，リハーサルを伴わず，1回で記憶に残ることがあります。これらは，あたかも1回で焼きつけられたように残るので**フラッシュバルブ記憶**（flashbulb memory；**閃光記憶**）と呼ばれます。

　長期記憶の保持期間は長く，認知症などにならない限り，自分の名前はもちろん，初恋の人の名前などのように一生続くものもあります。その限界はわかっていませんが長期記憶の容量は膨大で，アルツハイマー型認知症では加齢とともに徐々に，また脳血管性認知症では段階的に減少します。長期記憶には次の節で述べるような様々な種類があり，それぞれ重要な機能を持っていますが，中でも**人格の一貫性**や**自我同一性**（ego identity）の保持にとって長期記憶は必須の役割を果たします。カフカの小説『変身』のように「朝，起きてみると巨大な虫になっていた」などという怖い現象が生じないのも長期記憶のおかげです。

　これまで述べた保持の3段階は，コンピュータに例えて考えるとわかりやすいかもしれません。感覚記憶は画像や音などが次々と書き換えられるバッファ・メモリにあたり，短期記憶は電源を切ってしまうと情報が失われる実装メモリ（RAM）に，また長期記憶は電源を切っても残るハードディスクやSSD（solid state drive）に対応すると考えることができます。

5.9　長期記憶の種類

　私たちの長期記憶は，図5.4に示したように，**宣言的記憶**（declarative memory）と**非宣言的記憶**（nondeclarative memory）の2つに大別されます。

　宣言的記憶は陳述記憶とも呼ばれ，言葉で言い表すことができる事柄や出来事についての記憶で，知的活動に利用される場合には宣言的知識ともいわれま

す。宣言的記憶はさらに，**意味記憶**（semantic memory）と**エピソード記憶**（episodic memory）に分かれます。意味記憶は一般的な事物や出来事についての記憶で，「リンゴは果物」などのように，主に自分の外側の客観的世界についての記憶です。意味記憶は，学習や教育によって繰返し情報が与えられることによって抽象化や構造化が進みます。

　これに対して，エピソード記憶は思い出や主観的な世界に関する記憶で，個人的経験に基づき，「いつ，どこで，誰と，何をした」といったように特定の時間や場所に結びつけられます。**認知症**（dementia）では意味記憶のほうが先に失われますが，古いエピソード記憶は残りやすいので，お年寄りは子どもの頃の思い出話を繰返し語ったりします（5.13 節参照）。また，いわゆる**記憶喪失**で失われるのは主にエピソード記憶ですが，意味記憶は保持されているので，両者は質的にかなり異なった記憶であり，脳内基盤にも違いがあることがわかってきています。

　長期記憶のもう一つの大分類である非宣言的記憶の代表は**手続き的記憶**（procedural memory）です。これは運動技能，知覚や認知技能のように，繰返し訓練することによって，自動化や無自覚化が進み，いわゆる体が覚えている記憶になります。運転免許をとるとき，自動車学校では初めにハンドルやギア操作などについて宣言的知識として教えられますが，実際に運転を始めて 1 年もたつと，ほとんどの操作を自動的にやっていることがわかります。ひとたび手続き的記憶になると，言葉で表現することは難しくなります。筆者は甥から電話でネクタイの結び方を教えてほしいと頼まれたときに，電話ではうまく教えることができず，とても困ったことがあります。伝統的な技の継承も，実際に弟子となって長期間，修練しないと難しいわけです。

　非宣言的記憶には，この他，後で述べる潜在記憶に基づくプライミング，古典的条件づけや馴化（慣れ）などの過程（5.1 節および 5.2 節参照）が含まれます。認知症などが進んでも，手続き的記憶をはじめ非宣言的記憶は失われにくいことが知られています。

5.10　その他の記憶の種類

　意識的に想起できる記憶は**顕在記憶**（explicit memory）といいますが，意識的に想起できなくとも長期記憶の中に存在し，知らず知らずのうちに私たちの認知に影響を及ぼす記憶があり，これは**潜在記憶**（implicit memory）と呼ばれます。潜在記憶を調べるのによく使われるのは**単語完成課題**（word-fragment completion test）です。例えば，コンピュータ実習を受けた後で，「プロ？？？ング」という文字列を見せられると，すぐに「プログラミング」という単語が想起されます。コンピュータ実習を受けておらず，格闘技が好きな人の場合は，「プロレスリング」という単語が出てくるかもしれません。驚くのは，潜在記憶の保持期間がかなり長期にわたることで，数カ月以上も続くことがあります。また，顕在記憶の成績と潜在記憶の成績の間には関係がなく，独立の基盤があるとの報告もあります（Graf & Schacter, 1985）。

　エピソード記憶の中で，特に自己の発達に関わる記憶は**自伝的記憶**（autobiographical memory）と呼ばれています。自伝的記憶が何歳ぐらいからあるかというと，個人差はありますが，3歳から4歳頃からといわれています。もっとも，胎児期や乳児期でも条件づけやある程度の学習はできるので，学習記憶機能はあるわけですが，鮮明な自伝的記憶として想起されるのはもっと後になります。人によっては胎内記憶があると報告する例もありますが，事後情報による記憶の変容（偽りの記憶（false memory）；5.12節参照）の可能性もあり，正確なところはわかりません。高齢者の自伝的記憶を調べてみると，もちろん自分の実年齢近くの記憶の割合は全体の想起数の30％と高いのですが，10歳から30歳頃付近でも高くなる突き出しが見られ，これは**レミニセンス・バンプ**（reminiscence bump）と呼ばれています。この現象は，その年代が自我同一性の確立期にあたることと関連づけられています。

　自伝的記憶のように過去を振り返るのではなく，次に自分が何をするべきか，あるいは何をしようとしているのかを覚えておくような，今の時点から先の将来に向いた記憶は**展望記憶**（prospective memory）と呼ばれます。仕事や家事を手際よく進めていく，約束を守る，時間に遅れないようにするなどといった

ことは社会生活にとって極めて重要です。大学で学生の様子を見ていると，遅刻したり，約束をすっぽかしたり，レポートの出し忘れがあるなど，若い人ほど展望記憶がうまくはたらいていないような気がします。社会人となって中堅クラスになると，スケジュール管理がきちんとなされ，展望記憶が良好に機能しているケースが多く見られます。ただし，**アルツハイマー型認知症**やその前段階の**軽度認知障害（MCI）**では，徐々に展望記憶が低下していきます（4.11節，4.12節参照）。展望記憶が重篤な障害を受けると，火を消し忘れて鍋を焦がしたりするなど，日常生活も困難になってしまうケースがあります。展望記憶の機能水準を測るテストとしては，「持ち物課題」や「用件課題」などからなる**リバーミード行動記憶検査**（Rivermead Behavioural Memory Test; RBMT）などがあります。

5.11　記憶の抑制と定着

　ある情報を覚えたつもりでも，その前後に別の情報も覚えなければならないときに記憶成績が低下してしまうことは，しばしば経験されます。そこには様々な種類の**記憶の抑制**や**干渉効果**があることが知られています。

　例えば，実験群の参加者には，数個の無意味つづりが書かれたリストＡを記銘させた後，別の無意味つづりのリストＢを記銘してもらったとします。統制群の参加者にはリストＢだけを記銘してもらい，両群にリストＢを再生させると，統制群のほうが再生率は高くなります。これは実験群においては，先に記銘したリストＡの記憶が後のリストＢの記憶を抑制したためと考えられるので，**順向抑制**（proactive inhibition）または**順向干渉**（proactive interference）と呼ばれます。

　抑制が時間的に遡って起こる場合もあります。実験群の参加者にはリストＡを記銘させた後，リストＢを記銘してもらいますが，統制群の参加者にはリストＡだけを記銘してもらいます。そして両群にリストＡを再生させると，この場合も統制群の成績のほうが良くなります。実験群において，後に記銘したリストＢの記憶が，先に記銘したリストＡの記憶に抑制をかけたと考えら

れるので，**逆向抑制**（retroactive inhibition）や**逆向干渉**（retroactive interfer-ence）と呼ばれています。

　順向抑制と逆向抑制は，リスト内の無意味つづりの項目間でも起こっていると考えられます。リストの最初のほうに出てきた項目の再生率は高く，中ほどの位置に出てきた項目は低くなりますが，最後の項目の再生率はまた高くなり，全体としてはU字型のグラフになります。これを**系列位置効果**（serial posi-tion effect）と呼び，最初のほうの成績の上昇は**初頭効果**（primacy effect），最後のほうの成績上昇は**新近効果**（recency effect）と呼びます。このような現象を記憶の抑制の観点から考えてみると，中ほどの項目は先に記銘する項目から受ける順向抑制に加えて，後に記銘する項目からの逆向抑制も受けるので，二重の抑制を受けることになります。一方，最初のほうの項目と最後のほうの項目はそれぞれ逆向抑制か順向抑制の一方しか受けません。ですから，長い素材を記憶しなければならないときには，全部を一度に覚える**全習法**（massed learning）よりも，分割して覚える**分習法**（distributive learning）のほうが抑制の及ぶ範囲が狭いのでより効率的といわれています。

　また，最初のほうに覚える項目は，何度も頭の中で復唱されることが考えられるので長期記憶が関与し，最後のほうに覚えた項目は直後に再生を求められるので短期記憶が関与して成績が良くなるという考え方もあり，こちらのほうが系列位置効果の説明としては一般的になっています。その証拠に，直後再生ではなく，短期記憶がはたらかなくなる程度の時間がたった後に再生させると，初頭効果は残りますが，新近効果は消えてしまいます。

　特に，有意味な記憶素材を用いた場合，記銘した直後に再生するよりも，一定の時間をおいたほうが項目全体の再生率が上がる現象が生じる場合があり，これは**レミニセンス**（reminiscence）と呼ばれています。その理由として，思い出そうとする再生過程自体が**記憶痕跡**の形成，つまり記憶の**定着**（固定化）を妨害する効果を持つことが考えられ，これは**再生抑制**と呼ばれています。ですので，試験直前まで複数の科目の勉強をしていて，いざテストに臨んだら頭が真っ白になったといった話はよく聞きますが，これは，他の科目の記憶から受ける抑制に加えて，再生抑制がはたらくからと考えられます。やはり一夜漬

けではだめで，勉強の後はしっかり睡眠をとって記憶を定着させ，安定させることが大切です。また，頭部を強く打つ事故などに遭うと脳震盪になって意識を失いますが，事故時の記憶だけでなく，その数十分前からの記憶がなくなってしまいます。これは，事故前の記憶痕跡が形成される途中で脳が衝撃を受け，記憶の定着がうまくいかなかったためと考えられます。

5.12　記憶の変容

　記憶は常に安定して保持されているわけではなく，いろいろな要因により変容していきます。有名なのは**命名効果**（言語ラベルの効果）です。例えば，2つの丸を1本の直線で結んだような幾何学的図形を「メガネ」，または「ダンベル」と名づけて記銘させ，その後に再生して描かせると，時間がたつほど再現された図形は実際のメガネやダンベルの形に近づいていきます。

　実社会で難しい問題となるのは，**目撃証言**（eyewitness testimony）です。いろいろな事件を目撃した人の証言が，質問の仕方によって変容することは，多数の事例や実験によって知られています。著名な記憶心理学者のロフタス（Loftus, E. F.）は，実験参加者に自動車事故の映像を見せた後，ある参加者たちには「車が激突したとき，どのくらいのスピードで走っていましたか」と尋ね，別の参加者たちには「車がぶつかったとき，どのくらいのスピードで走っていましたか」と尋ねました。すると，質問の中に何気なく「激突」という言葉が入っていた参加者のほうが，車のスピードを過大に報告することがわかりました。

　さらに，後から与えられる情報や，長期記憶内の類似した記憶が混入することなどによって，事実ではない記憶が植えつけられ，増殖してしまう現象もよくあり，**偽りの記憶**（false memory）と呼ばれています。例えば，アメリカでは，老年の夫婦が自分の成人した娘から，事実ではないのに，小さいときに父親から性的虐待を受け，母親はそれを見て見ぬふりをしていたと訴えられ，困惑してしまうようなケースがあるそうです。メディアから性的虐待をテーマにしたいろいろな情報を聞かされ，さらに心の問題を感じてセラピストに相談し

たときに，「性的虐待を受けたことはありませんか？」といった趣旨の問いか
けを幾度となく受けた結果，偽りの記憶が確信性と鮮明性を増してしまったも
のと解釈されています。

5.13　記憶の障害と脳内基盤

　記憶障害は**健忘症**（アムネジア；amnesia）とも呼ばれますが，新しい出来
事や情報についての記憶を形成できない場合，つまり記銘の障害は**前向性健忘**
（anterograde amnesia）といいます。有名な例は，てんかんのため**海馬**（hippo-
campus）を切除された患者 H.M. です。海馬は大脳辺縁系にあり，タツノオト
シゴの形にそっくりなので，その名がつきました（第 12 章参照）。H.M. は主
治医に会うたびに「初めまして」と挨拶しました。海馬は短期記憶に一時的に
蓄えられた情報を長期記憶に転送する役割を担っていると考えられています。
アルコール中毒患者の海馬は萎縮を起こすことが知られており，自分がいつか
ら，どこに，なぜいるのかわからないなどの失見当症状を示すケースは**コルサ
コフ症候群**（Korsakoff's syndrome）と呼ばれています。また，海馬は PTSD
などの心理的要因でも萎縮を起こすことがわかってきました。

　古い記憶を思い出すことができない，つまり想起の障害は**逆向性健忘**と呼ば
れます。この場合，古い記憶ほどしっかりしていて障害を受けにくい傾向（**リ
ボーの法則**（Ribo's law））があります。このため，お年寄りになると，昔のこ
とを何度も繰り返して語るということがよくあります。アルツハイマー病など
の多くの認知症の場合，前向性健忘と逆向性健忘の両方が進行します。

　記憶の想起に関与する脳内基盤を解明する研究は現在も進行中で，海馬や情
動の中枢である**扁桃体**（amygdala）が記憶の読み出しに重要な役割を担って
いるのがわかってきていますが，長期記憶に関わる基盤となる部位は**大脳皮質
側頭葉**です（第 12 章参照）。これに関して，有名なのはペンフィールド
（Penfield, W. G.）が 1960 年代に行った実験で，てんかん患者に局所麻酔をか
けて手術し，側頭葉を直接，弱い電流で刺激すると，患者は幼い頃の経験（例
えば，おばあちゃんがドアを開けて自分を呼ぶ姿や声）が再生されたと報告し

BOX 5.1　超記憶能力者の悲劇——忘却することの大切さ

　1920年に，ソビエト（現ロシア）の著名な心理学者ルリヤ（Luria, A. R.）のもとを，一人のうだつの上がらないソロモンという名前の新聞記者が編集長に促されて訪れました。彼は編集会議のときメモもとらず，発言もしなかったので，編集長が叱ると，なんと何十年も前の新聞記事をまるで紙面を読んでいるかのように語り始めたというのです。

　ルリヤが記憶テストをしてみたところ，何百という無意味つづりを簡単に記銘し，しかも十年後でも忘却することなく正確に再生できました。ルリヤの長期にわたる調査によると，ソロモンは提示あるいは口述された文字や数字を視覚像に変換して覚えていて，逆からでも，どの位置からでも答えることができました（写真画像のように記録しているので，写真記憶，あるいは直観像保持者といわれることもあります）。ソロモンの場合，視覚だけでなく，共感覚保持者でもあり，音や味覚からも視覚像が自発的に生成・再生されることもわかりました。

　このような能力を持っていたら，皆さんは，『ドラえもん』に出てくるアンキパンのようにとても便利と思うことでしょう。もっともアンキパン1枚に書ける文字数は多くなく，そのため漫画ではのび太君はアンキパンを大量に食べ過ぎて下痢になり，結局，全部忘れてしまうはめになりましたが。

　ソロモンの場合，忘却が起こることはなく，記憶容量は膨大に増加していったため，詩や物語の理解が困難になりました。すぐに次々と視覚像が余計なものとして浮かんできて，何が全体の理解にとって大切かわからなくなり，混乱してしまうというのです。また，浮かび上がった視覚像があまりにも鮮明なため，現実世界と想像世界の混同が起こってしまうという問題も抱えていました。彼は一時，記憶術師として舞台などで稼ぎましたが，次第に混乱がひどくなって，職を転々とし，忘却することができる普通の人間になりたいという望みを持ちながら亡くなりました。

ました。また，見たこともない景色や動作を以前にも見たことがあると感じる**既視体験**（デジャヴ；déjà-vu）も誘発されることがわかっています。既視体験は日常でもまれに起こる場合がありますが，側頭葉の電気刺激により再認過程が過剰に駆動されたことによるとみなされています。近年の研究では，側頭葉の前端部にあたる**側頭極**との連結が障害を受けると自分の過去に関わる自伝的記憶が思い出せなかったり（Maguire, 2001），知人がわからないなどの**人物認知障害**が起きるといった，特徴的な逆向性健忘が起こることがわかっています。

　別のタイプの健忘は，一定期間の記憶が脱落する**部分性健忘**です。てんかんの発作や脳震盪，あるいは酩酊などで意識を失うと，その期間の記憶が定着（固定化）せず，脱落してしまいます。部分性健忘のうち**選択性健忘**は，特定の出来事，場所，人物などに関するエピソード記憶が失われるもので，心的外傷と結びつくことが多い心因性の健忘で，いわゆる記憶喪失にあたります。

　さらに一人の個人の中で，ある一定の長期記憶体系が別の記憶体系に移り変わり，両者の関係が断絶している**周期性健忘**というものがあり，これは**多重人格**とも呼ばれます。多くは心因性のもので，発達初期の虐待や事故などの心的外傷と関連があるとされています。どうしても耐えきれない苦痛などを感じたとき，それを感じて記憶している人格から，まったく別の記憶を持つ人格に移行することによって心的外傷を緩和しているとも考えられています。

　最後に，手続き的記憶の脳内基盤についてですが，近年の fMRI などの脳活動可視化技術によって，**小脳**（cerebellum）や**大脳基底核**（basal ganglia；特に線条体と呼ばれる部位）が重要な役割を果たしており，宣言的記憶とは異なる部位が関与していることがわかっています。ですから，いわゆる記憶喪失になっても，得意だった楽器の演奏や水泳などの運動技能は失われません。また，前にあげた前向性健忘が著しい患者である H.M. も，鏡映描写などの新たな技能学習は十分にできたことがわかっています。

復 習 問 題

1. 日常生活の中で，レスポンデント条件づけと，オペラント条件づけで説明できる反応や行動をそれぞれ取り上げて，解説してください。

2. ストレスやネガティブな感情に対処する方法や工夫を学習理論の観点から見出し，列挙してください。

3. 記憶が変容したり，忘却したりすることについて，どのような問題が生じるのか，人間生活に及ぼすマイナスとプラスの影響の両方の観点から考察してください。

4. 人間の記憶には様々なタイプやプロセスが存在することを考えたときに，現在のIT機器や人工知能に不足している機能や改良点について考察してください。

参 考 図 書

実森 正子・中島 定彦（2019）．学習の心理——行動のメカニズムを探る—— 第2
　　版　サイエンス社

　　条件づけの基礎から，概念学習や記憶過程に至るまで，精密な解説を行った教科書。

スクワイア，L. R.・カンデル，E. R.　小西 史朗・桐野 豊（監修）（2013）．記憶
　　のしくみ（上・下）　講談社

　　ノーベル生理学賞受賞者のカンデルが，記憶の分類で著名な心理学者スクワイアとともに，記憶の分子・神経レベルの基礎から，認知心理学や自我心理学までを広汎にカバーした名著。

日本認知心理学会（監修）太田 信夫・厳島 行雄（編）（2011）．記憶と日常　北大
　　路書房

　　記憶研究の歴史や基礎的解説だけでなく，意識や自己との関わり，日常における記憶，そして記憶の生涯発達過程まで概観した好書。

ルリヤ，A. R.　天野 清（訳）（2010）．偉大な記憶力の物語——ある記憶術者の精
　　神生活—— 岩波書店

　　卓越した記憶力を持ちながら忘却ができなかったために，苦しい人生を歩まなければならなかった人物についての記録。ソビエトの心理学者ルリヤの名著。

言語と思考

　人間と動物を隔てる最も顕著な精神機能は，言葉を使って他者とコミュニケーションを行ったり，言葉を使って考えたりすることです。人間は，すぐに反応や行動を起こさずに，頭の中でいろいろシミュレーションなどを行って推測したり，問題解決をしたり，意思決定をします。人間はまた，概念を学習したり作り出したりして，物事を抽象化し，知識体系を構築してきました。それらは人類の大切な資産となっています。この章では，言語と思考の発達やそれらの様々な特性について理解を深めます。

6.1　言語のとらえ方

　梅干を見ると唾液が出そうになることについては，学習（条件づけ）のところで学びました（第5章参照）。私たち人間は実際に梅干を見なくとも，「梅干」という言葉を聞いただけで，唾液が出そうになります。このように言葉は実際の刺激信号のさらに上位の信号とみなされるので，パブロフ（図5.1参照）は，抽象化や普遍化を可能にする**第二信号系**が人間には特有に備わっていると考えました。言語学者ソシュール（Saussure, F. de）の理論によると，言葉は意味するもの（**能記**；シニフィアン）であり，意味されるもの（**所記**；シニフィエ）との間に象徴的関係が形成されると考えられます。1歳前後の乳幼児が発するようになる「ワンワン」や「ニャンニャン」などの**初語**には，**オノマトペ**（擬音語や擬態語）がよく含まれます。この場合，所記が自然に持つ性質の一部を能記が利用しているわけで，このような初語は，所記と能記の関係が人工的あるいは任意である成人語を獲得する下地を作っているとみなされま

す。

　2歳ぐらいになると，「アメ，チョウダイ」「ママ，ネンネ」などの**二語文**が出てきます。行動主義的言語理論では，これらの文も学習によって獲得されると考えられてきました。ところが認知主義の旗頭の一人であるミラー（Miller, G. A.）は，文の長さを20語としても，その組合せの数は約10^{30}あり，それらをすべて学習によって覚えるとすると，生涯にわたって毎秒3×1020個の文を聞き覚えなければならず，到底不可能であることを指摘しました。このことは，以前聞いたことがない文でも私たちは理解し，また自分自身で産出していることを示します。現代の最も偉大な言語学者といわれるチョムスキー（Chomsky, A. N.）によると，人間は話された言語の**深層構造**を把握し，それに基づいて新しい文を無限に創り出せる規則である**生成文法**（generative grammar）を操作できる能力（**言語獲得装置**（Language Acquisition Device; LAD））を生まれつき持っているとされます（6.3節参照）。

6.2　言語機能の脳内基盤と失語症の不思議

　19世紀の中頃，フランスの外科医ブローカ（Broca, P. P.）のもとに不思議な症状を示す初老の男性が入院してきました。彼は何を尋ねても「タン，タン」としか答えることができなかったので，「タン」というあだ名がつけられました。彼の死後，解剖を行ったところ，大脳皮質の随意運動野の下部あたり（ブロードマンの脳地図の45野に対応）に脳梗塞が確認されました（脳部位に関しては第12章の**図12.4**参照）。この領域は後に**ブローカ野**と呼ばれ，そこが損傷されると発話に関わる機能が損なわれる**運動性失語症**（motor aphasia）が生じることが明らかにされました。

　一方，19世紀後半，ドイツの外科医ウェルニッケ（Wernicke, C.）は，多弁で流暢に話せるのに，聞いた言葉を理解できないという症例を見つけ，大脳皮質の第1次聴覚野の近く（ブロードマンの脳地図の22野に対応）に損傷があることを見つけました（脳部位に関しては第12章の**図12.4**参照）。この部位は**ウェルニッケ野**と呼ばれ，言語理解に関わる機能を担い，ここがはたらかな

くなると**感覚性失語症**（sensory aphasia）になることがわかりました。

　失語症の中には，話すことも理解することもできるのに，他人が発話した言葉を繰り返す，つまり復唱することができないという不思議な障害もあります。これは，言語の産出を司る領域（ブローカ野）と理解を司る領域（ウェルニッケ野）を接続している長い神経線維の束である**弓状束**（arcuate fasciculus）が損傷を受けたために生じると考えられ，**伝導性失語症**（conduction aphasia）と呼ばれています。

6.3　文の構造と理解

　「かわいいイヌを連れた女の子」という文自体は，一列に並んだ言葉の連なりですが，このような表面的な記号列を**表層構造**（surface structure）といいます。このレベルの処理をさらに進めると，2通りの解釈が出てきます。それは「イヌを連れた女の子」が「かわいい」ともとれるし，「女の子」が「かわいいイヌを連れている」ともとれます。それらの解釈の違いを，階層構造を持った分木的に表現すると**図 6.1** のようになり，言語学者チョムスキーの言う**深**

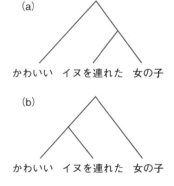

図 6.1　2 通りの解釈と文の構造
（a）は「イヌを連れた女の子」が「かわいい」と解釈する場合の文の構造。（b）は「女の子」が「かわいいイヌを連れている」と解釈する場合の文の構造。

層構造（deep structure）に近いものとなります。このように私たちの言語理解は，絶えず表面的な記号列に内在している階層的な構造をとらえて意味づけすることにより成り立っています。

また，例えば，「花子はレストランに入り，たいへん満足してそこを出た」というような文はコンピュータで理解可能でしょうか？　どうして満足したのかとパソコンに尋ねても，「Not Found」のような答えが返ってくるでしょう。でも私たちは，「花子はお腹が空いていたので，たまたま見つけたレストランに入って，オーダーしたが，その料理がとてもおいしかったので，お腹が一杯になったのだろう」と推測，理解することができます。このようなことができるのは，レストランに関連して起こる様々な出来事を私たちが構造化された背景情報として豊富に持っているからです。シャンク（Schank, R. C.）とエイベルソン（Abelson, R. P.）は，ある典型的状況で生起する一連の事象系列をフレーム構造で表現したものを**スクリプト**（script；台本）と名づけ，コンピュータによる言語や文の理解処理に導入しようとしました。図6.2はレストラン・スクリプトと呼ばれるものですが，日常の一場面に限ってみても，その理解に必要な背景情報は膨大なものであることがわかります。

6.4　概念とカテゴリーの定義

例えば，私たちはブルドック，コリー，シェパードなどを総称して「イヌ」と呼びます。このように個別の事例の集合は**カテゴリー**（category；範疇）といわれ，そのカテゴリーに関する知識のまとまりが**概念**（concept；コンセプト）にあたります。

概念には**外延的定義**（denotative definition）と**内包的定義**（connotative definition）があります。前者は辞書的定義に対応し，事例のリストだったりしますが，きちんと明示的に言葉で指定できるものです。例えば，「イヌ」の外延的定義は「イヌ科（イエイヌ，オオカミ，コヨーテ，ジャッカル，キツネ，タヌキなど）に属する動物の総称」といったものです。後者は概念が持ついろいろな意味に対応し，はっきりと表現できない**情緒的意味**や**連想的意味**も含まれま

名称：レストラン
道具：テーブル, メニュー, 料理, 勘定書, 金, チップ
登場人物：客, ウエイトレス, コック, レジ係, オーナー
入店条件：客は空腹である, 客は金を持っている
結果：客の金が減る, オーナーの金が増える, 客は空腹ではない

場面１：入店
 客がレストランに入る
 客がテーブルを探す
 客が座る席を決める
 客がテーブルのところへ行く
 客が座る
場面２：注文
 客がメニューを取る
 客がメニューを見る
 客が料理を決める
 客がウエイトレスに合図する
 ウエイトレスがテーブルに来る
 客が料理を注文する
 ウエイトレスがコックのところへ行く
 ウエイトレスがコックに料理の注文を伝える
 コックが料理をする
場面３：食べる
 コックがウエイトレスに料理を渡す
 ウエイトレスが客に料理を運ぶ
 客が料理を食べる
場面４：店を出る
 ウエイトレスが勘定書を書く
 ウエイトレスが客のところに来る
 客がウエイトレスにチップを渡す
 客がレジ係のところに行く
 客がレジ係に金を支払う
 客がレストランを出る

図 6.2 **レストラン・スクリプト**（Schank & Abelson, 1975）

図 6.3　**家族的類似性を示すスミス家系の人々**（Armstrong et al., 1983）

す。例えば「イヌ」の内包的定義には，「吠えて番をしたりするペット」とか，「人なつこい，かわいい，もふもふした，卑屈な」などの内容が含まれます。

　実は，私たちが普段使う**自然カテゴリー**には明確な定義が必要十分にできる性質や属性を共有しないものが多いことが知られています。**図6.3**はスミス家系の仮想の人物を表したものですが，スミス家系のすべての人々に共通する特徴（ひげとか毛髪とか）は存在しません。ですが，共有される属性の重なり合いが事例間に成り立つ構造を持っていて，結果として全体として似た者どうしの集合が形成されます。このような関係を**家族的類似性**と呼びます。中でも図の真ん中のスミスさんは，他の人物と共通する特徴を最も多く持っているので，典型性を備えているといえます。

　ロッシュ（Rosch, E.）らが1976年に提出した説によれば，どの文化にも共通して，最も情報量が多く，有効な抽象化の度合いを持つ概念があり，これは**基本レベル・カテゴリー**と呼ばれています。例えば，「イヌ」という基本カテゴリーは，様々な国や文化の言語に対応する語彙があり，かなり普遍的といえますが，抽象度がそれよりも低いレベル（例えば，シェパード，コリー，柴犬

など）や，高いレベル（例えば，ペット，四足動物など）ではそうはなりません。

　一方，アメリカの言語学者サピア（Sapir, E.）と弟子のウォーフ（Whorf, B. L.）による古くからの研究によって，アラスカのエスキモーには「雪」という一般概念がなく，彼らは雪の状態の違いによって呼び方が異なる複数の語彙を使っていることが知られてきました。環境，文化，民族によって使われる概念と思考法が異なるとする考え方は，サピア=ウォーフの**言語相対性仮説**（linguistic relativity hypothesis）と呼ばれています。ただし，この仮説には反証（例えば，色に関して2つの語彙しか持たないパプアニューギニアのダニ族でも多種類の基本色を区別して認知しているなど）も多く，現在でも議論が続いています。

6.5　演繹的推論と帰納的推論

　前提となる情報や一般的知識をもとに，論理的に正しい結論を個別事例に対して導き出す過程は**演繹的推論**（deductive reasoning）と呼ばれます。例えば，鳥はくちばしをもつ動物で卵を産みますが，ペンギンにもくちばしがあって卵を産むので，ペンギンは鳥であると推論するケースが当てはまります。

　ただ，私たちはすべての場合において**領域一般性**（domain generality）を持って演繹的推論ができるわけではなく，それが正確に，そして容易にできる状況は実は限られていること，つまり**領域固有性**（domain specificity）を持っていることは，ウェイソン（Wason, P. C.）の**4枚カード問題**（four-card selectin problem）によく示されています。図6.4（a）のアルファベット−数字問題では，片面にアルファベット，その裏面に数字が書かれている4枚のカードが提示され，「『もし表の面が母音ならばその裏面は偶数でなければならない』という規則が守られているかどうかを確認するために必要なカードをあげてください」という問題が出されます。これは，大学生でも正答（Eと7のカード）する人が10%以下になる難しい問題です。一方，この問題とまったく同じ論理構造を持つ図6.4（b）の「もしお酒を飲んでいるのであれば，その人は20歳

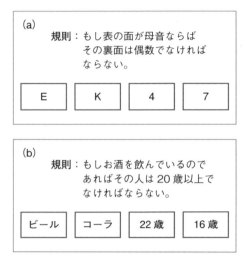

図 6.4　ウェイソンの 4 枚カード問題（a）と，それを実用的問題に置き換えた場合（b）

以上でなければならない」という飲酒−年齢問題のほうは，とても簡単になり，ビールと 16 歳のカードであることがすぐにわかります。このように，実用的で身近なテーマに置き換えると推論が容易になることは**主題化促進効果**といわれています。

　一方，**帰納的推論**（inductive reasoning）は，個別的な事例に関する情報やデータを積み重ねて暫定的な仮説を作り，それを検証するためにさらに情報やデータを集める作業を繰り返し，確実な一般法則を導き出す過程にあたります。例えば，月を毎日観測して，その満ち欠け周期は平均 29.5 日であると結論づける場合です。一見すると確実な推論法に見えますが，個別データを集めるときに，暫定的に立てた仮説に都合のよいものだけを集めることによって，誤った結論が導き出されることがあります。例えば，「ここ数年も，また祖父母の時代も水害はなかった。だからこの土地は安全だ」と思い込むような場合で，これは**確証バイアス**（confirmation bias）と呼ばれています。

6.6 問題解決

　私たちが日々直面する**問題解決**（problem solving）の事態で大切なのは，その問題に含まれる様々な事柄を，達成したい**目標**，利用できる**手段**，そして**制約条件**の3つに明確に整理してとらえてみることです。例えば，新しいパソコンを購入したいという目標があったときに，利用できる手段は貯金を蓄える，親に一部出してもらう，月払いにするなどなどいろいろありますが，それぞれに現実的な制約条件（限度額など）があり，それらをクリアできるような価格のパソコンを選ぶ必要があります。

　注意しなくてはいけないのは，制約条件を自分で勝手に決め込んで窮屈に設定している場合があることです。「四角からはみ出して考えて（Thinking outside the box）」というタイトルの古くからあるパズルに，「四角に並んだ9点を4本の直線を使って一筆書きで結べ」というものがあります（図6.5 (a)）。なかなか解けないのですが，それは四角の中だけで筆を運ばなければならないと勝手に制約条件を課しているからです。その制約を取り除いて，四角からはみ出してもよいと考えると簡単に解けます（例えば図6.5 (b)）。

　問題解決過程に含まれる事象が有限で，確率的なものを含まない場合にはアルゴリズム（algorithm）により，確実に一定の結論（解）が得られます。例

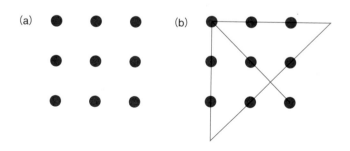

図6.5　**9点一筆書き問題**

えば様々な値を持つ数字を大小順に並べ替える問題では，まず，最初のサイクルですべての数字の中で最大のものを見つけて先頭に置き，次のサイクルではそれを除いた数字の中から最大のものを見つけ，先頭の次に置くことを繰り返すと，最終的にはすべてを大小順に並べることができます。

　一方，問題解決過程に含まれる事象の数が不確定で，確率的に生起する場合には，必ずしも正しい答えを得ることはできないかもしれませんが，とりあえず，ある程度の結果が得られるやり方である**ヒューリスティック**（heuristic）が有効です。例えば，ある町に自分の親戚がいるかどうかを調べるには，とりあえず電話帳ナビなどで自分と同じ姓を持つ人の連絡先を調べてみることが考えられます。私たちの問題解決ではこのような場当たり的なやり方が頻繁に行われ，特に経験的にうまくいったものや，記憶によく残っているものが使われることが多いのですが，これは**利用可能性ヒューリスティック**（availability heuristic）と呼ばれます。例えば，昔のテレビは調子が悪いときは叩いてみると映ることがあったので，パソコンも電源が入らないときには思わず叩いたりしてしまうのがこれにあたります。

　私たちの日常で問題解決に有効なもう一つの思考法は，**アナロジー**（類推）の活用です。例えば，電気回路の問題では，電圧，電流，抵抗などの変数が出てきますが，これらを川の流れに置き換えて，電圧は川の流れの勢い（どれくらいの高さから流れる川か），電流は一定時間に流れる川の水量，抵抗は川の流れを邪魔するもの（川幅が狭くなっているなど）とイメージすると考えやすくなります。

　また，ガン患者に放射線治療を行う際，健康な組織を放射線によって傷つけずにガン細胞を破壊するにはどうすればよいかを考えることは**ドゥンカーの腫瘍問題**として知られています。このとき，周囲に狭いいくつかの入口しか持たない要塞を攻める場合に置き換えてイメージし，異なる方向から弱い放射線を一斉に当てれば健康な組織を傷つけずにガン細胞を破壊できるという解法が考え出されました。先に述べたウェイソンの4枚カード問題を身近な飲酒‐年齢問題に置き換えると解きやすくなることもアナロジーの利用といえるでしょう。ただし，安易にアナロジーを利用することは，私たちの思考や判断が形式的論

理に従わず，特有の**主観的バイアス**を持ったり，**領域固有性**を持ったりする原因にもなっています。

6.7 批判的思考

　近頃，ウェブや SNS の拡大化に伴い，フェイク・ニュースやデマなどが，特に災害発生時などにすぐに出回り，大きな問題を引き起こすことが多くなっています。

　このような状況では，冷静に省みて合理的に判断する**批判的思考**（critical thinking）が大切です。具体的には，利用可能なものや最初に思いついた考え方に固執しない，感情的で拙速な推論を避ける，外からの情報や自分自身が持つバイアスや前提を分析する，他の解釈も考慮し，不確実さに耐える姿勢，などがあげられます。

　批判的思考には，自分の認知プロセスを一段上からモニタリングする**メタ認知**（metacognition）のはたらきが欠かせません。「この考え方にはちょっと自信がないな」「まだ検討が足りないような気がする」「考え直したほうがよいかな」などと自覚し，省察することがメタ認知にあたり，氾濫する周囲の情報に振り回されない自分を確立するためにはとても大切です。

BOX 6.1　創造的思考

　19 世紀の天才的な数学者として有名なポアンカレ（Poincaré, J-H.）は，微分方程式論に関する難問を解けずに行き詰まっていました。そこで彼は，その状態から逃れるために，散歩に出かけることにしました。そして乗合馬車のステップに足をかけたとたんに，ひらめきが起こり，この発想に基づいて思考を進めれば難問が解けると確信しました。その後は，ゆっくり時間をかけてその考えを検証する作業を行い，フックス関数を発見し，数学に新境地を開きました。

　ひらめきに関するもう一つの有名な話は，19 世紀の化学者ケクレ（Kekulé von Stradonitz, F. A.）のベンゼン核の構造発見にまつわるエピソードです。ケクレはベンゼン分子の構造を知りたいと昼夜を問わず必死に研究に没頭していましたが，いっこうにその正確な構造はわからないままでした。疲労困憊でつい眠りに落ちたケクレは，夢の中で，ヘビ状のものが現れ，尾を噛みつくように輪になり，ぐるぐる回るような幻想的なイメージを見たそうです。ケクレはそのイメージがベンゼン分子の構造を解くヒントになることを直感的に確信しました。そして六角形の輪状に結びついた炭素に水素が結合する分子構造の新発見をなすことができました。

　このようなエピソードから，ワラス（Wallas, G.）は 1926 年に**創造的思考**（creative thinking）の過程には次の 4 段階があるとしました。最初は準備期で，問題の設定とその解決策について資料を集め，いろいろ考えをめぐらします。次の段階はあたため期（抱卵期）と呼ばれるもので，その問題をいったん棚上げして注意をそらし，意識的に考えることをやめますが，心の中では潜在的に解法を探す試みが続いています。そして啓示期になると，創造的発想がひらめきとして思いがけずに生じます。最後は検証期で，その着想が正しいものであるかどうかを論理的に確かめ，直感的であったものが確信に変わります。このような段階説は広く受け入れられてきましたが，その後の研究では，5 段階説や 7 段階説も提案されています（矢野他, 2002）。

　創造的思考とは何かを考察する際に重要なのは，ギルフォード（Guilford, J. P.）が 1959 年に提唱した**収束的思考**（convergent thinking）と**拡散的思考**（divergent thinking）の区別です。彼は因子分析の手法を用いて知性の構造を多面的に検討しました。収束的思考とは，与えられた情報からあらかじめ設定された 1 つの答えを導くような思考であり，公式を用いて数学の問題を解くような場合などに対応するものです。一方，ギルフォードは創造性と関連する因子として，問題を見出す能力，思考の円滑さ，思考の柔軟性，思考の独自性，再構成する能力，工夫する能力，の 6 因子があることを見出しました。彼はこのうち，円滑さ，柔軟性，独自性を重視し，これらを拡散的思考と名づけました。拡散的思考は，与えられた情報から拡大して新しい情報を見つけ出す思考であり，新しい仮説や方法を思いつく発想力に対応します。

　ギルフォードの考え方に基づいて，その後様々な**創造性テスト**が開発されました。例えば，日用品について本来とは異なる使い方を考えてみたり，ありふれた物体を組み合わせて思いがけない新奇なものを発明品として開発したりするものです。また，そのような創造的思考活動には，好奇心や動機づけの持続，**フロー経験**（flow experience：夢中になっている忘我の状態）なども大きく関わることが指摘されています。

　近年，課題とは関係のないとりとめもないことを考え，ぼんやりとしている心のさまよい状態は**マインドワンダリング**（mind-wandering）と呼ばれていますが，この状態は発明家のエピソードによく出てくる抱卵期にもあてはまるので，創造的思考との関連性が注目されています。また，マインドワンダリング状態のときには，**デフォルト・モード・ネットワーク**と呼ばれる脳活動が促進されていることも報告されています（第 12 章参照）。

復 習 問 題

1. 曖昧性や省略が多い場合でも，言語理解を可能にするのに必要な機能や能力についてまとめてください。

2. 自然カテゴリーが持つ特性について，定義の難しさや文化的影響にも言及しながら解説してください。

3. 私たちが行う推論の領域固有性について説明し，アナロジーを使うことの利点と欠点にも言及してください。

4. アルゴリズムとヒューリスティックを用いて問題解決をする際のそれぞれの長所と短所についてまとめてください。

参 考 図 書

石口 彰（監修）池田 まさみ（編著）(2012)．言語と思考──基礎・理論編Ⅱ──
　　オーム社

　言語と思考に関する認知心理学の基礎知識と理論を，学部生の演習向けにホームワークなどの課題も含みながら解説したテキスト。

日本認知心理学会（監修）楠見 孝（編）(2010)．思考と言語　北大路書房

　思考と言語に関する「基礎と理論」，そして意思決定や芸術的創造性までも含んだ「展開と実践」の各部からなる構成で，第一線の研究者による好書。

今井 むつみ（2010）．ことばと思考　岩波書店

　子どものことばの獲得過程や，異なる言語を話す人たちの認知や思考の違いを，興味深い調査結果も示しながら解説した新書。

感情と動機づけの心理学

7

　感情は誰もが経験する最も身近な心理的事象なので，心理学を学ぼうとする人が最初に関心を持つテーマです。感情は心理学でも古いテーマなので長い研究の歴史がありますが，未開拓の部分も多い分野です。感情とはいったい何で，どのようなメカニズムで発生するのでしょうか？　また，それは私たちの生活においてどのような役割を果たしているのでしょうか？　感情研究はこうした疑問を軸に展開されてきました。感情は人を動かす力があることから，動機づけと関連づけても論じられてきました。そこで本章では，感情とともに動機づけに関する主要な理論や研究も見ていきます。

7.1　感情の3成分

　感情（emotion）とは，うれしかったり，腹が立ったりすることですが，心理学的には3成分からなる出来事です。それは，感情に関する主観的経験（感情経験），感情に伴う身体内の変化（生理反応），そして表情や仕草などの感情表出（表出反応）です。

1. 感情経験（feeling, affect）

　人は，自分が感じている心の状態を「喜び」とか「怒り」と解釈し，これにある感情ラベルを与えます。これらの感情経験は主観的でまったく私的な世界の出来事なので，当人は「うれしい」とか「腹が立った」と表現するかもしれませんが，他の人がその心の状態を同じように経験することはできないでしょう。

2. 生理反応（physiological reaction）

　ある人が感情的になると，身体面でも変化が生じます（発汗や動悸など）。生理反応には，種々の腺から分泌される化学物質の変化などのように，当人が気づかないような身体的変化も含まれます。感情に伴うこうした生理反応の多くは，脳から体中の器官に張り巡らされた**自律神経系**（Autonomic Nervous System; ANS）を通して制御されます。

3. 表出反応（expression）

　感情はたいてい外部にも表出されます。うれしいと笑顔になるし，恥ずかしいと顔が赤らみます。怒っている人は体がこわばり，怖がっている人は逃げ腰になります。子どもは成長するにつれてそうした感情表出を自制できるようになりますが，たとえ大人でも，感情の変化に伴って，表情や声の調子などは抑えようとしても微妙に変わります。

7.2　基本感情

　人生の初期には，感情は**快・不快**（pleasure, unpleasure）だけですが，成長とともに感情は多様化し，大人になると，微妙にニュアンスの異なる多様な感情を経験するようになります。しかし，感情研究者によると，3原色の組合せによって無数の色彩が出来上がるように，感情にも基本的なものがあり，それらの組合せによって多様な感情が生じるとされています。**基本感情**（basic emotion）とされているものの中には，研究者たちが一致して認めるものもあれば，意見の分かれるものもあります。一般には以下のような4〜8個の基本感情があると考えられています。

1. 恐れ（fear）

　負の感情の一つで，危険や脅威を知覚したときに経験され，「闘争か，逃走か」という反応を誘発します。生理的には，恐れは**交感神経系**（sympathetic nervous system）の活性化と結びついており，これによって心拍の上昇，荒い呼吸，筋肉の緊張，血管の収縮などがもたらされます。恐れは主として脳の扁桃核の作動によって生み出されるとされ（第12章参照），人間でも動物でも容易に条件づけが可能です。心の病の中で**恐怖症**（phobia）が多いのは，恐怖は

BOX 7.1	感情は普遍的か

感情の代表的研究者エクマン（Ekman, P.）は，1960年代後半，パプアニューギニアの伝統文化社会の人々を対象に，感情の比較文化研究を行いました。当初，エクマンは，感情が文化によって異なるであろうと予想していたのですが，観察結果はこの予想をまったく裏切るものでした。パプアニューギニアの人たちが示す感情は西欧人のものとほとんど変わりなく，言葉が通じなくてもよく理解できるものだったからです。エクマンは，人間の感情の持ち方やその表現には文化が違っても共通するものが多く，このことは，感情が学習された反応というよりも生得的なものであると確信するに至りました。エクマンは，これらの研究を通して，全文化に共通するものとして6個の感情を選び出し，これらを**普遍的感情**（universal emotion）と呼びました。

条件づけが起こりやすいからとされています。

2. 怒り（anger）

自分の領域（なわばり，テリトリー）が侵害されたとき，また現実が期待と合わないときなどに感じられ，しばしば攻撃行動（闘争）を動機づけます。怒りと恐れは正反対の行動を促すのですが，心拍や血圧の上昇，アドレナリンの増加など身体変化はよく似ています。怒りは，家族や職場での社会的関係を困難にすることがあるので，この制御に問題を持つ人に対して，**アンガー・マネージメント**（anger management）などの治療が試みられています。

3. 喜び（happiness）

目標が達成されたことから生じる正の感情で，幸福感ともいいます。コルチゾール水準の低下や心拍上昇と関連し，また，脳内神経伝達物質ドーパミンが活動意欲を高め（第12章参照），生活に張りを与えます。セリグマン（Seligman, 2002）によると，幸福感を持つ人たちには次のPERMAと称される5条件が見出されます。それは，正の感情（Positive emotion），夢中になれること（Engagement），豊かな人間関係（Relationship），目標・生きがい（Meaning），重要な領域での達成感（Achievement）です（6.6節も参照）。

4. 驚き（surprise）

　最も原初的な感情で，予期しなかった出来事に出会ったときに経験されます。驚き感情は，その原因によって異なる感情に変化します。居間のテーブルに大きなクモがいるのを見たら，驚きに続いて恐れか怒りといった負の感情が生じるでしょう。古い本を開いたら思いがけずお札が挟まっていたといったことがあれば，驚きは喜びに変わるでしょう。こうしたことから，驚きを個別感情とみなすことに疑問を抱く研究者もいます。人間を含めて動物は皆，突発的事態に遭遇すると**驚愕反応**（startle response）を示しますが，これは生得的反射の一つです。自律神経系の中の**交感神経**（sympathetic nerve）が激しく興奮し，顔面蒼白，冷や汗，動悸，脱力などの生理反応がこれに伴います。

5. 嫌悪（disgust）

　ぞっとする心身の感覚で，恐れに似ていますが，有害な汚染物から身を守るための拒絶反応です。多くの人が腐敗物，排せつ物，不気味な動物，異常な性行動，死などに対して嫌悪を抱きます。嫌悪は感染症から身を守るために進化した適応反応であるという仮説もあります。出産や育児に関わることが多く，健康と清潔に関心の高い女性が嫌悪事象に敏感であることは，この仮説に合致するものです。

6. 悲しみ（sadness）

　何か大切なものを失ったときに経験される負の感情です。主観的には「落ち込む」感覚や脱力感があり，行動面では無気力や引きこもりが伴います。悲しみの生理反応は完全には解明されていませんが，心拍は低下するようです。うつ病では悲しみが持続します。これに対する心理療法の一つである**認知療法**（cognitive therapy）では，悲哀感を生み出す慢性的思考パターン（例えば，「自分は何をやってもうまくできない」といった思考）を自覚し，反証する証拠を見つけるよう指導されます。

　これら基本感情は生後6カ月頃から現れ始めます。一般には，喜び，悲しみ，嫌悪が発達の最初期に現れ，続いて怒りと驚きが生じ，恐れは最も遅いようです。成長が進むと，さらに複雑な社会的感情が見られるようになります。これは，人付き合いの中で経験されるもので，困惑，羞恥，嫉妬，誇りなどです。

これらの感情は，人が自分をどう思っているかを推測することから生じますが，こうした認知能力が発達するのは 10～15 歳頃の**思春期**（puberty）です。

7.3 感情の理論

　こうした感情が発生するメカニズムはどうなっているのでしょうか。最初の感情理論はジェームズ（James, W.）が 1884 年に雑誌 'Mind' に発表したものですが，ほぼ同時期，ランゲ（Lange, C. G.）も類似の説を唱えていたことから，この理論は**ジェームズ-ランゲ説**（James-Lange theory）と呼ばれるようになりました（2.3.4 項も参照）。

7.3.1 ジェームズ-ランゲ説

　この理論は，感情とは，自律神経系が生み出した生理的変化を当人が覚知したものだというものです。人がある出来事に気づくと，まず，体の中で生理的変化が生じます。この身体的変化を感じとって，当人はこれを感情と解釈するというものです。例えば，薄暗い森の中を一人で歩いているとき，茂みがガサガサ揺れるのを見たら，あなたの心臓はドキドキし，足は震えだすでしょう。あなたは自分のこの身体的変化に気づき，自分が恐怖を感じているに違いないと解釈するのです。つまり，「足が震え，ドキドキしているから，自分は怖がっているのだろう」と解釈するのです。

　この理論は，事象系列の順番を逆転させます。常識的には，人は失恋すると悲しくなり，涙を流します。クマに出会うと恐ろしくなって，足が震えます。人から侮辱されると腹が立って，拳を握り締めます。しかし，ジェームズたちは，この事象の順番は間違っており，実際には，人は泣くから悲しいのであり，拳を握り締めるから怒るし，震えるから怖いのだと主張しました。別の例ですが，自動車で走行中，対向車が突然向きを変えて，こちらに突っ込んできたとします。とっさにブレーキを踏み，急ハンドルを切って衝突を避けることができましたが，その後，運転者は，自分の心臓がドキドキし，冷や汗をかいているのに気づいて，「恐ろしい経験だった」と後から思うでしょう。ジェームズ-

ランゲ説はこうしたタイプの感情経験によく当てはまります。

7.3.2　キャノン-バード説

　1920 年代，キャノン（Cannon, W. B.）とバード（Bard, P.）はジェームズ-ランゲ説に異を唱えましたが，その論拠は次の 4 つです。

　①体操や運動をしているときのように，生理的覚醒は高まっても感情が経験されないということがあります。心拍上昇などの生理反応が常に感情経験を引き起こすわけではありません。

　②感情経験のほうが先行し，生理反応が後から起こるように思われることもあります。夜中，家に一人でいるとき，突然，隣室で大きな音がしたとしたら，多くの人は驚きや恐怖を感じるでしょう。こうしたケースでは，しばしば，身体「症状」は後から遅れて生じます。

　③怒ったときも怖いときも動悸や呼吸は早まります。まったく異なる感情を経験していても，生理的反応パターンは類似していて，区別がつかないことがあります。

　④最後に，身体的変化が脳に伝達されることが妨害されているときですら，感情は経験されることがあります。キャノンは，脳への伝達経路を切断されたネコでも，挑発されると「怒り」を表出することを見出しました（「**見せかけの怒り（sham rage）**」）。

　後に感情の**キャノン-バード説**（Cannon-Bard theory）として知られるようになったこの理論では，身体変化と感情経験，これら 2 つのプロセスは同時並行的に起こるとされます。ある外的刺激（茂みがガサガサ）は脳の**視床**（thalamus）を刺激し，そこから他の脳部位（大脳皮質）と自律神経の両方に情報が伝達され，その結果，感情経験と身体的変化の両方が同時に生起すると考えられます。

7.3.3　感情 2 因子説

　感情経験を説明する第 3 の理論はシャクターとシンガー（Schachter & Singer, 1962）が提起したもので，身体感覚を感情と解釈する認知のはたらき

をより重視したものです。同じ身体感覚でも，それを経験する環境が異なると，付与される感情ラベルが異なることがあります。シャクターとシンガーはこうした現象について次のような仮定を立てました。

- 身体興奮を経験していても，その原因が不明瞭な場合には，当人はこれを説明する原因を探そうとするので，そのときに入手可能な解釈手がかりの違いによって異なる感情ラベルが付与されます。

- 身体興奮の原因が明瞭な場合には，これを説明するための手がかりを探そうとはしないので，感情のラベルづけが起こりません。

　シャクターとシンガーはこれらを検証するために米国ミネソタ大学の男子学生たちを対象に，次のような実験を行いました。実験参加者の第1グループにはアドレナリン（adrenaline）を注射し，それが血圧や心拍の上昇，呼吸数の増加などを引き起こすと説明しましたが，第2グループにはアドレナリンを注射しただけで，その作用については説明しませんでした。第3グループにはアドレナリンを注射しませんでした。

　参加者はその後，待合室で別の男子学生と一緒に質問紙に回答するよう求められましたが，この男子学生は滑稽なことをして参加者を笑わせました。最後に，参加者に自分が経験した感情を報告させたところ，図7.1に示すように，

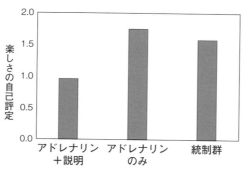

図7.1　感情経験に対する認知手がかりの効果（Schachter & Singer, 1962）

第 2 グループの参加者が最も「楽しかった」と報告しました。

　3 グループとも楽しい経験をしていたのに，快感情が最も強く経験されたのは，アドレナリンを投与されながら，その生理的作用を聞かされていなかった第 2 グループでした。彼らは，自分の体がアドレナリンによって興奮しているのに，それを説明する適切な理由を持っていなかったので，これは滑稽な仲間のやることを見せいだと解釈したのでした。一方，アドレナリンの作用を前もって知らされていた参加者の場合，快報告は最も低かったのですが，彼らは自分の身体興奮がアドレナリンによることを知っていたので，仲間から与えられた快感情の度合いを割り引いて報告したと解釈されます。

　この研究結果が示唆するように，感情は生理的覚醒とこれに対する認知的解釈からなるとするのが**感情 2 因子説**（two-factor theory of emotion）です。

BOX 7.2　デートで，なぜ遊園地が好まれるのか

　ダットンとアーロン（Dutton & Aron, 1974）の**吊り橋実験**（Wobbly Bridge Study）は，男子学生が谷にかかった 2 つの橋の一方を渡り，対岸で待っている女性から TAT 検査を受けるというものでした。一方の橋は谷の浅い部分にかけられた堅固な木橋でしたが，他方は高さが 70m もある深い谷にかけられた吊り橋で，渡ると揺れて，誰もが落下の恐怖を感じるようなものでした。検査終了後，男子学生たちは，その女性がどれくらい魅力的だったかを尋ねられましたが，実は同じ女性であったにもかかわらず，吊り橋を渡ってきた男子学生たちのほうが明らかにその女性に対する魅力を強く感じていました。彼らは吊り橋を渡った恐怖のために興奮状態にありましたが，彼らはそれを，そのとき会った女性の魅力のせいだと誤って解釈したのでした。

　この研究は，男女が遊園地や映画館など，強い興奮や感動をともにするような場所でのデートを好む理由を説明しています。彼らは，興奮体験が互いに対する恋愛感情を（誤って）強める効果があることを，薄々知っているからなのでしょう。

7.4　感情の機能

　なぜ，感情というものがあるのかについて，研究者たちは，それが人をある行動に向かわせる動機づけの機能を持っているからだと考えています。一つの理論はエクマンの**感情信号説**（theory of emotion as signal）です。例えば，怒りは，人を安穏な状態から闘争の準備態勢へと変容させます。恐れは，危険が近づいているから逃走すべきであると警告するものです。悲しみは，人に生活を変えるよう促し，不安は間近に迫った重大事（試験など）に備えるよう動機づけを強めます。

　人は常に環境や対象について情報収集をしていて，環境中に有害なものがないかどうか，対象が有益なものかどうかをオンラインで解析しています。こうした情報処理の多くは無意識のうちに行われますが，その解析結果は感情としても当人に伝えられます。このため，「これは有害だ」とか「有益だ」と人が意識する前に，快や不快の感情が先に体験されることがあります。人は，その理由を十分意識する前に，何となく嫌な気分（嫌悪や不安）になり「ここは避けたほうがよい」と感じたり，理由を十分理解することなく，楽しい気分になってさらに対象との関わりを深めようとします。一般的に，不快感情は，その環境や対象を回避することを動機づけ，快感情は接近を動機づけます。つまり，感情は人に対して，進むべきか退くべきかを告げる信号の役割を果たしているわけです。

　フリーダ（Frijda, N. H.）の**行動レディネス説**（theory of emotion as action readiness）は，感情の身体的変化に注目するものです。恐れや怒りを経験すると，交感神経が興奮し，心拍や血圧が上昇し，呼吸が荒くなる一方，消化機能は抑制されます。これは逃走や闘争といった激しい身体活動ができるよう骨格筋に大量の血液と酸素を供給し，迅速に行動を起こすための準備態勢を作るものだと考えられています。

　次節で詳しく述べますが，感情はまたコミュニケーションの役割も持っています。感情表現は，自分がどう感じているかを他の人に伝え，彼らに対して行動を変えるよう促すはたらきがあります。子どもの喜ぶ姿は周りの大人たちを

惹きつけ，近くに呼び寄せます。また，悲しみに打ちひしがれている人を見れば，他の人たちはこれを慰め，手を貸してあげたいと思うでしょう。

7.5　感情の表出

　前節で述べたように，表情や動作などを通して感情を表現し，また他の人たちが示す感情を認識して，これに正しく反応することは社会適応にとって重要なことです。電話やメールなどがなく，コミュニケーション手段が限られていた遠い祖先の時代には，とりわけ，怒り，恐れ，不安などの感情表現を解読する能力は生存上必須なスキルでした。例えば，部族の誰かが危険（嵐，敵対部族，捕食動物など）を察知し，恐怖の感情を示したなら，他のメンバーもこれに気づき対処行動をとる必要があります。また，メンバーの一人が怒りを表したら，集団内のトラブルを解決するために，他の人たちは何らかの行動を起こすでしょう。これらすべては，種の保存につながり，私たちの遺伝子が継承されることを助けるものでした。

7.5.1　表情の普遍性

　表情に表れた感情は，世界中の人たちから同じように認知されるという考え方があり，これは**表情普遍説**（theory of facial expression universality）と呼ばれます。ダーウィン（Darwin, C. R.）は，当時の研究者たち（例えば，イギリスの生物学者ベル（Bell, C.））の考えを取り入れながら，この説を提起しました。その後，エクマンが 6 個の基本感情を表す表情写真を 20 の西欧文化集団と 11 の文字を持たないアフリカの伝統文化集団の人々に見せたところ，喜びの表情は西欧では 96％，アフリカでは 92％の人たちによって正しく認識されました。嫌悪と怒りの表情に関してもほぼ同様の結果が得られました。他の研究ですが（Russell, 1994），驚きの再認率は西欧文化圏で 87.5％（非西洋圏ではやや低率），悲しみと恐れの再認率も 80％を超えていました。こうした知見から，基本感情の表情表現とその認知には普遍性があると考えられています。
　一方で，感情表現の地域差，つまり「方言」の研究も進められています

（Jack et al., 2012）。人々の間には，明文化されているわけではないのですが，初対面の挨拶とか儀式など，公の場でどんな感情を表現すべきか，あるいはすべきでないかを定めた**表示規則**（display rule）があるとされていますが，これにはしばしば文化的差異が認められます。

7.5.2 表情フィードバック効果

表示規則の研究は，人がしばしば，自分自身の感情とは異なる偽りの感情表現をすることがあることを示唆しています。しかし，偽りであったとしても，ある表情を作ると，それは実際にその感情経験をもたらすという説があります。ある表情を意図的に作ると，脳はその生理的パターンに気づき，それが実際の感情を反映しているものであると解釈するというものです。例えば「顔が笑っているから，私はうれしいに違いない」と解釈するのです。

このように，表情や動作によって感情表現を行うと，それに対応した感情が実際に経験されるという現象は**表情フィードバック効果**（facial feedback effect）と呼ばれます。この効果は，嫌な経験をしているときに眉を強くしかめ

| BOX 7.3 | 笑顔はストレス対処能力を高める |

人々は表示規則に従って頻繁に愛想笑いをしますが，実は，本物の笑顔を作ることは容易ではありません。心からうれしいときの笑顔では目じりが下がりますが，これを意図的に作るのは難しいからです。本物の笑顔パターンは，これを研究した19世紀のフランスの解剖学者の名にちなんで「**デュシェンヌ・スマイル**（Duchenne smile）」と呼ばれています。

米国カンザス大学の研究者たち（Kraft & Pressman, 2012）は，実験参加者に箸をくわえさせ，偽の笑顔，デュシェンヌ・スマイル，中性的のいずれかの表情パターンを作らせました。その表情のままストレスのある活動をさせたところ，笑顔を作らせた人ほどストレスからの回復が早く，特に，デュシェンヌ・スマイルを作らせた人においてそれは顕著でした。参加者たちは，自分たちが笑顔を作っていることには気づいていなかったのですが，笑顔表情は心の中に快感情を喚起し，それがストレス対処を助けたものと解釈されています。

させると不快感がより強く経験されるなど，負の方向にもはたらくようです。

7.6 動機づけの理論

感情には人を行動に駆り立てる**動機づけ**（motivation）機能がありました。その背後には，「苦痛を避けたい」とか「人から軽んじられたくない」などの欲望があります。動機づけを意味する motivation という英語は move（動く）を意味するラテン語の movere に由来します。人の心の中で，ある欲望が何らかの理由で強められると，それは充足されることを求めて行動を促します（**動因低減**（drive reduction））。喚起された欲望が強いと，その行動は強く，また充足されるまで長期間にわたって持続されます。

人の行動には必ず目標（欲望，願望など）がありますが，人間が何種類の**欲望**を持っているかを心理学者たちが熱心に調べた時代がありました。数百種類をあげた研究者もいましたが，今では，人間の欲望はおおむね数十種類とされています。人間が何を求めているか（欲望の内容）という点から動機づけを論じる理論を**動機づけコンテント（内容）理論**，一方，欲望を強めたり弱めたりする要因が何かを探求し，それによって行動がどのように変化するかを論じる理論は**動機づけプロセス理論**と呼ばれます。

7.6.1 動機づけコンテント理論

1. 本　　能

すべての動物は個体保存と種族保存という**本能**（instinct）を持っています。彼らの行動の多くは，こうした本能的欲求を満たすべく，一定の刺激に対して自動的に反応するよう仕組まれた生得的プログラムによるものです。

人間にも本能行動はあります。乳児は唇に触れるものに何でも吸いつこうとしますが，これは吸啜反射と呼ばれる本能行動で，その背後には栄養摂取という本能的欲求があります。成長した人の行動は経験や文化の影響を受け，多様かつ複雑なので（箸やフォークを使ったり，スマホでメールを送ったり），本能とは無縁に見えますが，それらも元をたどれば，多くは健康や安全への欲求

など，生存に関わる本能に根差したものである可能性があります。

生存に関わる本能的欲求は**一次的欲求**（primary need）あるいは**基本的欲求**（basic need）と呼ばれます。人はこれ以外の欲求，例えば，金銭や地位に対する欲求なども持っていますが，これらは，現代社会では，生存に必要な資源を得るために必要なものとなっています。文化社会という環境の中で，一次的欲求を満たすには何が必要かを経験によって学習し，そこから派生した多くの欲求を人は持つようになりますが，これらは**二次的欲求**（secondary need）と呼ばれます。一次的欲求を木の幹に例えるなら，人は，経験と学習によって多様に枝分かれした二次的欲求を数多く持って生活しているとみなすことができます。

2. 欲求の階層性

幹と枝の関係とは違いますが，種々の欲求間に階層性があるとしたのはマズロー（Maslow, A. H.）の**欲求階層説**（need hierarchy theory）です。これは動機づけコンテント理論の代表的な考え方です。

マズローは種々の欲求を5グループに分類しましたが，これらは**図7.2**に示すように，階層をなすように配置されます。最下層は**生理的欲求**（食料，水，空気など）で，その上に**安全欲求**（危険がない，安心できる）があります。第

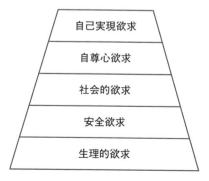

図7.2 マズローの欲求階層説

3段階の**社会的欲求**とは，家族や仲間など親密な社会的関係を求めるもので，所属や社会的受容への欲求とも呼ばれます。第4段階の**自尊心欲求**とは，人より優れたい，賞賛されたいなど社会的成功と地位を求める願望です。最上位の**自己実現欲求**（need for self-actualization）とは，自己の能力を高め，潜在的な資質を最大限に発揮したいとする願望です。

　これら5種類の欲求階層間には**漸進原理**（progression principle）が仮定されていますが，これは低層の欲求が満たされて初めてより上層の欲求が活性化されることを意味します。「衣食足りて礼節を知る」という言説があるように（『管子』牧民），漸進原理は常識とも一致するものですが，実証的に証明されたものではありません。また，人間にとっては自尊心や社会的受容こそが基本的欲求であるとの主張もあり，欲求の序列については異論もあります。

　アルダファー（Alderfer, C. P.）は欲求を3グループに分ける**ERG理論**を提起しています。Eは存在（Existence）欲求で，生理的充足と安全を求める願望からなり，Rの関係（Relatedness）欲求は，所属と受容，承認と尊重，優越と支配など社会的関係の中で人が求めるものを，Gは成長（Growth）欲求で，自尊心高揚や自己実現を求める願望を表します。内容的にはマズローの理論と重なりますが，ERG理論では階層性は仮定されていません。

7.6.2　動機づけプロセス理論

　動機づけ分野では，**欲求**（need）の他に，**動因**（drive），**動機**（motive）といった用語も使われます。その意味は研究者や文脈によって異なりますが，一つの整理の仕方を図7.3に示します。

1.　動機づけの諸要因

　人は，マズローたちが論じたように，潜在的には数多くの欲求を持っていますが，常にそれらが活性化されて行動に影響を与えているわけではありません。通常，その多くは不活性の状態にあり，意識されていませんし，行動にも影響を与えてはいません。図7.3に示すように，何らかの刺激を受ける（例えば，ケーキの写真を見る）ことによって初めて，そのうちのあるものが活性化され，具体的な動因・動機となり（食欲），また欲望として意識化されます（「ケーキ

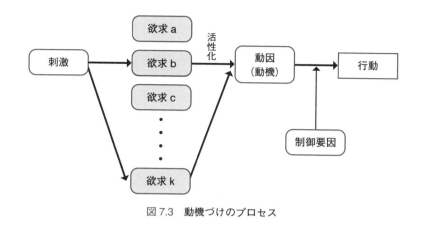

図7.3 **動機づけのプロセス**

が食べたい」)。多くの場合，複数の欲求が同時に喚起されるので，行動の動因・動機はそれらの組合せによって調整されます。例えば，食欲とともに「容姿を保ちたい」とか「健康を維持したい」といった欲求も同時に喚起されれば，どんな種類のケーキを，どれくらいの量求めるのかといった行動の具体的目標が決まります。

　欲求を活性化する刺激には，ケーキやライバルなどのような外的要因もあれば，血中濃度あるいは想起された過去の出来事といった内的要因も含まれます。しかし，ある動因・動機が形成されても，それによって直ちに行動が実行に移されるとは限りません。周囲の人が自分の欲求行動をどう思うかを気にしたり，成功の可能性を考えたりするからです。図7.3 に示されているように，これらの制御要因も欲求行動の遂行に影響を与えます。

2. 計画的行動モデル

　このような複雑な動機づけプロセスについて，主要な制御要因を取り上げてモデル化したものにアイゼン（Ajzen, 1991）の**計画的行動理論**（theory of planned behavior）があります。この理論では，ある願望（動因）が活性化された場合，それによってどれくらい強い実行への意志が形成されるかを規定す

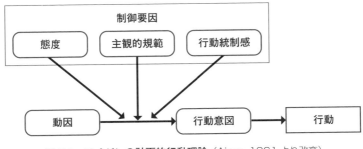

図 7.4　アイゼンの計画的行動理論 （Ajzen, 1991 より改変）

る 3 種類の制御要因があると仮定するものです。それは**図 7.4** に示されているように，態度，主観的規範，行動統制感です。

　不当な扱いをされたと感じて攻撃欲求が喚起された場合を例に説明します。**態度**（attitude）とは攻撃行動に対する行為者自身の価値観です。「こうした場合には黙っているべきではない。当然，反撃すべきだ」という信条の持ち主は攻撃行動に対して肯定的な態度を強く持つ人です。次に，**主観的規範**（subjective norm）とは，家族や友人など，自分にとって重要な人たちがその行為を良いと見ているか悪いと見ているかです。最後に，**行動統制感**（perceived behavioral control）とは，その行動を遂行する能力やスキルが自分に十分にあると思うかどうかです。このモデルでは，これら 3 種類の要因が肯定的であればあるほど，攻撃意図が強まると仮定されています。

3.　ホメオスタシスと覚醒維持

　生理的動機づけに関しては，いくつかのメカニズムが検討されてきました。その一つは**ホメオスタシス**（homeostasis）です。生体は体内環境を一定に保とうとする傾向があり，例えば，体内にある物質が不足した場合にはそれを摂取して補おうとし，一方，過剰になった場合には排せつしようとします。欠乏や過剰といった負の内的刺激を受けると，これを除去して均衡を回復するための行動が駆動されますが，このネガティブ・フィードバックは摂食や摂水など

生理的欲求による動機づけには広く見られます。

　脳の活性度を**覚醒水準**（arousal level）といいます。緊張や興奮しているときは高覚醒状態，ボーっとして眠いときは低覚醒状態です。人にはそれぞれ最も心地よいと感じる最適の覚醒水準があり，これを維持するために活動したりしなかったりするという説があります（Zuckerman & Neeb, 1979）。この**最適水準説**（optimal level theory）によると，最適な覚醒水準が高い人はスリルや興奮を求めて積極的に活動し，良い意味でも悪い意味でも非凡な生活を送ります。

復 習 問 題

1. 感情の理論の一つ，ジェームズ–ランゲ説を説明してください。
2. 感情信号説では，感情の機能がどのように述べられているか説明してください。
3. 表情フィードバック効果とは何か，説明してください。
4. マズローの欲求階層説について，漸進原理を含めて説明してください。

参 考 図 書

エクマン，P.・フリーセン，W. V. 工藤　力（編訳）(1987). 表情分析入門――表情に隠された意味をさぐる―― 誠信書房

　表情には万国共通性が見られます。本書は表情研究の第一人者たちが，基本感情の表出を顔面筋3領域の組合せという観点から解説したものです。感情の隠蔽や嘘を見抜くサインなど，興味深い分析も含まれています。

畑山　俊輝・仁平　義明・大渕　憲一・行場　次朗・畑山　みさ子（編）(2005). 感情心理学パースペクティブズ――感情の豊かな世界―― 北大路書房

　感情は人の生活のあらゆる局面に顔を出し，広範な心理現象に関わりを持っています。本書は，生理的機構だけでなく，認知，発達，社会，臨床心理学など，感情に対する多様なアプローチを取り上げ，その「豊かな」諸側面に光を当てます。

上淵　寿（編著）(2012). キーワード　動機づけ心理学　金子書房

　動機づけはあらゆる人間行動に共通する基本的心理プロセスです。それゆえに，まとまった知識体系としては論じられにくいところがありましたが，本書は，基本概念をおさえた上で，先進的な研究知見も盛り込み，初学者から専門課程の学生までが利用できるものとなっています。

発達心理学

　幼い子どもはどこでも大人たちの注目の的です。子どもたちは大人から見ると予測外の行動が多く，このために，その動作や発言は周りの人たちを驚かせたり喜ばせたりします。これは彼らの発話や動作が拙く，不安定なためだけではありません。子どもたちはこの世界を大人とは違った目で見ているからです。つまり，子どもたちは大人とは違った世界に住んでいるのです。

　大人たちもこのことを薄々感じており，自分たちの幼い頃を思い出しては，懐かしく思うとともに，不思議な気持になったりもするものです。では，子どもの住む世界は大人のものとはどのように違うのでしょうか。また，それはどのようにして変化し，子どもは大人になっていくのでしょうか。発達には様々の様相がありますが，ここでは精神面の変化を中心に見ていきます。

8.1　知的発達

　子どもたちの住む世界を知ろうと研究者たちは長い間探求してきましたが，最初の科学的アプローチは，博学の天才科学者ダーウィン（Darwin, C. R.）によるものでした。彼は人の行動もまた動物の行動と同じ素地からできていると考え，自然の世界についてだけでなく，自分の子どもたちの行動についても観察を行い，詳細なノートを書き残しました。その観察ノートは，著書『人及び動物の表情について（*The expression of the emotions in man and animals*）』（Darwin, 1872 浜中訳 1991）の執筆に利用されましたが，この中で彼は，新生児が，くしゃみ，しゃっくり，あくび，伸び，吸う，泣き叫ぶなどの反射行動を示すこと，生後50日頃，乳児は特定対象に視線を固定することができるようになることなどを述べています。

8.1.1　ピアジェの認知発達研究

　子どもの世界とその変化の様相を具体的に示してくれたのはスイスの発達心理学者ピアジェ（Piaget, J. ; 1896-1980）です。彼によると，子どもたちは自分の持つ知識（**認知スキーマ**（cognitive schema））というメガネを通して世界を理解しようとしますが，この心的構造は成長に伴って単純なものから複雑なものへと変化し，またより客観的になります。ピアジェは，一時期，フランスのビネ（Binet, A. ; 1857-1911）のもとで知能検査の標準化に取り組んでいましたが，このとき，同じ年代の子どもたちは同じ種類のミスを犯すことに気づき，そこから，子どもたちが持つ特異な知識構造に関心を持つようになりました。幼い子どもたちは似た考え方をしますが，それは大人の思考方法とは異なるものだったのです。こうした観察に基づいてピアジェは**認知発達理論**（cognitive developmental theory）を構築しました。

　彼の説によると，子どもが世界を理解するために使っている認知スキーマは，年齢とともに徐々に厚みを増すとか，徐々に多様化するといったものではありません。それは，ある段階で構造全体が一挙に質的変化を遂げるという形で変化していきます。ピアジェは，認知発達は以下の 4 段階を経て進展すると考えました。

　第 1 段階は，誕生から 2 歳までの**感覚運動期**（sensorimotor stage）です。この段階の子どもは感覚器官を使って周囲の世界を探索します。しかし，子どもが最初の認知スキーマを形成し，それを使えるようになるまでは，持って生まれた反射が子どもの行動をガイドします。この段階を脱する重要な転機は，**対象の恒常性**を獲得すること，つまり，物体は自分の目には見えないところ（すなわち，感覚範囲外）に移動しても存在し続けることを理解することです。

　次の**前操作期**（preoperational stage）は 2 歳頃に始まります。対象の恒常性を獲得することと並行して，子どもは現実世界の事物の代わりに，心の中にある表象を使用することができるようになります。この能力を反映するのは「ままごと」のような「**ごっこ**」**遊び**（sociodramatic play）です。箱をテーブルに見立て，自分を母親とみなして，記憶にある動作を模倣します。またこの頃，発話が起こり，言語発達が進みますが，しかし，表象どうしの関係を理解する

BOX 8.1　「三つの山」課題

　ある場面を，自分の視点からだけでなく，他の人の視点からも見ることができるということは認知発達上の重要な進歩です。ピアジェによると，**視点取得**と呼ばれるこの能力の獲得は**前操作期**から**具体的操作期**への移行を示す指標で，彼はその発達を「三つの山」課題（three-mountains test）を用いて検討しました。

　この課題では，机の上に大きさの異なる3つの山の模型を配置します（図8.1）。一つの山は雪に覆われ，別の山の頂には赤い十字架があり，第3の山の頂には山小屋があります。実験者は子どもに，机の周りを回って，この風景をよく見るように言います。その後，子どもを椅子に座らせ，また，人形を別の椅子に置いて，「この風景が人形からはどのように見えるか考えてください」と言います。子どもには，この風景を様々な角度から撮った写真を見せ，人形の位置から見える風景を選ぶように指示しました。

　人形の位置を様々に変えてこの課題をさせた結果，幼い子どもは，人形がどこに置かれていても，自分自身の視点から見える風景を選びました。これは自己中心的思考を示しています。7〜8歳になると，自分自身ではなく，人形の目から見える風景を表す写真を見つけることができ，これは子どもが具体的操作期に入ったことを示しています。

図 8.1　「三つの山」課題（Piaget & Inhelder, 1956）

ことには制約もあります。例えば，この段階の子どもの思考は自己中心的で，物事を自分の視点からしか見られません。これを乗り越え，他者の視点から物事を見ること（**視点取得**（perspective taking））などが認知発達の次の段階を促します。

　その第3段階（8〜12歳）は**具体的操作期**（concrete operational stage）です。

脱自己中心性（decentration）とともに，子どもは，表象間の複雑な関係について より論理的に思考することを学んでいきます。恒常性の概念が発達し，表 象の様々な特徴は，見かけが変化しても持続していることを理解できるように なります。体積，面積，数などにも恒常性が及んでいきます。

　認知発達の最後の段階，**形式的操作期**（formal operational stage）は12歳頃 から始まり，成人期までをカバーします。中学校に入る頃から子どもたちは， 自分自身の思考や感情を第三者の目で客観的に見るという**メタ認知**（metacog-nition）能力（第6章参照）を発展させます。また，物理的世界とは無関係に， 表象だけを心の中で自由に操作できるようになります。こうした抽象的推論を 展開して，現実とは異なる仮説を様々に立てて吟味することができるようにな ります。ピアジェはこれを**科学的思考**と呼びました。

8.1.2　同化と調節

　ピアジェによると，世界を理解するために子どもたちが認知スキーマを活用 する際には，**同化**（assimilation）と**調節**（accommodation）という操作を用い ます。同化においては，世界との接触で得られた情報を既存のスキーマに組み 込み，スキーマの精緻化が図られます。もしも新情報がスキーマに合わない場 合には，スキーマを変更して統合を図ります（調節）。こうしてスキーマの妥 当性が高まるとともに，適用範囲が広がります。

　ピアジェは，アメリカで行動主義が全盛だった時代，認知革命を先取りする 形で認知発達理論を発展させました。彼の発達心理学への貢献は大きいのです が，一方で批判もあります。その一つは，子どもの精神発達に対する社会文化 的影響を強調したベラルーシ生まれのソビエト心理学者ヴィゴツキー （Vygotsky, L. S.；1896-1934）によるものです。

8.1.3　ヴィゴツキーの社会文化説

　ピアジェの理論には，子どもは生得的プログラムを備えて生まれ，認知発達 はゼンマイが解けて動き出すように，周囲からの支援がほとんどなくても自分 自身で展開していくとする普遍的成熟観が見られます。これに対して，ヴィゴ

ツキーは，子どもの認知発達は社会的・対人的環境から大きな影響を受けることを強調しました。発達とは**社会化**（socialization），**文化化**（enculturation）であるとする彼の主張の核心は，子どもの学習は環境（仲間，兄弟姉妹，親，学校，設備，メディア等）との相互作用の結果として生じるというものです。

例えば，**前言語**（pre-speech），すなわち，幼児が発する片言は養育者によって解釈され，方向づけられます。会話という共同作業の中で，前言語は修正され完全な発話に向かって進んでいきます。子どもたちは自分の行動を制御するために自分自身に対して大声で話しかけ，最終的には，この声に出して話すという行為が内面化されます。最初は公的発話だったものが内的思考へと変わります。ヴィゴツキー理論によると，発達の方向性は「社会的なるものから個人的なるものへ」なのです。

ヴィゴツキー理論の中で特に注目された概念の一つは，**発達の最近接領域**（Zones of Proximal Development; ZPD）です。ある発達段階の子どもは，自分一人でできる課題の次の段階として，大人や年長者の手を借りると達成できる課題の範囲があります。これが ZPD で，この領域で自分よりも能力の高い人たちと共同作業することによって，スキルや能力に格段の向上が望めます。これを的確に見定めて指導・介入することが教育や支援において重要です。

ヴィゴツキーは，科学的思考は認知発達の自然な到達点であるというピアジェの考え方を批判し，科学は一つの文化的産物であり，異なる文化，異なる社会は，問題解決のために独自の認知ツールを発展させてきたと主張しました。彼の理論では文化に力点が置かれており，ピアジェが考えるような不変の階梯モデル，あるいは同化・調節といった普遍的原理は重視されません。

8.2 心の理論

認知発達上の重要な出来事として，子どもが他の人にも心があることに気づき，これに基づいてその人の行動を理解できるようになることがあげられます。それは表象操作の一つで，おおむね4歳頃に可能になります。自分が何かを「欲しい」と思うと，その事物や状態を表象として思い浮かべます。同じこと

が他の人にも起こっていると思うことから，他の人の「心」に注意が向けられます。しかし，他の人が何を表象しているかは，自分自身の表象のように直接にはとらえられないので，相手の表象を推測して表象するという複雑な作業が必要になります。

　子どもは，他の人が示す行動や置かれた状況からその人の心の状態を推測します。例えば，他にたくさんの玩具があるのに，昨日も今日も自動車の玩具で遊んでいる子どもを見ると，「乗り物が好きなんだな」と思います。子どもは行動，状況，心の間に一定の規則性があることに気づき，これを利用して他の人の心の状態を推測しようとします。こうした心のはたらきを「**心の理論**（theory of mind; ToM）」と呼びます。

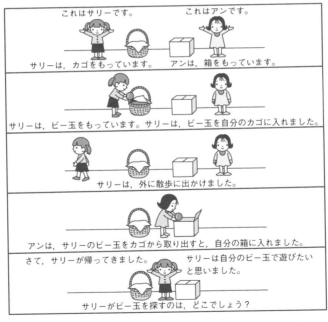

図 8.2　サリーとアンの課題 (Baron-Cohen et al., 1985)

「心の理論」機能を測定する課題には種々ありますが，よく知られているのはバロン-コーエンたち（Baron-Cohen et al., 1985）が考案したサリーとアンの課題（Sally-Anne test）です（図 8.2）。他の人が何を表象するかに思いが及ばず，自分自身の表象だけで判断しようとすると正答にならないことから，この種の課題は誤信念課題とも呼ばれます。

8.3　社会性の発達

「心の理論」は子どもの（そして，大人においても）円滑な社会的交流と社会適応を支える心的機能です。言語や思考などの知的発達においても，ヴィゴツキーの文化理論はもとより，ピアジェの認知発達理論でも視点取得に焦点が当てられるなど，子どもの精神発達において社会的・対人的心理は重要な側面とみなされてきました。ここでは，社会性の発達の中で，道徳的発達および親密な人間関係の基盤である愛着の形成について見てみます。

8.3.1　コールバーグの道徳的発達理論

社会生活の土台となるものは道徳規範（moral standard；道徳律（moral code））です。それは，何が良く，何が悪いのか，何が推奨され，何が禁止されているのかに関して人々が共通に抱く社会的ルールです。規範を身につけて自分の行動を律すること，また，他の人たちにもこれに従うよう期待することによって円滑な社会的相互作用が可能になります。それゆえ，道徳規範の内面化は子どもが社会化されるプロセスの中核にあたります。道徳的発達（moral development）に関する代表的理論はアメリカの発達心理学者コールバーグ（Kohlberg, L.）によって提起されたものです。彼はピアジェの認知発達説を道徳規範に応用して道徳発達段階説（stage theory of moral development）を作り上げました。

コールバーグは様々の年齢の子どもたちに道徳的ジレンマ（moral dilemma）と呼ばれる困難な状況（BOX 8.2 参照）を提示し，その困難をどう解決すべきか考えさせました。この課題に正解はありません。コールバーグは，結論よ

BOX 8.2　ハインツのジレンマ

　コールバーグは，子どもたちがどのようなプロセスで道徳的意思決定を行うの
か，これを調べるために道徳的ジレンマと呼ばれる課題を使いました。代表的な
ものが「ハインツのジレンマ」（Kohlberg, 1981）です。

　一人の女性が特殊なガンのために死に瀕していました。これなら彼女を救える
かもしれないと医師たちが考える薬がありましたが，それはラジウムの一種で，
最近，この町の薬剤師が発見したものでした。この薬の製造には多額の資金がか
かりましたが，薬剤師は，そのコストの10倍の値を購入者に要求していました。
彼は薬の開発に200ドルを払いましたが，それを少量販売する際2,000ドルを要
求しました。病気の女性の夫，ハインツは知り合いを回って借金を申し込みまし
たが，薬の販売価格の半分にあたる1,000ドルほどしか手に入りませんでした。
彼は薬剤師に，妻が死にかけていること，薬を安くしてくれるか，支払いを延ば
してくれるよう頼みました。しかし薬剤師は「だめだ。これは私が発見したもの
で，私はこれで一儲けしたい」と言いました。絶望したハインツは，その店に押
し入り，薬を盗みました。ハインツは，妻のために薬を盗んだのですが，こうし
たことをすべきだったでしょうか？　すべきだったにしても，すべきでなかった
にしても，その理由は何でしょうか？

りも，そこに至るまでの子どもたちの思考過程（道徳的推論）に注目しました。
彼は縦断的研究（同じ子どもたちを対象に，異なる年齢で測定を繰り返す）を
行い，その結果に基づいて，道徳的推論の発達には，**表8.1**に示すような3水
準，6段階があると結論づけました。

　第1段階は服従と罰回避が特徴で，この段階の子どもたちは，罰を避けるた
めに大人から指示された道徳的行動をとります。第2段階の特性は自己利益志
向です。この段階の子どもたちは，自分の得になるものが良い行動だと考えま
す。第1，第2段階はまとめて**前慣習的**（preconventional）**道徳性**とされます。

　第3段階は人間関係への関心と同調が特徴です。この段階の子どもたちは，
周りの人たちが良いとするものを良いとし，他の人たちの期待に従って行動し，

表 8.1 コールバーグの道徳的発達段階説

水準Ⅰ　前慣習的道徳性
段階1　罰への志向
段階2　報酬への志向
水準Ⅱ　慣習的道徳性
段階3　良い子への志向
段階4　権威への志向
水準Ⅲ　後慣習的道徳性
段階5　社会契約への志向
段階6　普遍的倫理原則への志向

承認を得ようとします。第4段階では，権威者の尊重と社会秩序の維持が志向されます。この段階の子どもたちは，権威者に服従することを良とし，集団の秩序を維持することが大切だと考えるようになります。これら2つの段階は**慣習的**（conventional）**道徳性**とされます。

　第5段階では**社会契約**の観念が強まります。子どもたちは，ルールとは社会契約であるとみなし，大多数の人にとって有益であることが良いことであると考えるようになります。個々人よりも社会全体の福祉を優先した価値観が強まります。最後に，第6段階では普遍的倫理原則が認識されます。この段階に到達した人は，ルールに盲目的に従うのではなく，多角的な見地からその妥当性を自ら吟味しようとします。抽象的議論を駆使して道徳的問題を検討するとともに，自分の道徳的信念や価値観を作り上げていこうとします。これら2段階は**後慣習的**（postconventional）**道徳性**と呼ばれます。

　前慣習的水準は幼児期・児童期に，慣習的水準は青少年期に優勢ですが，大人になった人たちにもしばしば見られます。これらの水準は善悪の根拠を道徳性の外部（権威者，仲間，損得など）に求めるので，**他律的**（heteronomous）**道徳性**とされます。後慣習的水準になると，道徳性本来の意味に従って判断するようになるので**自律的**（autonomous）**道徳性**と呼ばれますが，大人であってもこの水準にすべての人が到達できるわけではないとされています。コールバーグの道徳性理論は西欧的価値観を強く反映するものであるとして，文化的

偏りがあるとの批判もあります。

8.3.2　ボウルビィの愛着研究

　社会生活を送る上で他者への信頼は欠かせません。まるで敵地のただ中にいるように，人からいつ危害を加えられるかと心配ばかりしていては，バスにも電車にも乗れないし，買い物するために街に出ることもできないでしょう。必要以上の不安を持つことなく，たくさんの人たちと人間関係を結び，私事や公務のために社会的相互作用をするには他者への信頼が必要ですが，これは人生の初期，子どもが親や家族と親密に関わる中で形成されるとされています。

　発達心理学者ボウルビィ（Bowlby, J.）はイギリスの上流階級の生まれでした。20 世紀初頭，上流階級の子どもたちの多くは子守女や乳母の手で育てられましたが，ボウルビィも同様で，母親と会うことはほとんどなく，7 歳には寄宿制の学校に入れられました。そのため，幼い頃の母親との分離は彼の心に大きな傷を残しました。

　大学卒業後，彼は非行少年の研究に従事しましたが，そのとき関わった少年たちの大半が，早期に親と分離させられた経験を持っていることに気づきました。彼自身の生育経験と問題行動を示す子どもたちとの関わりを通して，彼は養育者の役割，養育者との分離や関係喪失が子どもの発達に与える影響に関心を持ち，乳幼児と養育者の親密な交流によって形成される愛着はその後の十全な社会的発達にとって不可欠ではないかと考えるようになりました。

　子どもは常に養育者のそばにいたいと望み，これに養育者が応えることで両者の間に強い情緒的絆が形成されます。これが**愛着**（attachment）です。見知らぬ人や物に遭遇すると子どもは不安や恐怖を抱きますが，愛着対象によって慰められ，不安や恐怖がなくなると，子どもはその対象に積極的に関わっていくことができるようになります。こうしたことから，ボウルビィは，愛着対象は子どもが未知の世界を探索するための安全基地であると論じました。一方，愛着対象から無理やり引き離されると子どもは強い**分離不安**（separation anxiety）を経験します。それは子どもを委縮させ，探索行動を抑制します。

BOX 8.3　接触への願望——ハーロウのサルの研究

　1950年代，ハーロウ（Harlow, H. F.）は，初期経験がその後の行動に与える影響を検討するため，マカクザル（アカゲザル）を飼育しながら，一連の実験的研究を行いました。「サルの愛（Monkey Love）」と名づけられた研究プロジェクトの中で，彼は2種類の機械仕掛けの**代理母**（surrogate mother）を考案しました。一方は金属だけで作られた針金の母親，他方はそれを柔らかいフランネルでくるんだ布の母親です。ミルクは針金の母親からからしか飲めません。これら2つの母親が置かれた檻にサルの乳幼児を入れて観察したところ，サルは空腹のときには針金の母親のもとに行きミルクを飲みましたが，飲み終えるとすぐに布の母親のもとに戻り，長い時間をこの母親にすがって過ごしました（図8.3）。

　ハーロウは，サルの乳幼児は**接触の快適さ**（contact comfort）を求めており，これは栄養摂取の欲求を満たすことよりも大切であると結論づけました。その後の実験でハーロウは，接触の快適さを経験させない状態で数匹のサルを育てましたが，このストレスの大きな初期経験はサルたちのその後の発達に重大な影響を与えました。このサルたちは，長じても，引きこもって仲間と交わろうとしないなど，重篤な社会不適応を示しました。

　なお，ハーロウによるサルの隔離飼育実験は動物愛護運動家たちから非人道的であると批判を受け，研究倫理の観点から論争を呼びました。

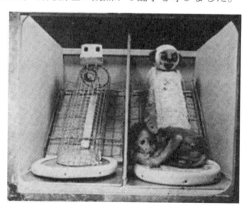

図8.3　**代理母の実験**（Harlow, 1958）

8.3.3　愛着の形成

　生後 6 週未満の乳児は生得的スキル（泣く，微笑む，つかむなど）を使って養育者の注意を引きつけ，接触を維持しようとします。しかし，この段階では，特定の養育者に愛着することはなく，知らない人と接触しても平気です。生後半年くらいにかけて，乳児は主たる養育者を認識するようになり，他の人たちとは異なる反応をし始めます。しかし，依然として，初対面の人を恐れたりはしません。

　生後 1〜2 歳が**愛着形成期**です。養育者と一緒にいたがり，養育者がいないと不安を示し（分離不安），見知らぬ人が近づくと嫌がる様子を見せます。2 歳以降になると，子どもは養育者の行動パターンを理解するようになり，短い時間なら養育者の不在に耐えることができるようになります。愛着対象を安全基地とする探索行動も活発に行われるようになります。ボウルビィは愛着形成には**臨界期**（critical period）があり，1〜2 歳がこれにあたると見ていました。

　愛着とは，自力では生きていくことができない無力な乳幼児が，養育者との依存関係を形成することによって生存を確保しようと進化した生物学的方略とみなされています。**愛着不全**はその後の社会性の発達を阻害するとされていますが，ボウルビィ自身の研究対象であったような，重篤な反社会性を示す青少年の中に，これに該当する事例が多く見られます。

8.3.4　愛着のタイプ

　愛着が良い・悪いといっても，それぞれ一様ではありません。実際にどんな愛着タイプがあるのかを研究したのは，ボウルビィの学生だったエインズワース（Ainsworth, M. D. S.）です。彼女は，養育者と子どもを一室に置き，見知らぬ人をその部屋に出入りさせ，そのときの子どもの様子をマジック・ミラー越しに観察する**ストレンジ・シチュエーション法**（strange situation procedure）と呼ばれる観察技法を考案しました（**表 8.2**）。

　観察者が特に注目するのは養育者との分離と再会の際の子どもの反応です。エインズワースは，この方法を用いて，多くの子どもたちの反応を観察し，そこから，子どもの愛着には次の 4 タイプがあることを見出しました。

表 8.2 **ストレンジ・シチュエーション法の手続き**（Ainsworth et al., 1978）

1. 養育者は幼児を連れて，たくさんの玩具のある部屋に入り，2人で遊びます。
2. 1分後，養育者は，子どもが環境を自分で探索できるよう，一緒に遊ぶのをやめ，静かに椅子に座っているよう指示されます。
3. さらに1分後，見知らぬ人物が部屋に入ります。初めはただ見ているだけですが，徐々に子どもに関わろうとします。
4. 最初の分離：養育者が部屋を出て，3分間，子どもはその見知らぬ人物と2人だけで置かれます。多くの子どもは不安を示すので，見知らぬ人は子どもをなだめようとします。
5. 最初の再会：養育者が部屋に戻って子どもをあやし，見知らぬ人物は退出します。
6. 第2の分離：養育者は，3分間，子どもを1人にして再び部屋を出ます。多くの子どもはここでも不安を示します。
7. 先の人物が部屋に入ってきて，子どもをあやそうとします。
8. 第2の再会：最後に，養育者が戻り，子どもを抱き上げます。

①**安定愛着**……このタイプの子どもは，養育者がいるときは，その人を「安全基地」として使い，自由に探索行動を行います。養育者がいるときには見知らぬ人とも交流しますが，養育者が不在だと明らかに動揺します。養育者が戻って姿を見せると喜びます。

②**回避的不安定愛着**……このタイプの子どもは，養育者との接触を避け，これを無視することもあります。養育者がいなくなっても，戻ってきてもほとんど感情的変化を示しません。誰がそこにいようが，探索行動はあまり行いません。部屋の中に人がいてもいなくても，感情表出は少なく，行動範囲も限られています。

③**反抗的不安定愛着**……「不安・両価的／反抗的」という名称も使われますが，このタイプの子どもの特徴は不安の強さです。子どもは養育者と分離する前から不安を示し，養育者にまとわりつきます。養育者が戻ってきても，なだめるのが難しいことがしばしばです。

④**無秩序／無志向的愛着**……これは，子どもと養育者の間に何ら明瞭な愛着が見られないケースです。おそらく原因は，養育者が情緒的に不安定で，子どもとの関係に一貫性がないせいと思われます。親が抱こうとしたり，一緒に遊ぼうとしても，子どもは目をそらして乗ってきません。

　その後行われた多くの研究によって，安定した愛着を形成した子どもたちは，成人後も精神的健康度が高く，社会適応が良いことが確認されています。例えば，彼らは，長じて高い自尊心と社会的スキルを発展させ，結婚すると，配偶者や自分の子どもたちとの間で良好な関係を形成しました。

8.4 フロイトの心理性的発達理論

　フロイト（Freud, S.）の**精神分析学**は，精神病理の発生メカニズムに関して一つの体系的モデルを構築し，これをもとに，人の心の構造に関する一般理論を提起しました（第 11 章参照）。フロイトはまた，子どもの発達に対しても一つの道筋を示しましたが，それは性欲（**リビドー**（libido））とその充足を軸に論じたもので，現代の発達心理学者にはあまり受け入れられていません。しかし，フロイトの発達理論には，性的ニュアンスを取り除いてもなお，子どもの精神発達を理解する上で重要な示唆がいくつか含まれています。

　フロイトの**心理性的発達理論**（theory of psychosexual development）によると，新生児にとって世界との主要な接触は口唇を通してです。乳児にとって生活の中心は，乳首あるいは哺乳瓶を吸うことによって欲求を充足させることです。歯が生え始めると，吸うこととともに噛むという能力が加わり，子どもが世界を認識する手段が広がります。この段階は**口唇期**（oral stage）と呼ばれています。

　生後 12 カ月頃から，おまるを使った排せつ訓練が始まります。子どもは自分の排せつを我慢するかしないかで，養育者が喜んだり失望することを知ります。この時期は**肛門期**（anal stage）と呼ばれますが，排せつのコントロールを通して，子どもの世界に新しい局面が生まれます。それは，子どもが自分とは異なる他者という存在を意識し始め，その他者を操る方法があることを知ることです。

　4 歳頃，子どもは自分自身の性器が快楽の源であること，男子と女子は解剖学的に異なることに気づきます。この**男根期**（phallic stage）に，少年は自分の性器が除去されるのではないかと不安を抱き（**去勢不安**（castration

anxiety)），一方，女子は自分の性器が除去されてしまったと思い込むことから不全感を抱きます。これが男女の性的発達の分化のスタートです。ただし，女性性をペニスの欠如と定義するこの考え方は性差別的であると批判されることもあります。

この時期，男子は去勢不安に対して，逆説的ですが，不安の源である父親のようになろうと努力する（**同一化**（identification））ことによって，これに対処しようとします。この屈折した心理は**エディプス・コンプレックス**（Oedipus complex）と呼ばれ，男子が男性性に向かう契機となります。女子の場合は，これに対応する**エレクトラ・コンプレックス**（Electra complex）という心理が論じられました。

これら男女のコンプレックスは，学童期に入り，子どもの性的エネルギーが趣味やその他の活動に向けられる**潜伏期**（latency stage）の間に解消されます。それに続く**性器期**（genital stage）では，性的エネルギーは直接異性に向けられます。フロイトは，成人患者に対する治療セッションにおいて，彼らのパーソナリティを理解しようと試みる中で，これらの心理性的発達段階が浮かび上がったと述べています。

8.5 発達の諸要因——遺伝と環境の相互作用

子どもがどのような大人に成長するかについては，「**生まれか，育ちか**」などといわれます。それは遺伝と環境のどちらが子どもの発達に大きな影響力を与えるかを論じたものです。研究者の中にも，「人間はプログラムされて生まれてくる」と遺伝を強調する意見がある一方で，生活経験と養育の仕方こそが人の発達過程を決めるとする見解もあります。近年は，遺伝と環境が互いに影響し合いながら，つまり相互作用しながら発達過程を規定するとの見方が優勢です（BOX 2.4 参照）。

8.5.1 運動機能の発達

発達における生得的プログラムの影響を明瞭に示すのは運動機能です。新生

児は，生まれつき多くの反射機能を備えています。**反射**（reflex）とは，特定
の刺激に対する自動的反応のことで，例えば，**哺乳反射**（sucking reflex）に
おいては，何かが頬に触れると，新生児は顔をそちらに向け，それを口に含も
うとします。これによって，新生児は栄養を摂取するために必要な適応行動を
とることができます。

　他に**把握反射**（grasp reflex）や**モロー反射**（Moro reflex）などがよく知ら
れています。前者は，手のひらに触れるものがあると指でそれを握ろうとする
動作です。足の裏でも同様の反応が見られることから，これは人の祖先が樹上
生活をしていた名残といわれています。モロー反射は驚愕反射とも呼ばれ，大
きな音を聞いて驚いたときなど，新生児が手足を広げて，何かに抱きつこうと
する動作をすることです。これらの**原始反射**（primitive reflex）は生後半年間
くらいで消失しますが，いずれも生存に役立つ反応パターンと考えられていま
す。

　運動機能はその後も発達を続け，生後半年前後から乳児は寝返りを試みるよ
うになります。生後8〜9カ月頃には立ち上がろうとし，15カ月頃には，一人
で歩くことができるようになります。これら発達初期の運動機能には脳や身体
の成熟に伴って自発的に表れてくるものが多く，これに対する環境の影響は小
さく，生得的プログラムの存在を感じさせます。年長になってからのスポーツ
の得手不得手にも遺伝的な要素があります。親もスポーツ選手だったり，兄弟
で同じスポーツが得意だったりすることがよくあります。そうした活動になじ
む生育環境も無視できませんが，運動能力には生得的要因の役割が色濃くうか
がわれます。

8.5.2　親の養育スタイル

　子どもの発達に対する環境要因の中で最も重要なものは親（養育者）の**養育
スタイル**（parenting style）です。これは研究者によって様々に分類され，ス
タイルの呼び方も一様ではありませんが，おおむね図8.4のような構造と配置
になります。この図に示すように，様々な養育スタイルは2次元の組合せで理
解されます。第1次元は**慈しみ**（affection）で，子どもに対する愛情や思いや

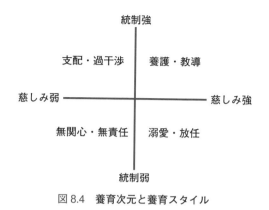

図 8.4　養育次元と養育スタイル

りの強さです。第 2 次元は**統制**（control）で，子どもの行動を指導・監督する程度を表します。

　研究知見によると，子どもを健全に育てる上では，第 1 象限の，子どもを指導監督しながらも，慈しむ気持ちで接する**養護・教導**スタイルが最適とされています。養育者は子どもとの間に親密な絆を形成し（愛着），その中で，子どもの発達段階に合わせて無理のないしつけを行います。その時々の気分ではなく一貫した態度でしつけを行い，必要な場合にはきちんと説明をしますが，最も重要なのは子どもを慈しむ気持ちで接することです。

　これに対して，他の養育スタイルにはそれぞれ問題があると指摘されています。**支配・過干渉**な養育者は，その理由を説明することなく子どもを強制して自由を束縛し，また賞よりも罰によって子どもの行動を統制しようとします。このスタイルには虐待が見られることもあります。こうしたやり方で育てられた子どもは，自分に自信がなく，また人を信頼できないので引っ込み思案になる傾向があります。**溺愛・放任**の養育スタイルは，子どもに対して明確なガイドラインを示さない養育者の特徴です。規則は気ままに変更され，また，強く指導されるということもありません。この養育スタイルのもとで育った子どもは未熟で自分を抑えることができず，情動的問題を抱えていることもあります。

BOX 8.4	出生前学習

　心理学者による発達研究のほとんどは，子どもの誕生後の変化に焦点を当ててきました。これに対して，子どもがまだ母体内にいる胎児期にすでに環境からの影響を受け，学習が始まる（**出生前学習**）ということを示唆する研究もあります。

　デキャスパーたち（DeCasper et al., 1994）は，妊娠中の女性に対して，出産前の 4 週間，毎日 3 回，ある物語を声に出して読むよう依頼しました。出産日の 2 週間前，この物語を読む母親の声を録音したものと，別の物語を読む声を録音し，これらを子宮内の胎児に向かって聞かせました。すると，聞き慣れた物語が語られたときに，胎児の心拍が低下しました。このことは，胎児が母親の声を聴き分けていることを意味しており，胎児がすでに学習可能な知的状態にあること，人間の発達ストーリーは誕生以前から始まることなどを示唆しています。

　最後に，**無関心・無責任**なスタイルでは，養育者は子どもの養育に関心を持ちません。基本的欲求は充足させるけれども，子どもと親密なコミュニケーションをとろうとはしません。その極端なケースは，子どもに必要な世話もしない育児放棄（**ネグレクト**（neglect））です。

　青少年期になって非行をするとか，引きこもるなど重篤な社会不適応を示す子どもたちを調べると，親の養育スタイルに問題があったケースが少なくありません。慈しみや情緒的コミュニケーションの欠如，関心の低さと監督の不十分さ，一貫性のないしつけ，過剰な統制などがこれらの不適応な青少年において見出されてきました。

　しかし，親から子どもへの一方向的影響という従来の見方を疑問視する声もあります。子どもが持つ気難しい気質（8.5.4 項参照）が親の不適切な養育を招くなど，親子間の影響には双方向性がある可能性もあります。

8.5.3　仲間と観察学習

　親や家族と同様，子どもの発達に大きな影響を与える環境要因は仲間です。保育園に通うようになると，子どもの言動は急速に多様性を増し，豊かになり

ますが，これは，保育者による指導のせいだけでなく，仲間や年長児の言動を
まねるからです。

　子どもの発達において，直接的な賞罰とともに，**観察学習**（observational learning）の果たす役割の重要性を論じたのはアメリカの社会心理学者バンデューラ（Bandura, A.）です。彼の有名な研究は，「ボボ」という名前の等身大の人形を使った実験です。あるグループの子どもたちには，大人がボボを叩いたり蹴ったり，荒っぽく扱う様子を，別のグループの子どもたちにはボボを優しく扱う様子を見せました。次に，その子どもたちは，魅力的な玩具を見せられましたが，遊ぶことは禁じられるという欲求不満状態に置かれました。さらに彼らは，様々の玩具が置かれた別の部屋に連れていかれ，そこで自由に遊んでいいと言われました。ボボに対して攻撃的だった大人を観察した子どもたちには，それを模倣した攻撃的な遊びが多く見られたことから，子どもたちの行動は観察したことによって影響を受けたことがわかります。

　子どもがテレビのヒーローのまねをする様子は日常よく見られます。子どもは自分の周囲の人たちの言動を見て，良くも悪くもそれを学習の手本にしているのです。

8.5.4　気質とその変化

　運動能力だけでなく，精神面にも生得的と思われる特徴はあります。性格の一部にもこれにあたるものがあり，それは**気質**（temperament）と呼ばれます。トマスとチェス（Thomas & Chess, 1977）は，①短気で怒りっぽい，機嫌が悪い，激しく反応するといった**負の情動性**（negative emotionality），②根気強く，集中力があり，我慢できるなどの**自己制御**（self-control），③新奇な状況・人に対して接近するか回避するかを示す**接近／回避傾向**（approach/avoidance; あるいは社交性／抑制）などの3気質を見出しました。

　トマスたちの理論によると，機嫌がよく，我慢強く，社交的で「扱いやすい」子どもは，これに接する大人たちに喜びを与えるので，幼い頃からたくさんの注目を浴び，構ってもらい，世話を焼いてもらうことができます。反対の性質を持つ「気難しい」子どもは，大人たちから敬遠され，罰を受けることも

BOX 8.5　ルソーの『エミール』——児童観の転換と教育原理の進展

　フランスの哲学者ルソー（Rousseau, J-J.；1712-1778）が生きた18世紀のヨーロッパでは，子どもたちは罪深い存在とみなされ，その内なる悪は叩き出さねばならず，少なくとも上流階級では，子どもたちは厳しく鍛えなければならないと信じられていました。ルソーはこれとはまったく別の考えを持っていましたが，当時の人々の誤った児童観を修正するために，2人の架空の子どもたち（エミールとソフィア）が登場する成長の物語を書きました（『エミール』）。この中でルソーは，子どもたちは基本的に善良で，むしろ堕落しているのは大人社会であること，子どもたちが汚されることなく生来の純粋さを保ち，健全な市民感覚を磨くためには，豊富な経験を通して自ら学ぶ必要があるという教育観を披瀝しました。

　ルソーの児童観と教育に対する信念は，その後の教育者たちに大きな影響を与えました。その一人が，**ゲルトルーツ教育法**を提唱したスイスの教育改革者ペスタロッチ（Pestalozzi, J. H.；1746-1827）でした。彼は孤児や貧しい家庭の子どもたちのために学校を設立し，そこで，読み書き能力を高める教育プログラムを実践しました。ペスタロッチに啓発され，幼児教育に情熱を傾けたのはドイツの教育学者フレーベル（Fröbel, F. W. A.；1782-1852）です。彼の功績の一つは幼稚園（Kindergarten）を普及させたことですが，それは，公教育に進む前の幼い子どもたちを対象とした施設で，遊びと対人交流を通して学ぶことに主眼が置かれていました。

　ペスタロッチやフレーベルの教育思想はイタリアの教育学者モンテッソーリ（Montessori, M.；1870-1952）に引き継がれ，さらに大きく展開されることになりました。彼女は，もともとは，障害のある子どもの教育に携わっていましたが，その方法を一般の子どもの教育に応用した**モンテッソーリ教育法**を確立しました。それは，子どもを年齢別に分けて固定的カリキュラムで教えるのではなく，発達段階に応じて個別の環境を整えた上で，子どもの好奇心を刺激して自発性を引き出し，子どもどうしの交流を通して学習が促進されることを目指すものでした。

あります。つまり，子どもが持って生まれた生得的特徴は，それ自身が性格の基礎となるだけでなく，周囲の大人たちが自分を扱う態度に影響を与え，これらを通して間接的にも，自分のパーソナリティ形成を方向づけることになります。

復 習 問 題

1. ピアジェの認知発達説の諸段階をあげ，それぞれの特徴を説明してください。
2. 心の理論とは何か，これを測る課題とともに説明してください。
3. ボウルビィの愛着理論において論じられた安全基地とはどういう意味か説明してください。
4. 親の養育態度と子どもの気質の相互作用とその影響について説明してください。

参 考 図 書

安藤 寿康（2017）.「心は遺伝する」とどうして言えるのか──ふたご研究のロジックとその先へ──　創元社

　発達における遺伝の影響を考える上で，ふたご研究は有益なデータを提供してきました。身体的特徴の遺伝は明らかですが，心も遺伝するのでしょうか？　日本における最大の双子研究プロジェクトを主導する著者が，最新の研究成果に基づいて「心の遺伝」について論じています。

明和 政子（2019）. ヒトの発達の謎を解く──胎児期から人類の未来まで──　筑摩書房

　子どもはいつから，どのようにして心を持つようになり，それはどのように変化していくのでしょうか。生命の誕生，脳の発達などに関する最新の研究成果をもとに，人間の発達の謎をわかりやすく解き明かしていきます。

スレーター，A. M.・クイン，P. C.（編）加藤 弘通・川田 学・伊藤 崇（監訳）（2017）. 発達心理学・再入門──ブレークスルーを生んだ 14 の研究　新曜社

　本章に登場する理論や研究を含め，発達心理学の発展に寄与し，今日も参照され続けている基本的文献を紹介し，それらの理論や研究がどのように生み出され，その後，どのように評価され，受け継がれてきたかを解説しています。

パーソナリティの心理学 9

　会話の中で，「あの人は，人が良過ぎる」とか「意地悪な性格だから」など，他の人の人柄について話題になることがあります。性格検査を受けたという人の話を聞くこともあります。でも，人柄とか性格とか，つまり「パーソナリティ」とは何でしょうか？　また，それはどのようにしたらとらえられるのでしょうか？　「パーソナリティ」という語は，俳優が舞台で被るマスクを意味するラテン語のペルソナに由来します。そのことは，これが人に見せる表の顔に過ぎないことを意味していますが，その裏に隠されたものこそパーソナリティなのではないでしょうか。

9.1　パーソナリティの定義

　アメリカ心理学会の定義によると，パーソナリティ（personality）とは「いかにもあの人らしい」と評されるような，思考，感情，行動における特徴的パターンのことです。パーソナリティは，ある程度持続性があり，行動に一貫した影響を与えるので，個人は状況が違っても類似の行動をとるようになり，その結果，人の行動には「あの人ならこうするだろう」といった予測可能性が生まれます。

　アメリカの心理学者，オルポート（Allport, G. W.；1897-1967）は，1920 年代，パーソナリティをテーマとする講義をハーバード大学において初めて行いました。講義題目は「パーソナリティ，その心理的・社会的諸側面」というもので，その内容は，どうしたら個々人の人柄を理解できるかに焦点を当てたものでした（個性記述的アプローチ（idiographic approach））。彼の講義や著作

は，心理学におけるパーソナリティ研究を盛んにするものとなりました。

　以下，パーソナリティを理解するために心理学者たちが取り組んできた多様なアプローチを，類型論，特性論，精神力動論，認知行動論，人間性心理学論に分けて，主要な理論を紹介します。

9.2　類型論

　類型論（typology）とは，パーソナリティにはいくつかのタイプがあり，これによって人々をグループ分けすることができるという考え方です。古代ギリシャの医学者，ヒポクラテス（Hippocrates）は，人のパーソナリティは体質の違いに基づくと考えました。彼は，人の体には**黄胆汁，血液，黒胆汁，粘液**の4種類の体液があり，それらの水準によって性格の違いが生じると論じました。第2章で述べたように，黄胆汁過剰な人は短気で衝動的，血液過剰な人は陽気で朗らか，黒胆汁過剰な人は抑うつ的，粘液過剰な人はのんきで寛大といった性格を持つとされています。パーソナリティのうち，体質に由来する側面は**気質**（temperament）と呼ばれます。ヒポクラテスの**気質論**はヨーロッパの医学と芸術に何世紀にもわたって影響を与えました。

　近代の気質類型論としては，ドイツの精神医学者クレッチマー（Kretschmer, E.）のものがあります。1920年代，彼は精神科患者には疾患によって特有の病前性格があり，しかも体型にも特徴があることに気づきました。そこから人の体型と性格を結びつけた気質類型論を提起しました。**肥満型**の人は気分屋で感情の浮き沈みが激しく（**躁うつ気質**），**痩身型**の人は内気で自分の世界に閉じこもりがち（**分裂気質**），**筋骨型**の人は几帳面で粘り強い（**粘着気質**）とされました。また，シェルドン（Sheldon, W. H.；1898-1977）は，こうした体型・気質の違いは，胎生期における3種類の胚葉（外胚葉，内胚葉，中胚葉）の発育バランスの違いに由来すると論じました。

　ところで，本節で取り上げた気質類型論は，心理的特性の違いが体質などの身体的基盤を持つとしたことから，パーソナリティの生物学理論ともいえます。次に述べる特性論の中にも生物学理論があります。

BOX 9.1	ユングの類型論

　ユング（Jung, C. G.）は，ブロイラー（Bleuler, E.；1857–1939）の助手として働きながら精神科医としての訓練を受けました。彼は，早発性痴呆にかかった患者が自分自身の内部に引きこもるのに対して（**内向性**），ヒステリー患者は他者と接触し続けようとすること（**外向性**）を見出しました。ユングはフロイトと共同研究を行い，国際精神分析学会の初代会長にもなりましたが，その後に袂をわかち，人の心は意識，**個人的無意識**，**集合的無意識**からなるという**分析心理学**（analytic psychology）を打ち立てました。

　彼は内向性・外向性の概念を発展させ，これに感覚／直感（非合理的プロセス），思考／感情（合理的プロセス）の2次元を加え，3次元の組合せによるパーソナリティの8類型を提案しました。ブリッグス（Briggs, K. C.）たちがこれを測定する**マイヤーズ–ブリッグス・タイプ指標**（Myers-Briggs Type Indicator; MBTI）を開発しました。

9.3 特性論

　類型論は，今日でも，精神医学においてパーソナリティ障害の記述などに見られますが，測定と実証を重視する心理学では，1940年代，**特性論**（trait theory）が台頭し，これにとって代わりました。現代の主要な特性論は以下に述べる3つで，それらの理論に基づいて作られた心理検査も世界中で使われています。

　人のパーソナリティは複雑ですが，丸いスイカを包丁で切って中身を確かめるときのように，パーソナリティについても様々な面を切り取って，それがどうなっているかを見るやり方があります。この切り取った面を**パーソナリティ特性**（personality trait）あるいはパーソナリティ次元といいます。切断面は無数にありうるので，特性や次元も無数にあることになりますが，その中で，誰もが持っているけれども，ただ程度が違うというものを共通特性といいます。こうした共通特性を使えば，人と人の違いを比較することができ，その程度の

違いを測定することもできます。

9.3.1　キャッテルの 16 パーソナリティ因子

　キャッテル（Cattell, R. B.；1905-1998）はイギリスで生まれ，ロンドン大学で学位を取得しましたが，その後は主にアメリカの大学で教鞭をとりました。1949 年，彼は大サンプルを使ったパーソナリティ測定を行い，170 以上のパーソナリティ特性を見出しました。次に彼は，当時最先端の統計技法であった**因子分析**（factor analysis）を駆使し，類似性によって特性を整理し，核となる基本特性を抽出しました。その結果見出されたのが，親近性，適応性（衝動性），支配性，自立性など 16 個のパーソナリティ次元です。

　キャッテルはそれらが本当に基本特性であるなら，他の種類のデータ，例えば，自動車事故の回数とか，参加しているクラブ数などの日常活動データ，あるいは客観的な行動検査データとも関連するであろうと考えました。そのため

BOX 9.2　パーソナリティ研究の辞書アプローチ

　国語辞典には，「優しい」とか「意地悪」とか，人の性格を表す形容詞がたくさん載っています。これを全部調べ上げて分類したら，パーソナリティ特性が浮かび上がるのではないでしょうか。実際に，このように考えた研究者たちがいました。これは**辞書アプローチ**（lexical approach）と呼ばれる方法です。言語は長い時間をかけて文化の中で発達したものなので，その中には，人々が互いを理解するために必要なあらゆる情報が含まれています。1884 年，そう考えたゴールトン（Galton, F.）は，国語辞典から 1,000 以上もの性格関連語を拾い集めました。オルポートはこの事業を継承し，1936 年，4,505 個の特性語リストを作りました。オルポートにとって，これらの特性語は，一人ひとり異なる「個性」というものを理解するために必要なデータベースでした。キャッテルも辞書アプローチをとりましたが，集めた特性語の使い方は違っていました。彼はそこから，すべての人が共有にもつ基本特性を見つけようとしました。彼は因子分析と呼ばれる統計的手法を用いて，16 個の基本特性を見出しました。

に彼が用いた一つの行動検査に，落ち着きのなさを測定する**フィジェット**（fid-
get；そわそわする）・**メーター**というものがあります。これは椅子に電気スイ
ッチを取りつけ，腰かけた人の動きを記録する装置です。

　こうした研究を通してキャッテルは 16 個のパーソナリティ特性の妥当性や
信頼性を確認し，その結果に基づいて，これらを測定する心理検査である
16PF 人格検査（16 Personality Factor Questionnaire）を開発しました。この
検査では，受検者は母集団と比較して高いか低いかなどの得点が与えられます。
16 個の特性次元上にそれらの得点をプロットしてみると，受検者の個性がか
なりよく把握できます。

9.3.2　アイゼンクの 3 次元説

　キャッテルとほぼ同時期，アイゼンク（Eysenck, H. J.；1916-1997）も基本
的パーソナリティ次元を見出す試みに着手していました。彼は，第 2 次世界大
戦中，ロンドンのモーズレイ病院で精神科患者の治療にあたっていましたが，
そこで神経症傾向を測定する尺度の開発を手がけました。彼は後にこれに外向
性／内向性次元を追加し，**モーズレイ性格検査**（Maudsley Personality
Inventory; MPI）となりました。

　アイゼンクはその後もパーソナリティ特性の研究を続け，MPI の改訂を繰
り返しましたが，最終的には第 3 次元の精神病傾向を追加して**アイゼンク性格
検査**（Eysenck Personality Questionnaire; EPQ）となりました。

・**内向性―外向性**（introversion-extroversion）……内向的な人は，自分の内的
経験に囚われているので，物静かで抑制的，内気です。外向的な人は，自分の
エネルギーを他者とか環境などの外部に向けるので，積極的かつ社交的です。

・**神経症傾向―情緒安定性**（neuroticism-emotional stability）……これは気分が
安定しているかどうかを表す次元で，神経症傾向の人は，動揺しやすく，かっ
となったり，反対に落ち込んだり，感情的になりやすい傾向を持ちます。一方，
情緒安定的な人は自分の感情（特に負の感情）をある程度コントロールして，
精神的安定を保つことができます。

・**精神病傾向**（psychoticism）……これは，独善的，非協調的で，人と打ち解

けないなどの特性です。この特性が強い人は，自分の信念や価値観に固執し，攻撃的になるなど，社会不適応になりやすい傾向があります。

　EPQ を仕上げていく際，アイゼンクも因子分析を多用しましたが，人間の個性を決める基本特性とは何だろうかという疑問を持つきっかけとなったのは，精神病院での臨床経験でした。このため，彼が注目した3特性はいずれも，人付き合いや社会適応に深く関わるものでしたが，辞書アプローチから始めたキャッテルのモデルにはそうした特徴は見られません。

　アイゼンクは，また，これらの3特性がそれぞれ異なる生物学的システムに基盤があると仮定していました。この点で，彼のパーソナリティ理論も生物学理論といえます。

　神経症傾向は，呼吸，消化，心拍などを含む身体機能全般を不随意的に制御するはたらきを持つ**自律神経系**（Autonomic Nervous System; ANS）の過敏さから生じます。この特性の強い人は，内外の環境的変化に対して過敏に反応する易動性の ANS を持ちます。**内向性―外向性**は**中枢神経系**（Central Nervous System; CNS）の覚醒水準と関係があります。外向的な人は低覚醒状態になりやすく，これを改善し覚醒を高めるため，積極的に活動を行おうとしますが，内向的な人は慢性的に過剰覚醒なので，むしろこれを抑えるために穏やかな環境を求めます。第3次元の**精神病傾向**は男性ホルモン（アンドロゲン）の水準と関係づけられています。アンドロゲン水準の高い人は攻撃的であるとされて

BOX 9.3　ライ・スケール

　質問項目からなるパーソナリティ検査では，被検者が正直に回答して初めて正しい測定が行われます。しかし，誰にも自分を良く見せようと思う虚栄心はあり，これが強いと，検査結果は信頼できないものとなります。そこで，この虚偽回答傾向の強さを測る工夫が EPQ に採用されました。それは，「あなたが持つ生活習慣はすべて良いもので望ましいものですか？」などの項目からなる**ライ・スケール**（Lie Scale；**虚偽尺度**）と呼ばれるもので，これはその後，多くのパーソナリティ尺度に採用されることになりました。

います。

9.3.3　5因子モデル──ビッグ・ファイブ

　個人のパーソナリティを構成する特性は、理論的にはほぼ無限にありますが、社会生活の中で、人柄や性格が話題となる場面はある程度限られています。人とよくトラブルを起こして周りから嫌われる人がいる反面、誰からも好かれるという人がいます。また、専門的知識や技能が優れてさえいれば、仕事のできる有能な人になれるのでしょうか。異性に人気のある人というのは、外見が良いだけの人なのでしょうか。こうしたことを考えるとき、私たちの目は人々のパーソナリティの違いに向けられています。

　心理療法家やカウンセラーなどの心理専門職は、適応障害や問題行動を起こしている人たちを支援するために、当人のパーソナリティを正しく理解する必要があります。日常の社会生活でも、また専門的支援の場でも、人々のパーソナリティの違いをとらえ、それぞれの個性を理解するためには、どのような特性を取り出して、比較検討したらよいのでしょうか。

　多くの心理学者たちは、こうした実用的な見地からすると、キャッテルが提案した16次元では多過ぎるし、アイゼンクの3次元では少な過ぎると感じていました。これがパーソナリティ特性に対する5因子アプローチ、あるいは**ビッグ・ファイブ**（Big Five）と呼ばれる理論と研究の領域を発展させました。

1.　ビッグ・ファイブの誕生

　最初の5因子モデルは1940年代後半、米国退役軍人管理局で臨床訓練候補者のスクリーニングにあたっていたフィスク（Fiske, D. W.）によって提起されました。管理局では、従来、短縮版16PF人格検査が使われていたのですが、データに対して因子分析を実施すると、説明力の高い5次元が浮き上がりました。その後、別の米軍関係施設で働いていた研究者からも類似の報告が続きましたが、当初、これらの知見はあまり注目されませんでした。

　状況が変化したのは、コンピュータの発達によって性格検査の因子構造が簡単に調べられるようになってからです。1980年代、様々の研究者からパーソナリティ**5因子モデル**（five-factor model of personality）が提案され（例えば、

表 9.1　ビッグ・ファイブの特性

特性	特徴
開放性 (openness)	新しい経験，新しい見方・価値観に対してどれくらい寛容か，考え方や発想がどれくらい新奇で創造的か，また，決まりきったルーティンよりも柔軟なやり方を好む程度などを表します。
誠実性 (conscientiousness)	まじめで堅実である程度，計画的で責任のある行動をとるかどうかを表します。
外向性 (extroversion)	何事にも積極的で，人付き合いにおいては社交的，おしゃべり好きなどの特徴を表します。
協調性 (agreeableness)	人に優しく，温和で，協力的な性質を表し，反対は敵対的，疑い深いなどです
神経症傾向（neuroticism)／情緒不安定性 (emotional instability)	すぐに落ち込むとか不安が強いなどの情緒不安定さとともに，怒りや抑うつなど負の感情を経験しやすい傾向です。

ノーマン（Norman, W. T.）やゴールドバーグ（Goldberg, L. R.）によるものなど），検査もいくつか作られました。それらの中で，1985 年，アメリカの心理学者コスタ（Costa, P. T. Jr.）とマックレー（McCrae, R. R.）が作った NEO-PI-R という性格検査が，今日，最もよく使われています。これによって測られる 5 特性を表 9.1 に示します。

　NEO-PI-R は 240 項目からなる比較的大きな検査ですが，40 項目しかないビッグ・ファイブ・ミニ・マーカー（Big Five Mini-Markers）のような手軽な検査もあります（Saucier, 2010）。ビッグ・ファイブを測る検査の内的整合性（internal consistency）はおおむね 0.7 以上なので，信頼性は高いといえます。

2.　ビッグ・ファイブは実体か？

　ビッグ・ファイブは英語圏で提案され，これを測定する尺度も，主として英語圏で検討されてきました。しかし，現在では，日本を含め他の文化圏でも同様のパーソナリティ 5 因子構造が存在することが確認され，ビッグ・ファイブ検査は世界中で広く使われています。

　ビッグ・ファイブはさらに，人間という種の壁を越えて，他の動物種にも見

られるとの指摘もあります。キングたち（King & Figueredo, 1997）は，動物園の管理者に担当するチンパンジーを評定させ，その個体差がビッグ・ファイブ次元上に分布することを見出しました。類似の知見はイヌの飼い主を対象にした研究でも得られています。しかし，こうした動物研究の結果は，ビッグ・ファイブに対応する個性がチンパンジーやイヌの間に実際に存在するというよりも，人間の側の見方，すなわち，人の認知の枠組みではないかという疑問を提起するものです。

　別の例ですが，新しい職場に通うようになったり，転居して見ず知らずの地域に住むようになったりすると，周りの人たちがどんな人たちか気になります。その人たち次第で自分の生活が快適になったり憂うつになったりするからです。「近所の人たちが，親切で温かい人たちだといいが（協調性）」「同僚は，責任感があって信頼できる人であってほしい（誠実性）」「すぐにかっとなるとか，予測不能な反応をする人は嫌だな（神経症傾向）」といったことが気になります。こうした関心事はおおむねビッグ・ファイブに対応します。

　この例は，ビッグ・ファイブとは，私たちが人付き合いの中で特に関心の強い側面に注目したものだということを示唆しています。辞書アプローチから生まれた16パーソナリティ因子も，実体として存在するパーソナリティ特性というよりは，人々が互いを理解し合うために発展させてきた認知の枠組みを抽出したものだったのかもしれません。人の個性はたぶんもっと複雑なのでしょうが，人付き合いあるいは社会適応という観点から——大げさに表現すれば，生存上——人々にとって特に関心の高い特性に注目したものが16パーソナリティ因子であり，ビッグ・ファイブであり，そしてアイゼンクの3次元であったと思われます。

9.4　精神力動論

　心というものを構成する諸要素の中で，特に強い力で人を動かすのは欲望や感情です。これに焦点を当て，個人がそれらにどのように対処するかを論じてきたのが**精神力動論**（psychodynamic theory）です。この視点からすると，パ

ーソナリティとはそうした内的力動のあり方の個人的パターンということになります。精神力動論の代表的理論は，オーストリアの精神医学者フロイト（Freud, S.）によって創始された精神分析学です（第2章参照）。これは，精神力動の中でも無意識のはたらきをとりわけ強調するものでした。

9.4.1　心の三分説

フロイトの理論によると，人の心は3つの異なる機能体から構成されます。それは，イド，自我，超自我で，これらは発達の異なる段階で生じますが，それらは互いに対立し，また妥協し合って個人の心の持ち方を決め，行動を決定します（図9.1）。これら3機能体間のバランス，その組合せの違いが個性，つまりパーソナリティを形成します。

1. イド

これは人の心の原始的・本能的な成分で，食料，水，セックス，その他に対する基本的欲求を含み，これらを充足するよう人を動機づけます。それらは生物学的起源を持ち，即座の充足を求めるなど，抗いがたい**衝動**（impulse）として個人を突き動かします。その性質は**快感原則**（pleasure principle）と呼ばれます。

2. 自我

これは本能的なイドを制御しようとする心のはたらきです。それはイドの快感原則とは対照的に，状況判断を優先した**現実原則**（reality principle）に従っ

図 9.1　フロイトの心の三分説

BOX 9.4	フロイトとナチス

　フロイトは，1856年，ユダヤ人を両親としてオーストリアに生まれました。彼が構築した精神分析学は，無意識に焦点を当てた人の心の仕組みに関する画期的な理論モデルでしたが，同時に，患者と治療者の対話を通して精神病理の治療を目指す臨床技法でもありました。フロイトは，1881年，ウィーン大学で医学博士を得ましたが，1886年，勤務していた病院を辞めて，ウィーンで神経症専門医院を開業しました。大学を離れても彼は研究を続け，臨床経験をもとに精神分析学を樹立し，多くの著書や論文を通して学界の内外にこれを広めました。

　1933年，ヒトラー率いる**ナチス・ドイツ**はフロイトの著書の多くを，彼がユダヤ人であること，また，セックスを強調する内容が非道徳的であるとして，他の多くの著者の本とともに焚書の対象にしました。ドイツがオーストリアを併合した直後，フロイトは妻と娘（アンナ・フロイト（Anna Freud））を連れてロンドンに移り住みました。彼はヘビー・スモーカーであったためか，顎のガンを発症し，何度も繰返し手術を受けましたが，1939年，死去しました。

て意思決定します。イドの欲求をかなえるにしても，その後のことを考え，不利益が生じないよう現実的なやり方で対処しようとします。例えば，勤務中に空腹感を感じても，その場でお弁当を開くのではなく休憩時間まで待つとか，イドの欲求充足を遅延させ，社会的に受け入れられるような時や場所を選んで，安全な欲求充足行動に向かわせます。

3. 超自我

　これは，道徳心・倫理観，あるいは理想などで，「～すべきである」として，自分自身の心の持ち方を規制します。超自我は，自己の内なる監視者で**良心**（conscience）にあたります。子どもが親など大人の価値観や道徳を取り入れることによって形成されたもので，個人がこれに背く欲望や考えを抱くと罪悪感を喚起して，それを抑制するはたらきがあります。

9.4.2　防衛機制

　フロイトによれば，イド，自我，超自我という心の3成分は，その基本的性向の違いから常に**葛藤状態**にあり，個人の意思決定と行動の主導権をめぐってしのぎを削っています。自分自身で受け入れられない欲望や感情が心の中で強まると，自我対超自我，あるいはイド対自我の対立が先鋭化し，不安や罪悪感のために心の安定は甚だしく脅かされます。こうした際，内的葛藤を調整し，心の安寧を維持するために，人はしばしば**防衛機制**（defense mechanism）と呼ばれる心の操作を用いることがあります。慢性的に特定の防衛機制を使う人には，これを反映した特有の性格傾向が見られます。

　防衛機制は一種の自己欺瞞ですが，心の安寧を保つために誰もが用いているものです。また，それは，通常，無意識にはたらくので，たいてい当人も気づきません。フロイトの娘アンナ・フロイト（Anna Freud）は，1936年，父親の多くの著作の中で論じられた防衛機制を数え上げ，それらの分類を試みました。以下は，その主なものです。

・**抑圧**（repression）……不快な思考，記憶，感情を意識の外に排除し，心の中にはないものとみなそうとすること。

・**投影**（projection）……自分自身では受け入れがたい思考や感情を，それが誰か他の人の側にあるものとみなすこと。

・**反動形成**（reaction formation）……自分自身では受け入れがたいと思っている思考や感情から心理的距離を保とうとして，それとは正反対の行動をとること。

・**合理化**（rationalization）……受け入れがたい行動，思考，感情を認めざるを得ないとき，それが正当なものであると，こじつけめいた説明をして，自分自身を納得させること。

・**置き換え**（displacement）……ある人物や事象に対して抱いた感情や欲望を，他の類似のものにも転移させること。

・**否認**（denial）……他の人から見ると隠しようがない事柄なのに，自分自身ではそれを認めることを拒否すること。

・**退行**（regression）……辛い経験をしたことをきっかけに，快適で安心でき

る精神発達の前段階，未熟な状態に戻ること。

・**昇華**（sublimation）……自分自身では受け入れがたい思考や感情を，社会的により受容可能な形で表現すること。

9.4.3 他の精神力動論者たち

フロイトの精神分析を学び，そこから独自の精神力動論を発展させ，その後のパーソナリティ研究に大きな影響を与えた心理学者も少なくありません。例えば，乳幼児の心理を基本的不安とその克服という観点から分析したホーナィ（Horney, K. ; 1885-1952）の理論は，その後，ボウルビィ（Bowlby, J.）の**愛着理論**へと発展しました（第8章参照）。

青年期心理の理解に貢献したのはエリクソン（Erikson, E. H. ; 1902-1994）です。彼はパーソナリティ発達に社会的枠組みを導入し，特に青年期における**アイデンティティの危機**（identity crisis）論などが注目されました。

ユング（Jung, C. G.）は，個人の無意識には人という種の全経験と知識が貯め込まれているという**集合的無意識論**を展開し，また，**影**（受容できない暗い部分），**アニマ・アニムス**（心の中の異性像），**老賢人**（知恵のある男性像）など，個人のパーソナリティの深層を分析するための多くの比喩的概念を考案しました。

フロイトが利己的人間観に基づく精神力動を論じたのに対して，アドラー（Adler, A.）は，個人の中にある社会的関心（共同体感覚）や**自己向上的動機づけ**（**劣等感克服**）を強調し，現代の**ポジティブ心理学**（positive psychology）に近いパーソナリティ理論を展開しました。

9.5 認知行動理論

パーソナリティの形成において学習を強調する立場は**行動主義**（第1章参照）と呼ばれます。問題を解決し，利益（正の結果）をもたらす行動は強められますが，役に立たないか，むしろ有害だった（負の結果の）行動は弱められます。これは**効果の法則**と呼ばれ，それはパーソナリティ形成にも当てはまり

ます。例えば，泣き叫び暴れ回ると家族が言いなりになり，結局は自分の思い通りになるということを繰返し経験してきた子どもは，攻撃的な性格になりがちです（Patterson, 1982）。

　人は自分が直接経験した出来事以外からも学びます。他の人が成功した様子を見るとそのまねをし，逆に，失敗した様子を見たらそれはやめようとします。これを観察学習あるいはモデリング（modeling；手本にする）といいます。つまり，周囲の人たちの行動は，個人の行動の仕方，つまりパーソナリティ形成にも影響を与えます。「朱に交われば赤くなる」といわれますが，周囲から受ける影響の一つはこうした観察学習です。

　行動主義のリーダーの一人，アメリカの心理学者スキナー（Skinner, B. F.；図 5.2 参照）は，パーソナリティを形成するのは環境なので，環境を変えることによって人のパーソナリティを変えることができると主張しました。そこから，問題行動を改善する行動療法（behavior therapy, behavioral psychotherapy）が生まれました。彼の主張は，パーソナリティを変化させるには，まず内的自己を変えなければならないという人間性心理学者の見解とは正反対のものです。

　現代の心理学では，こうした環境からの影響は認知によって媒介されるという見方が主流です。この立場の代表的理論家は，アメリカの心理学者バンデューラ（Bandura, A.）です。認知とは，思考，判断，期待など，人の心の中で行われる情報処理プロセスのことです（第 4 章参照）。実は，上で取り上げた観察学習にはすでにこれが含まれていました。他の人が成功したり失敗する様子を見ると，観察者の心の中には「ああしたら，こうなる」という期待や予測が形成され，こうした認知が観察者の行動を促したり，抑制したりするからです。

　認知行動理論（cognitive behavioral theory）という名称は，人が環境から行動の仕方を学習する際には，ほとんど常にこうした認知プロセスがはたらいていることを意味しています。特に，他者の行動に関する情報処理は社会的認知（social cognition）と呼ばれますが，子どもは家族や学校など社会的環境の中で育つことから，パーソナリティ形成における社会的認知の重要性がわかりま

す。

9.6　人間性心理学論

　行動理論がパーソナリティ形成に対する（物理的であれ社会的であれ）外的環境の影響を重視したのに対して，個人の自由意志や内発性を重視したのが**人間性心理学論**（humanistic psychology theory）です。ロジャーズ（Rogers, C. R.）やマズロー（Maslow, A. H.）といった人間性心理学者たちは，行動主義だけでなく，精神力動論に対しても否定的でしたが，それは，これらの理論が，人間を他の動物たちから区別する独自のもの，すなわち，自己決定や**自己実現**への志向性を無視していると感じたからでした。

　人間性心理学論においては，個人は自分自身の人生に対して責任があり，また自分自身の態度や行動を変える自由があり，その意志を実現する力があると信じられています。個人は自分の生い立ちや過去からの影響だけでなく，自分に与えられた生物学的制約をも乗り越えることもできるとされています。

BOX 9.5　健康なパーソナリティ

　マズローは，精神的に健康な人とは自己実現に取り組んでいる人であると考え，多くの成功した著名人について調査を行い，彼らのパーソナリティと生活スタイルを明らかにしようとしました。その結果からマズローは，自己実現している人たち，それゆえ，**健康なパーソナリティ**を持つと思われる人たちに共通に見られる特徴として，下記のような項目をあげています。

- 自分自身を理解し，受け入れている。
- 開放的で自発的。
- 仕事を楽しみ，それを天職とみなしている。
- 親密な交友関係を持っているが，過剰に依存しない。
- ユーモアのセンスがある。
- スピリチュアルな，あるいは感動を伴うピーク経験を持っていることが多い。

9.6.1　自己実現への志向

マズローの理論は**欲求階層説**として知られていますが（第 7 章参照），彼の構想した欲求階層の最上位には自己実現への欲求が置かれています。これは，自分の潜在能力を最大限に発揮し，その可能性を実現したいとする欲求ですが，ただし，下位の基本的欲求が満たされて初めてそれは活性化されるものとされていました。このことから，条件に恵まれた一部の人しか自己実現に取り組むことはできないのではないかという解釈も成り立ちますが，マズローはむしろ，すべての人にその可能性が開かれている点を強調しました。「人は自分自身の本性に忠実でなければならない。この欲求が自己実現と呼ばれるものである」（Maslow, 1954 小口訳 1987）という彼の言葉がそのことを意味しています。

9.6.2　パーソン中心理論

もう一人の影響力の大きな人間性心理学者は，**パーソン中心理論**（person-centered theory）の提唱者であるアメリカの臨床心理学者ロジャーズです。ロジャーズは臨床的事例分析を進めながら人間性心理学論を発展させましたが，それは，パーソナリティにおける**自己概念**（self-concept）の役割を強調するものでした。自己概念とは，自分が何者で，どんな価値観を持ち，どんな人間になりたいかなどに関する自分自身の認識です。これこそが個人のパーソナリティの中核となるものであり，良かれ悪しかれ，その人らしさを生み出すものです。自己概念には個人が自分について抱くすべての思考，感情，信念が含まれています。

仕事や人間関係で悩んだときなど，人は「何で自分はこうなんだろうか」と自分自身を振り返り，自己概念を意識しますが，それは多少とも歪んでおり，現実の自己には一致しません。ロジャーズはこの状態を**不一致**（incongruence）と呼びました。悩みが深く，自己概念が脅かされたときほど不一致は大きくなり，これに伴って不安が発生します。この不安から自分自身を守るために，時には自己概念に一致するように経験を歪めて認知することもあります。例えば，社会的には十分に成功し，人から尊敬されている人が，自分自身では強い挫折感を抱いていたり，自分を敗残者とみなしていることがあります。現

実が自分自身に対する見方と不一致なのです。自己像と現実のギャップが大きくなるにつれて不安が強まり，心の病をきたすこともあります。

　そんなとき，他の人がどんなに「あなたは十分成功している」と言ってもその人の苦悩を取り除くことはできません。歪んだ自己像を修正しないことには内的不一致を解消することはできないからです。しかしロジャーズは，人にはすべて**自己修正能力**が備わっていると主張します。親しい人から，その悩みを含めて丸ごと受け止めてもらえ，一人の人間として**尊重**（respect）されるなら，本来備わっている健全な志向性が再生され，現実を直視して自己を修正できるというのです。カウンセラーの役割は，こうした個人の自己修正能力を信じ，それが自然に動き出すまで，**無条件の肯定的関心**（unconditional positive regard）を持って寄りそうことであるというのが彼の**クライエント中心療法**（client-centered therapy）の支援原理です。

復 習 問 題

1. アイゼンクのパーソナリティ特性論を，彼が作った性格検査を含めて説明してください。

2. フロイトが論じた心の3つの機能体とは何か。それぞれの特徴を説明してください。

3. 認知行動理論の中で，パーソナリティ形成はどのように考えられているか説明してください。

4. ロジャーズの理論において不一致とは何を指すのか，また，それを解消するには何が必要とされているかなどを説明してください。

参 考 図 書

榎本 博明・安藤 寿康・堀毛 一也（2009）．パーソナリティ心理学——人間科学，
　　自然科学，社会科学のクロスロード——　有斐閣

　　人間の心理・行動における個性や個人差のメカニズムついて，人間科学（自己論や物語論），自然科学（遺伝・進化理論や神経科学），社会科学（相互作用論や社会的認知理論）の3つのアプローチから解き明かします。

中山 元（2015）．フロイト入門　筑摩書房

　　無意識概念と精神分析という心の分析方法を発見したフロイトを思想的革命家とみなし，その理論の生成過程と展開を解き明かそうとする刺激的入門書です。

佐治 守夫・飯長 喜一郎（編）（2011）．ロジャーズ　クライエント中心療法　新版
　　——カウンセリングの核心を学ぶ——　有斐閣

　　ロジャーズの生涯，クライエント中心療法の全体像と核心をつかめる入門書。ロジャーズの死後明らかになったその多面的人間像，クライエント中心療法の最新動向など，新しい知見を踏まえて新版化されました。

社会心理学

10

　人は一生のほとんどを，家族，学校，職場，地域など他の人たちとの関わりの中で過ごします。社会生活は人の暮らしの大半を占めるので，人がそこで何を考え，どのように行動するかは心理学の重要な関心事です。ヴント（Wundt, W. M.）は個人の意識経験を実験的内省法によって分析しようとしましたが，しかし言語，慣習，宗教，芸術など文化的影響の強い社会事象はこの方法では解明できないであろうと考え，民族心理学（folk psychology）と彼が呼ぶ新しい研究領域が必要であると唱えました。現代の社会心理学は両者のアプローチ，すなわち実験心理学と文化心理学（cultural psychology）を融合させながら，発展してきました。

10.1　社会的影響

　社会心理学の基本的問いは，他の人が周りにいるときと一人でいるときとでは，人間の心理と行動がどのように違うかということです。自分の意見や行動が周りの人から影響されたという経験は誰にでもあるでしょう。**社会的影響**（social influence）は社会生活の広範な領域に及ぶので，本章で扱うトピックのほとんどすべてに関連します。中でも典型的現象は，以下に述べる社会的促進と社会的抑制です。

10.1.1　社会的促進と社会的抑制

　勉強や仕事をする際，友達や同僚と一緒にするほうが緊張を保てるとか意欲が高まるとかの理由で，作業がはかどることがあります。このように，他の人

がそばにいることによって作業成績が上がることを**社会的促進**（social facilitation）といいます。この現象は，1898 年，アメリカの心理学者トリプレット（Triplett, N.）によって発見されました。彼は，自転車競技の選手が，1 人で走るよりも他の選手と一緒に走るほうがタイムは良くなることを見出しました。これは**共行為者効果**（co-actor effect）と呼ばれる現象ですが，選手ではなく観衆がいるだけでも促進は起こります（**観衆効果**（audience effect））。共行為者に対しては負けたくないという競争心から，観衆に対しては賞賛を得たいとか嘲笑されたくないなどの評価懸念から，意欲が高まることが課題行為を促進するとされています。

　しかし反対に，他者の存在が課題遂行を妨害することもあります（**社会的抑制**（social inhibition））。大観衆の前で緊張のあまり実力が発揮できないアスリートなどがその例です。勉強や仕事でも，他の人がいると気が散って集中できないという人もいます。このように，他者の存在が，あるときは作業促進をもたらし，別のときは抑制をもたらすなど，正反対の影響が生じるのはなぜでしょうか。

　1968 年にザイアンス（Zajonc, R. B.）が提起した**活性化理論**（activation theory）によると，促進か抑制かは**課題困難度**（あるいは熟練度）によって左右されます。他者の存在は覚醒を高め，それは，単純なあるいは熟練した作業（優位反応）の場合には，高まった動機づけが作業効率の上昇をもたらします。しかし，複雑だったり不慣れな課題では（非優位反応），失敗するのでないか

BOX 10.1	ザイアンスのゴキブリ

　1969 年，ザイアンスはゴキブリにも観衆効果があることを発見したと報告しました。彼はゴキブリを迷路に入れ，どれくらいそれを早く通り抜けられるかを測定しました。すると，他のゴキブリがいるところでは，やさしい迷路に取り組むと成績は良くなりましたが，難しい迷路では逆に成績が悪くなりました。ザイアンスは，こうした反応パターンは非常に基本的なもので，広範な動物種に見られるであろうと主張しています。

との不安や過緊張のために集中が妨げられ，作業成績が悪くなります。こうした社会的促進と抑制は動物にも見られるようです（**BOX 10.1** 参照）。

10.1.2　社会的手抜き

　社会的抑制には別のメカニズムもあります。**社会的手抜き**（social loafing）とは，1人でやるよりも集団でやるほうが作業参加者は努力をしなくなる，つまり動機づけが低くなるという現象です。最初の学術的報告は，1913 年，フランスの農学者リンゲルマン（Ringelmann, M.）によるものでした。集団あるいは個人で綱引きをさせ，参加者一人あたりの綱を引く強さを測定したところ，個人よりも集団のときのほうが一人あたりの値は低くなったのです。自分一人が頑張っても集団成績にはあまり影響しないのではないかと参加者たちが考えると社会的手抜きが生じやすくなります。こうした関与度の低下は大集団ほど生じやすく，その結果，手抜きも多くなります。これは**リンゲルマン効果**（Ringelmann effect）と呼ばれます。

10.2　態度と態度変化

　どの国も，環境破壊，差別，犯罪，虐待，いじめなど多くの社会問題を抱えています。それらの解決のために心理学の知見を活かそうという試みも熱心に行われてきましたが，このために社会心理学者たちが取り組んできた一つのアプローチは態度研究です。

　環境保護のためにゴミの分別に手間を惜しまない人がいる一方で，地球温暖化はフェイク・ニュースだとして，これを無視する人たちもいます。家族のあり方に関する考え方の違いから，子どもに対して強権的に臨む親がいる一方で，放任的な子育てをする親もいます。ある対象（環境保護とか育児）に対する人の対応の違いは，各人が心の中で持っているその対象に対する価値観，評価，好悪など，個人の**態度**（attitude）を反映していると考えられます。

10.2.1 態度成分とその測定

研究者たちによると，態度は次の3成分からなります。

• **感情的成分**……対象に関する個人の感情（例えば，「私は，自国の歴史的遺産を誇りに思う」「私は，外国人は嫌いだ」など）。

• **認知的成分**……対象に関する個人の知識内容や評価（例えば，「歴史的遺産は人類にとって大切なものである」「外国人は信用できない」など）。

• **行動的成分**……対象に対する行動反応（例えば，「歴史的遺産の保護活動に寄付をする」「外国人排斥を主張する選挙候補者に投票する」など）。ただし，態度は内的体制なのだから，行動は態度には含まれないという考え方もあります。

態度の強さはこれら3成分を測定することによって推測されます。行動は直接観察できますが，感情的成分や認知的成分の測定では質問項目などの心理テストを使って当人に直接・間接に尋ねる方法が用いられます。感情については心拍など生理的変化を見ることによってもある程度推測可能です。

これら3成分は常に連動しているとは限りません。ある対象に対して嫌悪感を持っていても行動には出ないことがあります。心の中に拮抗する気持ちを持っているとか，あるいは社会的配慮から本心を隠したいときなどは特にそうです。

10.2.2 態度と行動の不一致

社会問題に対する人々の行動反応を測定し，不適切な場合にはこれを変化させようとして態度研究は始まりましたが，上で述べたように，態度成分間にはしばしば不一致があり，態度（認知成分や感情成分）と行動が一致しないこともよくあります。**BOX 10.2** はその実例です。

実験や調査を含め，もっと厳密な方法で実施された態度研究を数多くレビューし，**メタ分析**（meta-analysis）を行ったウィッカー（Wicker, 1969）によると，態度と行動の間には $r=.3$ 程度の弱い相関しか認められませんでした。このことは，態度と行動は一致しない場合が多いことを意味しています。

近年，態度の測定が進化し，当人が意識していない深層レベルの態度を調べ

| BOX 10.2 | ラピエールによる態度の社会実験 |

　1920年代のことですが，東洋からの移住労働者が多かったアメリカ西海岸では人種差別がしばしば見られました。社会学者のラピエール（LaPiere, R. T.）は実態を見るために，2人の若い東洋人同僚とこの地域のホテルを泊まり歩きました。電話で宿泊予約をしようとしたとき，ホテルマンの多くは東洋人に泊まってほしくないような口ぶりでしたが，実際にチェックインしてみると反応はまったく違ったものでした。ラピエールと同僚は歓迎され，むしろ平均以上の待遇を受けたのでした。

　ホテルマンの多くは人種差別主義者だったのかもしれませんが，実際の行動ではそれを示しませんでした。彼らは当人を前に差別的行動をあからさまに示すことに躊躇を覚えたのかもしれませんし，単にビジネスを優先させたのかもしれません。この観察からラピエールは，人々が言うこと（表出された態度）と実際にすること（実際の行動）の間には複雑な関係があり，単純な予測はできないと結論づけました。

る潜在的連合テスト（Implicit Association Test; IAT）と呼ばれる実験方法が開発されました（Greenwald et al., 1998）。自分は異民族に対して何の偏見も持っていないと意識レベルでは思っている人でも，IATを受けると，無意識レベルで異民族に対してネガティブな気持ちを持っていると判定されることがあり，その人の実際の行動はIATで測定された無意識の態度に対応するという研究報告があります。IATの行動予測力については現在も検討が続けられていますが，無意識レベルの態度は社会心理学の新しいトピックです。

10.2.3　認知的不協和と態度変化

　態度と行動が不一致な状態をアメリカの心理学者フェスティンガー（Festinger, L.）は認知的不協和（cognitive dissonance）と呼び，こうした状況に置かれた人は行動と一致するように態度を変えることが多いと主張しました。BOX 10.3に紹介した彼の有名な認知的不協和実験は，この主張を支持するものでした。

BOX 10.3	認知的不協和実験

　フェスティンガー（Festinger, 1957 末永監訳 1965）は，大学生たちに退屈な作業を繰返し行わせました。それは，盤上に刺された木製ペグを延々と回すというものでした。作業後，その課題がどれくらい楽しいものだったかを評定させると，多くの学生たちは「つまらなかった」と回答しました。その後，彼らに，控え室に戻ったら次の参加者には「この実験は面白かった」と嘘をつくよう頼みました。このとき，ある学生には嘘をつく行為に対して20ドルの謝礼を渡しましたが，別の学生には 1 ドルしか渡しませんでした。その後，彼らに先ほどの退屈な課題を再度評定させたところ，1 ドルもらった学生だけが，それが「実は面白いものだった」と当初の評定を変更したのでした（図 10.1）。

　フェスティンガーによると，これは認知的不協和への反応とみなされます。たった 1 ドルのために嘘をついたと思った学生たちは不愉快になり，この不快感を低減させるために「この実験は，実は面白いものだった」と思い込もうとしたのです。一方，20 ドルもらった学生たちは，「自分は高報酬で依頼されたから嘘をついたのだ」と，態度と不一致な自分の行為を正当化させることができたので，態度変化が起こらなかったと解釈されます。

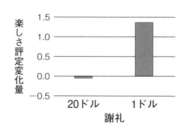

図 10.1　フェスティンガーの実験結果（Festinger, 1957）

　認知的不協和の日常的な例として，喫煙は健康に悪いと思っているが，タバコはやめられないと思っている喫煙者の心理的状況をあげることができます。こうした態度と行動の不一致（認知的不協和）は落ち着かないので，「喫煙はそれほど健康に悪いものではないという証拠もある」とか「自分が吸っている

製品の有害物質は少ないほうだ」などといった情報に目を向け，喫煙行動を正当化するように態度を変化させることがあります。認知的不協和理論はイソップ寓話の「キツネとブドウ」から，**すっぱいブドウ理論**と呼ばれたりすることもあります。

認知的不協和理論の背後には，自分の中に一貫性を保ちたいという人の基本的動機づけが仮定されています。自分の態度と行動に一貫性がないと思うことは不愉快で落ち着かないので，どちらかを変更する必要がありますが，すでにし終えた行動は変えられないので，態度のほうを変えようとするのだと解釈されます。

10.3 集団の心理

社会的影響は，しばしば，職場やサークルなど**集団**（group）の中で生じます。人間は群居性の動物といわれ，生存を集団に依存していますが，現代人の多くは自分と集団の関係を意識することはあまりありません。しかし，近隣諸国との間で争いごとが起こり，他国から自国の政府が非難されていると知ると多くの人が不愉快になります。また，スポーツの国際大会で同国人が活躍しているというニュースに接するとうれしくなったりします。直接の利害関係がないのに，まるで我がことのように怒りや喜びを感じるのは，彼らが自分と同じ集団の一員だからです。同様の反応は出身校，郷里，職場などの集団に対しても起こります。人間の心理と行動は，当人が意識する以上に，実は集団から強い影響を受けているのです。

10.3.1 同　　調

集団はしばしばそのメンバーに対して，行動をともにするよう陰に陽に圧力をかけます。集団圧力は必ずしもネガティブなものとは限りませんが，例えば，青年期に不良仲間からの影響を受けて非行に手を染める者がいます。女性，青少年，集団主義文化の人々，自尊心の低い人たちなどが仲間集団からの圧力に弱いとされています。

　集団圧力を受けて行動を変えることを**同調**（conformity）といいます。アメリカの心理学者ジェネス（Jeness, A.）による初期の研究では，まず参加者は豆がたくさん入った瓶を与えられ，外から見ただけで豆の数を推測するよう求められました。この作業を一人で行った後，参加者は集団で同じ課題をもう一度行いました。すると参加者は，集団の他のメンバーたちの答えに近い方向に当初の自分の回答を変化させました。この実験においては，答えをそろえるようにという明示的圧力があったわけではないのですが，参加者の反応には同調が見られました。

　今日もよく知られている研究は，BOX 10.4に紹介したアッシュ（Asch, S. E.）のもので，自分の個人的信念を曲げて周囲に合わせるという行動が観察されました。同調は動機の違いから**規範的同調**と**情報的同調**に分けることができます。前者は，集団内で孤立してネガティブな評価を受け，拒否されることを恐れて同調するものです。集団の調和を保たなければならないと感じたり，自分をメンバーの一員として受け入れてもらいたいと望むときに生じます。一方，後者は，自分が置かれた状況について不慣れで，どう行動するのが適切かわからないとき，他の人たちのまねをするというもので，このタイプの同調は冠婚葬祭などセレモニーの場でよく見られます。アッシュの実験参加者の同調行動はどちらのタイプとも解釈できます。同調は良かれ悪しかれ，個人が集団状況に適応しようとする試みの一つといえます。

10.3.2　権威への服従

　上位者からの命令に従う行為が**服従**（obedience）です。権威のもとで個人は自分の信念に反する行為を行うこともしばしばです。集団が階層構造を持ち，権力格差が大きいほど権威への服従が起こりやすくなります。

　戦争や民族紛争においては，権威への服従という名のもとで多くの非人道的行為が行われてきました。このことを人々に強く印象づけたのは，ナチス・ドイツによるユダヤ人大量虐殺に関与した元ナチス高官，アドルフ・アイヒマンの裁判でした。彼は「自分は政府の命令に従っただけだ」と主張しましたが，実際，その行為の残虐さとは裏腹に，彼はどこにでもいるごく平凡な役人だっ

BOX 10.4　同　調　実　験

　今では古典とされる**同調実験**はアメリカの社会心理学者アッシュ（Asch, 1956）によって行われました。大学生は「知覚判断」と称する実験に参加し，図10.2 のようなパネルを示されました。左の線分と同じ長さのものを右の3線分から選んで答えるという課題で，正解がどれかは明瞭です（この場合は「C」）。実験室には机を囲んで7人の回答者が座っていましたが，本当の実験参加者は1人だけで，他はすべて実験者側の協力者だったのです。

　さて，課題に対して順番に回答していくことになりましたが，どういうわけか，回答者たちは皆「A」と答えます。最後に参加者が答える番になりましたが，この参加者はどうするでしょうか。他の回答者たちの答えは明らかに間違っているのですが，参加者も彼らに合わせてあえて誤答をするでしょうか。この実験は，自分の信念を曲げても同調するかどうかを調べるものでした。このパネルと類似の課題を繰り返したアッシュの実験では，全参加者の75%が少なくとも1回は同調による誤答をしました。

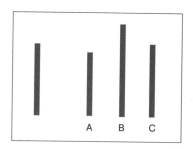

図 10.2　アッシュの実験で示されたパネル（Asch, 1956）

たのです（**BOX 10.5** 参照）。

　善良なごく普通の人々が命令とあれば非人道的な行為も行いうることを実験によって示したのはアメリカの社会心理学者ミルグラム（Milgram, S.）でした。「記憶研究」と称する実験に参加し，教師役を与えられた参加者は，別室にいる生徒役の人に対して記憶問題を出し，誤答の場合には罰としてこれに電気シ

BOX 10.5	アイヒマン裁判

　元ナチス高官アドルフ・アイヒマンは，ユダヤ人を強制収容所に運ぶ輸送計画の責任者で，大量虐殺事件に深く関与していました。戦後，彼は南米に逃れていましたが，1961 年に捕えられ，イスラエルで人道への罪で裁判にかけられた上で，死刑に処せられました。しかし，裁判を傍聴したユダヤ人哲学者アーレント（Arendt, H.）の目には，アイヒマンは，検事が糾弾するような血に飢えたモンスターには見えず，上司に対して自分がいかに有能かを示すのに汲々としている小役人に過ぎませんでした。アーレントは，アイヒマンのような平凡な人物が服従の名のもとに残忍な行為に関与することが少なくないとして，これを「悪の凡庸さ（誰もがなしうるありふれた行為）」と呼びました。

　アッシュの指導学生であったミルグラム（Milgram, S.）は多くの親族をユダヤ人強制収容所で亡くしていましたが，アーレントの指摘に衝撃を受け，これを実証的に確認したいと思い，心理学における最も有名な実験の一つ，アイヒマン実験を構想したのでした。

ョックを与えるよう指示されました。電気ショックは 15V から始まりますが，使用するたびに強いものとなり，ついには 450V にまで達します（実際には生徒役は電気ショックを受けるわけではなく，その強さに応じた演技をするだけです）。ミルグラム自身は，たいていの参加者は数回電気ショックを使ったら，その後は，実験をやめるだろうと予測していましたが，実際にやってみると，途中で生徒役が「もうやめてくれ」と懇願したにもかかわらず，実験者が続けるよう命令すると，参加者はこれに従って電気ショックを与え続け，65％の人は最高度の電気ショックまで使用したのでした。

　多くの参加者は他の人に苦痛を与えることに罪悪感を覚えたと思われますが，「命令だから仕方がない」と自分を納得させて，その行為をやめませんでした。その心理はアイヒマンと基本的には変わらない，これが実験を終えたミルグラムの思いでした。

10.3.3 社会的役割

　集団の中で権力を振るう役割が与えられると，普段は隠している人々の支配欲や権力欲がむき出しになることがあります。アメリカの社会心理学者ジンバルドー（Zimbardo, P.）たちが 1971 年に実施した**スタンフォード監獄実験**において観察されたのは，まさにこのことでした。この研究において看守の役割を与えられた学生たちは，監獄の秩序を維持せよと指示されただけなのに，囚人役の学生たちに対する強権的対応を強め，ついには虐待するまでになりました（BOX 10.6 参照）。この実験は，与えられた**社会的役割**（social role）がいかに人の行動に強い影響を与えるかを物語っています。

　この研究は，人の行動は置かれた社会的環境に左右されることを示していますが，特にジンバルドーの実験は与えられた社会的役割の影響力の大きさを表しています。職務で見られる行動特性は，その人本来のパーソナリティというよりも，役割上の期待に応えようとして演じられている面があります。しかし長い間には，それが当人のパーソナリティの一部になっていくことがあります。

BOX 10.6 　スタンフォード監獄実験

　ジンバルドーたちの研究では（Zimbardo et al., 1971），24 人の男子学生がランダムに囚人と看守の役割に割り振られ，スタンフォード大学心理学部の地下に作られた模擬監獄内に 2 週間の予定で留め置かれることになりました。看守は木の警棒を持ち，カーキ色の制服とサングラスをつけました。一方，囚人はスモックを着せられ，片足には鎖がつけられていました。囚人は名前ではなく番号で呼ばれました。参加者たちはジンバルドーの予想をはるかに超えて，与えられた社会的役割に順応していきました。看守は強権的なやり方で囚人を威圧し，虐待としか思えない行動もとるようになりました。自分自身も刑務所長の役割にのめり込んでいたジンバルドーは，恋人クリスティーナに指摘されて，ようやく学生たちの危険な変化に気づき，実験を 6 日間で打ち切ったのでした。

　この実験をもとにした映画がいくつも作られるほど（『エス』（2001），『プリズン・エクスペリメント』（2015）），これが暴いた人の心の深奥は広く一般の人々に衝撃を与えました。

10.4 集団の意思決定——極化と集団思考

「三人寄れば文殊の知恵」という格言があり，人がたくさん集まって知恵を出し合えば良い解決策が見つかると一般には信じられています。会社でも役所でも毎日のように会議が行われているのは集団討議への信頼のせいです。しかし，社会心理学にはこれを疑わせるような知見もあります。

10.4.1 リスキー・シフト

1960年代，社会心理学者ストナー（Stoner, J. A. F.）は，**社会的ジレンマ**（social dilemma）に対する反応を個人と集団で比較しました（**BOX 10.7** 参照）。すると，集団になると個人よりもリスクのある意思決定が行われる傾向

BOX 10.7	リスキー・シフト

ストナー（Stoner, 1968）は大学生を個別条件と集団条件に分けて，12個のジレンマ課題に取り組ませました。その一つが下記のものです。

> 最近，医学博士号をとったE氏に2つの研究プロジェクトのオファーがあった。一方では，平凡だが確実な成果が期待され，E氏の経済的基盤も約束されている。他方は，難病の子どもを救う画期的治療法の開発を目指すものだが，成功の見通しは不透明で，失敗した場合の経済的保証はない。あなたは，どちらをE氏に勧めますか。

ジレンマはすべて，期待される利益は小さいが損失の恐れも小さい選択肢（小リスク）と期待される利益は大きいが損失の恐れも大きな選択肢（大リスク）を含んでいました。参加者には，まず初めに12個のジレンマについて一人で判断させ，次に集団で同じ課題を行わせたところ，ほとんどのジレンマにおいて，参加者は個人で意思決定するときよりも集団で意思決定するときのほうが，高リスク選択肢を選ぶ割合が高くなりました。この現象は**リスキー・シフト**（risky shift）と呼ばれています。

が見られました。災害や紛争などの緊急事態に直面したとき，政府内で行われる意思決定プロセスを事例分析した結果によると，こうした緊迫した討議では，参加者たちが前もって想定していた以上に危険な決定に至ってしまったケースが少なくありませんでした。

10.4.2 集団極化

リスキー・シフトには様々の説明が試みられてきましたが，しかし，その後の研究では，集団意思決定が必ずリスキーな選択になるわけではなく，むしろ非リスキーな決定（コーシャス・シフト；cautious shift）になることもあることがわかりました。ただ，どちらの方向に向かうにしても極端になりやすい傾向はあるようです。集団討議が始まってしばらくすると，どの意見が優勢か見えてきます。すると，様子見をしていた人たちもこれに同調するため，一気にその方向に議論が流れるということが起こります。集団極化（group polarization）が起こるメカニズムについては様々な解釈がありますが，社会的承認を得たいとか，批判や孤立を避けたいなどの動機がはたらくとされています。

10.4.3 集団思考

リスキー・シフトや極化もそうですが，常識的信念に反して，集団での意思決定は質の悪いものになることがよくあります。アメリカの社会心理学者ジャニス（Janis, 1991）は，これを集団思考（group think）と呼びました。彼によると，集団思考にはいくつかの特徴がありますが（BOX 10.8 参照），一言でいえば，合理性を欠いたリスクの高い判断に陥りやすいことです。これは特に，緊急に意思決定しなければならないというプレッシャーがあるとき，批判をゆるさない強力なリーダーによって支配されているとき，集団外からの情報が入りにくいときなど，いずれも集団が多様な選択肢をあげて冷静に検討することができない状態のときに起こりやすいようです。

BOX 10.8　集団思考

　ジャニスの観察によると，集団はしばしば異論のあるメンバーに対して圧力を加えて同調を促し，道徳的に問題のある決定を行い，それによって生じうる危険な兆候を無視する傾向があります（**集団思考**）。災害や紛争など緊急事態に対する政府内での意思決定プロセスを分析して，ジャニスは集団思考の様々な特徴を見出しましたが，その主なものは以下の通りです。

・自分たちは負けるはずはない（**不敗神話**）とか，間違いを犯すはずがない（**無謬神話**）といった根拠のない楽観主義によって，リスク・テーキングが正当化され，潜在的危険を過小評価します。

・集団で意思決定する中で，個々人の責任感が希薄になり，道徳性の観点が弱くなります。

・満場一致を志向するあまり，反対意見を封じ込める圧力が発生し，またそうした意見を持つ人が発言を控えるなど，自己規制も起こります。

　ジャニスは，集団思考を避けるためとして，リーダーができるだけ中立を維持するとか，メンバーが匿名で意見を述べる機会を設けるなどの工夫を提案しています。

10.5 社会的行動と人間関係

　社会的行動（social behavior）とは，集団の中であるいは人付き合いの中で人々がとる行動を指します。ここでは代表的なものを取り上げて，社会的行動の仕組みを考察します。

10.5.1 対人魅力と親和行動

　対人魅力（interpersonal attraction）とは他の人に惹かれ，好意を持つことです。魅力を感じた人に対しては親しみを表し好意的に接するので（**親和行動**（affiliative behavior）），相互に魅力を感じている場合には，友人関係や恋愛関係に発展します。対人魅力がどのような場合に生じやすいかを検討した研究では，以下のような要因が見出されてきました。

- **近接性**……物理的に近くにいて接触する機会が多い人に対して好意を持ちやすいことで，フェスティンガーたち（Festinger et al., 1950）は，大学寮で部屋が近い学生どうしが友達になることが多いことを見出しました。
- **類似性**……態度，興味関心，パーソナリティなどが類似している人に対して好意を持ちやすい傾向です。似た者どうしは対立することが少なく，互いを承認し合うので好意が生じやすいのでしょう（Byrn & Nelson, 1965）。
- **身体的魅力**……男女間では身体的魅力を持つ異性に惹かれやすい傾向があります。身体的魅力度が同程度の人どうしがカップルになるとか（**マッチング仮説**），美しい人は内面においても良い性質を持っていると他の人たちから認知されやすい（**美人ステレオタイプ**）などが見出されています。
- **報酬**……バス（Buss, 1986 大渕訳 1991）の**社会的報酬理論**によると，その人と接することによって便益やサービスが得られるなど，自分にとって利益をもたらす相手には魅力を抱きやすいとされます。男女カップルを対象にした縦断的研究では，報酬が一方的ではなく，相互に与え合っているカップルほど長続きすることが確認されています。

10.5.2　攻撃の動機とタイプ

　攻撃とは，他の人を精神的あるいは身体的に傷つけようと意図した行動です。これは社会的関係を危うくする行為ですが，誰もが時には攻撃的な気持ちになります。以下は大渕（2011）があげている代表的な**攻撃動機**です。
- **回避・防衛**（avoidance/defense）……脅威や危険を認知し，これを避けたい。
- **影響・強制**（influence/coercion）……人を自分の思い通りに動かしたい，人に何かを強制したい。
- **制裁・報復**（punishment/retaliation）……ルール違反した人を罰し，社会的関係や集団秩序を守りたい。
- **自己呈示**（self-presentation）……「男らしい」とか「タフである」など，攻撃的人物像を他の人たちに印象づけたい。

　攻撃はこうした動機によって行われますが，実際の現れは多様です。**身体的攻撃**（physical aggression；暴力），**言語的攻撃**（verbal aggression；威嚇や批

判）の他に，**関係的攻撃**（relational aggression）というタイプがあります。これは仲間外れにするとか悪い噂を流すとか，相手の社会的関係にダメージを与えようとするもので，間接的攻撃とも呼ばれます。身体的・言語的攻撃は男性に多いのですが，この関係的攻撃は女性にも見られます。

　攻撃行動には一般に，怒りや憎しみなどの感情が強く関与します。自分や家族がひどい目にあわされ，怒りや憎しみが強いと，相手を苦しめたいという思いが強まり，**報復行動**が動機づけられます。こうした攻撃タイプは**反応的・情動的攻撃**（reactive/emotional aggression）と呼ばれます。しかし，攻撃行動の中には，感情的要素が少なく，冷静に計画され実行されるものもあります。金銭を奪うことを目的に，その手段として行われる強制行動などがその典型で，このタイプは**能動的・道具的攻撃**（proactive/instrumental aggression）と呼ばれます。

　どんな行動もそうですが，攻撃行動についても学習経験の影響が強く見られます。バンデューラ（Bandura, A.）が行った有名な**ボボ人形実験**では，大人がプラスチック製の人形を叩いたり蹴ったりする様子を子どもたちに見せるものでした。大人の攻撃行動を見た子どもたちの間では，この人形を使って攻撃的な遊びをする傾向が強まりました。この例のように，人は他の人がする様子をまねて（**観察学習**），様々な新しい行動を習得していきます。こうした仕組みは**社会的学習**（social learning）とか**モデリング**と呼ばれ，子どもの社会的行動レパートリーの拡大にも大きな役割を果たしています。

10.5.3　援助の社会的抑制

　困っている人を助ける援助行動は社会的に望ましいものですが，これについても社会的促進だけでなく，抑制が生じうることが知られています。ある時期，社会心理学者の注目を集めたのは後者でした。周りに人がたくさんいれば困ったときには助けてもらえると思いがちですが，この素朴な期待は裏切られることがあり，人が多ければむしろ援助は起こりにくいことがラタネ（Latané, B.）たちの一連の研究から示されたのです。

　彼らの一連の研究は，ある女性が深夜強盗に刺殺されたという悲劇的事件に

BOX 10.9	キティ・ジェノベーゼさんの悲劇

　ニューヨーク在住のキティ・ジェノベーゼさん（当時28歳）が，1964年3月の深夜3時過ぎ，駐車場に車を停めて自宅アパートに向かっていると，後ろから強盗に襲われナイフで刺されました。彼女の悲鳴を聞いた近所の人が家の窓を開けて「彼女を放せ」と怒鳴ったので，強盗はいったん逃げ出しました。負傷したキティさんはアパートの入口に向かって歩き続け，道の裏側にある玄関ホールにたどり着いたところで，戻ってきた強盗犯に再び襲われ，持っていた現金を奪われました。通報を受けて警官が駆けつけたとき，キティさんはすでに亡くなっていました。

　警察の捜査によると，近所に住む十数人の人たちがその事件を見たり聞いたりしていました。事件から2週間後，『ニューヨーク・タイムズ』には「殺人を目撃した37人は通報しなかった」との記事が載り，都会人の冷淡さによってこの悲劇は起こったのだとの論調が展開されました。

　この事件は様々のメディアで取り上げられ，2015年には，キティさんの弟が当時の目撃者を訊ね歩いてインタビューするドキュメンタリー映画『38人の沈黙する目撃者』が作られました。

よって触発されたものでした（**BOX 10.9** 参照）。女性が襲われたとき，近所に住む多くの人たちがこの変事に気づいたにもかかわらず，誰も彼女を助けようとはしなかったのです。これは，たまたま，彼女が冷淡な人たちに囲まれて暮らしていたからというのではなく，多数傍観者という社会的状況が援助行動を抑制したのではないかとラタネたちは推論しました。

　ラタネたちは，実験室の中で類似の社会的状況を作ってみました。一つの実験では（Latané & Rodin, 1969），女性が高いところにあるファイルを取ろうと椅子に乗ったところ，落ちて怪我をしたという場面が作られました。カーテンで仕切られた隣室で質問紙に回答中の実験参加者が彼女を助けに行くかどうかを観察したところ，その場にその参加者しかいないときは70%が援助行動を起こしましたが，他の人と一緒にいるときの援助率は合わせても40%に過ぎませんでした。

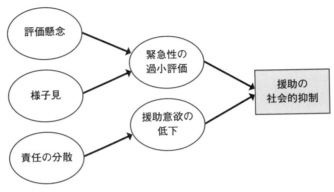

図 10.3　**援助の社会的抑制メカニズム**
(Latané & Darley, 1970 竹村・杉崎訳 1997 より作図)

　人がたくさんいるという状況で援助行動が起こりにくいことを確認したラタ
ネは，これを**傍観者効果**（bystander effect）と呼びました。これは図 10.3 に
示すように，**社会的抑制**の一種ですが，緊急事態が起こっても周りに人がいる
と，その目が気になって行動が抑制されます（**評価懸念**（evaluation apprehen-
sion））。誰もが平静を装って様子見をしているので，「たいしたことではないん
だろう」と緊急性を過小評価する判断に傾きがちです。一方，他にも人がいる
ことから「自分がやらなければ」という責任感は薄れて（**責任の分散**（diffu-
sion of responsibility）），援助の動機づけが下がります。これらの結果，援助行
動は起こりにくくなると考えられます。

10.5.4　援助は利己的か，利他的か

　援助の社会的抑制メカニズムに責任の分散があげられていることは，人助け
の動機に責任感が含まれていることを示唆しています。困っている人を見ると
気の毒に感じ，多くの人が放っておけない気持ちになります。助けることがで
きないと罪悪感に苛まれることもあります。言い換えると，人間は困っている
人を見ると不愉快な気持ちになり，この不快感を除去するために援助しようと

するともいえます。援助行動の背後にこうした利己心を仮定する理論は，**否定的状態解消モデル**（negative state relief model）と呼ばれています。

　この他にも，「情けは人の為ならず」といわれるように，**利己的動機**によると思われる援助行動はあります。将来の見返りを期待して困っている人に手を貸す場合もあるし，「困ったときはお互い様」という気持ちで善行を施しておけば，いつか自分が困ったときには誰かが助けてくれるだろうという漠然とした見返り期待を持つこともあります。これらは直接・間接の**互恵性**（reciprocity）を期待した行動です。

　これに対して，人間には純粋な利他性があると主張する研究者もいます。**共感性・利他性仮説**（empathy-altruism hypothesis）を掲げるバトソン（Batson, C. D.）は，困っている人を見ると共感性が喚起され，その人の苦痛を取り除いてあげたいという利他的動機から援助が行われることを，いくつかの実証的証拠をあげて主張しています。

10.5.5　社会的サポートと健康

　人間関係の中で人から受ける種々の支援は**社会的サポート**（social support）と呼ばれ，それには次の2タイプがあります。

・**情動的サポート**（emotional support）……共感，労わり，好意や愛情を受けることです。

・**道具的サポート**（instrumental support）……物質的援助（お金を借りるなど）や情報的支援（アドバイスを受ける）が含まれます。

　社会的サポートは個人の精神健康や身体健康を促進します。社会的サポートがあると強く感じている人は抑うつ，不安，心理的ストレスの程度が低く，サポート感が弱い人は免疫機能が低く，ストレス性の心身疾患リスクが高まります。健康に対する社会的サポートのこうした効果については，人間関係がストレスの有害な影響を和らげてくれるとする**緩衝説**（buffering theory）と，人間関係が個人に充足感や生きがいを与え，精神生活の質自体を高めるとする**直接効果説**があります。

10.6 社会的認知

　人の心は一種の情報処理システムで，外部から取り入れた情報を解析・解釈・評価し，それに基づいて意思決定します。社会的環境の中で発生する出来事を**社会的事象**といいますが，これは何らかの形で人が関与している出来事です。最も一般的な社会的事象は人そのものであり，その人の行動であり，またその結果引き起こされる環境の変化です。社会的事象に関する情報処理が**社会的認知**（social cognition）で，これは，本章でこれまで論じてきた社会的影響，態度，集団心理，人間関係などすべての社会心理的現象の背後にはたらいている基本的心理プロセスです。

10.6.1 帰属とそのバイアス

　社会的情報処理のために人は様々なアプリケーションを使いますが，その一つが**帰属**（attribution）です。これは，社会的事象の原因を推測するための処理プロセスです。主要な帰属パターンは内的帰属と外的帰属です。

・**内的帰属**（internal attribution）……事象の原因を行為者側に求めます。依頼を断られたとき「相手は意地の悪い性格だ」とか「自分に対して敵意も持っている」と解釈するような場合です。

・**外的帰属**（external attribution）……事象の原因を環境側に求めます。依頼を断られても，「相手にはやむを得ない事情があるのだろう」と，その人が置かれた状況に原因を求めます。

　帰属は，自分が直面している状況がどのようなものかを理解するために，また，その状況にどう対処すべきかを意思決定するために行われます。例えば，相手の行動の背後に敵意があると解釈するかどうかによって，その人に対する今後の付き合い方が変わってくるでしょう。

　また，帰属分析は自分自身の境遇に対しても行われることがあり，これも自分の行動選択を左右します。例えば，試験結果が悪かったとき，それを自分の努力不足のせいとみなすか，それとも単に運が悪かっただけと考えるかによって，今後の試験対策は変わってくるでしょう。

　人の帰属は主観的なので，客観的事実とは合致しないことも少なくありません。よく見られる帰属の歪み（バイアス）には以下のようなものがあります。

• **基本的帰属錯誤**（fundamental attribution error）……人々の間には，社会的事象の原因を当事者側の要因に帰属する内的帰属傾向が強いとされます。感染症にかかった人に対して「当人が不注意だったからだ」と**被害者非難**（blaming the victim）をするのがその典型です。しかし，立場によって帰属パターンは変わります。観察者側には内的帰属傾向が強いのですが，行為者本人は「何で自分だけ運が悪いのか」と外的帰属をする傾向が見られます（**行為者―観察者効果**（actor-observer effect））。

• **自益的バイアス**（self-serving bias）……これは，自分自身の成功は内的原因に，失敗は外的原因に帰属する傾向です。この背後には自尊心を守り，高めたいとの**自尊心維持動機**があります。この帰属バイアスには文化の影響が強く見られます。**個人主義文化**（individualistic culture）の人々にはこのタイプの帰属バイアスがよく見られますが，**集団主義文化**（collectivistic culture）の人々では，反対の帰属パターンである**謙譲バイアス**（self-effacing bias）が強いとされます。

10.6.2　ステレオタイプと確証バイアス

　人が経験を通して収集し，解析した情報はグループ分けされ，関連づけられて知識として心の中に蓄積されます。こうして体制化された知識は，新しい情報の解析において枠組みとして利用されます。その一つが**ステレオタイプ**（stereotype）です。これは，人々をグループ化し，例えば「アメリカ人はアウトゴーイングな人たち」など，画一的な集団特徴を付与するものです。ある人がアメリカ人だと聞くだけでこのステレオタイプが活性化され，相手をよく知らなくても「アウトゴーイングな人だろう」と思い込んだりします。

　ステレオタイプの内容はポジティブ，ネガティブの両方がありますが，いずれも誇張されたものです。このバイアスでは，個々人の違いを無視し，集団を過剰に等質なものとみなします。ステレオタイプは一度作られると頑固に持続し，変化に抵抗します。これは**確証バイアス**（confirmation bias）のためです。

ステレオタイプに合致する人に出会うと，これを例証する情報として重視する一方，合致しない人に出会ったときは，「例外」として軽視するからです。

　ステレオタイプは，これを使うことによって，ある人物に関して情報を詳細に精査することなく迅速に評価を下し，その人の行動を予測することができるという利点があります。しかし一方で，それが偏見と差別をもたらすこともあります。

10.6.3　偏見と差別

　偏見（prejudice）とは，集団ステレオタイプに基づいて個人を独断的に評価することです。偏見もポジティブ，ネガティブの両タイプがありますが，いずれも根拠なく，人を不当に高くあるいは低く評価するものです。ポジティブな偏見には好意や憧れなどの感情が，ネガティブな偏見には敵意や嫌悪などの感情が伴います。

　偏見が不公平な行動，すなわち**差別**（discrimination）をもたらすこともあります。それは，特定集団の成員であるという理由だけで扱いを変えることです。民族や性別を理由に，教育・福祉・就労などの面で不利益を受ける人がいると深刻な社会問題となりますが，人付き合いの中でのネガティブな偏見や差別も，対象人物を傷つけ，その精神的健康を害し，社会適応を脅かすことがあります（**BOX 10.10** 参照）。

BOX 10.10　体験学習「青い目　茶色い目」

　1968年4月，米国アイオワ州の田舎町ライスビルの小学校教師ジェーン・エリオット（Elliott, J.）は，キング牧師暗殺を知った翌日，クラスの子どもたちに有色人種がアメリカでいかに差別的に扱われているかを体験させようと思い立ちました。彼女は「青い目の子どもは優秀だから，このクラスでは種々の特権を与える」と言い出しました。茶色い目の子どもたちはこれに反発しましたが，エリオットは，目の色の違いは高い知能と関係すると嘘の説明をして，子どもたちを納得させました。その効果は劇的で，「優秀だ」とされた子どもたちは尊大になり，「劣った」クラスメートに対して威張り散らすようになりましたが，彼らは成績が良くなり，以前は解けなかった算数や読字の問題が解けるようにもなったのです。一方，「劣った」クラスメートには反対方向の変化が生じ，彼らは卑屈になり，テストの成績は低下しました。

　この体験学習が知られるようになると，それはテレビで紹介され，成人向けの研修も行われるようになりました。これを紹介した本（Peters, 1971 白石訳 1988；図10.4）やビデオなども作られ，その後，エリオットは社会運動家として活躍しました。

図10.4　『青い目　茶色い目』

復 習 問 題

1. 社会的促進に関するザイアンスの説を説明してください。
2. フェスティンガーが見出した認知的不協和はどのような現象を指すのか，説明してください。
3. ジャニスが指摘する集団思考とはどのようなものか，説明してください。
4. ステレオタイプ，偏見，差別とは何か。それらの関連性を含めて説明してください。

参 考 図 書

池田 謙一・唐沢 穣・工藤 恵理子・村本 由紀子（2019）．補訂版　社会心理学　有斐閣

　基礎から応用まで，社会心理学の幅広い分野にわたる最新の理論と研究が紹介されています。初学者から専門課程の学生までを対象に広範囲の知識が網羅され，辞書的にも使えます。多色刷の図表やコラムも豊富で見やすい工夫がなされています。

潮村 公弘・福島 治（編著）（2007）．社会心理学概説　北大路書房

　多くの大学の講義で使われているオーソドックスな社会心理学の教科書です。この分野の基礎的な知識がバランスよく配置されており，記述も丁寧でわかりやすいので，初学者には最適です。

谷口 淳一・西村 太志・相馬 敏彦・金政 祐司（編著）（2020）．新版　エピソードでわかる社会心理学——恋愛・友人・家族関係から学ぶ——　北樹出版

　社会心理学の中でも人間関係分野に焦点を当てたものです。日常の人付き合いの中で誰もが経験するエピソードを取り上げ，その分析を通して，読者を社会心理学の理論と研究に導いていきます。

臨床心理学

　ストレスの時代といわれる現代では，4人に1人が何らかの心の不調を抱えているといわれます。心の病が体の病のもとになるとか，精神的健康度が寿命まで左右するといったことは，今では常識となっています。しかし，心の病は人間の歴史とともにありました。精神疾患や精神障害は，その原因が一般の人にとって理解しにくいことから，かつては悪魔・悪霊によるものとみなされたり，その一方で，障害者が霊能者として畏怖の対象とされることもありました。こうした社会の側の無理解から，彼らが非人間的な扱いを受ける時代が長く続きました。18世紀のイギリスで，チューク（Tuke, W.；1732-1822）は精神障害者に対して人間的治療を提供する施設，ヨーク・リトリート（York Retreat）を開設しましたが，こうした社会改革運動の中で，心の病に対する正しい理解と対処が始まりました。

11.1　心の病とその分類

　心の病（**精神疾患／精神障害**）とは，様々な原因によって心理機能が正常にはたらかず，意識，知能，記憶，感情，思考，行動などに不具合や異常が生じている状態です。原因は，**内因性**（遺伝的素質や体質），**外因性**（脳の損傷やホルモン・バランスの乱れ），**心因性**（精神的ストレスや環境要因）などに分けられますが，実際には，複数の組合せによって起こります。

　心の病に関する社会の認識は，過去200年間劇的に変化してきました。社会が「狂気」をどう見ていたか，その歴史を振り返ると，「正常」ではないという理由で，社会から排除されたり，拘禁されたり，拷問を受けてきた人たちの悲しむべき物語がたくさん見出されます。今日，心の病に対しては，**精神医学**

的治療とともに**心理学的治療**も併用されることが一般的になっています。後者においては，精神力動的，人間主義的，行動主義的，認知的など様々の治療アプローチが試みられています。

　本章では，心の病とこれに対する心理学的治療アプローチを解説しますが，それに先立って，**異常性**（abnormality）の基準について考えてみることにします。

11.1.1　異常性の定義

　いったい「異常」とは何でしょうか？　かつては，他の人たちと違うという理由だけで「異常」とされる時代もありました。そうであるならば，アインシュタインのような知能が特別に高い天才は「異常」とされるのでしょうか。正常・異常の判断には希少性や適応性などいくつかの基準がありますが，それぞれ弱点もあることから，複合的視点が必要です。

1.　希少性（infrequency）

　大多数の人の行動の仕方，考え方，感情の持ち方，つまり「普通」から逸脱していることを異常とみなします。この視点では，運動能力が顕著に優れているオリンピック選手，あるいはマイノリティな性向や価値観を持つ人たちも異常と判断されてしまいます。

2.　規範逸脱（norm violation）

　常識とされる価値観や規範から見て逸脱していること，「奇妙だ」とか「変だ」と見られるような特徴が異常とみなされます。この基準は文化によって変わります。例えば，人と視線を合わせないことは欧米では不審と見られますが，日本では「普通」です。

3.　不適応（maladjustment）

　社会生活に支障をきたすような行動，思考，感情の特徴を異常とみなします。職業生活，家庭生活，人間関係などに支障が出るようであれば，改善の必要があると考えるのは自然なので，心の病の診断においてこの視点は重要です。しかし，文化によって社会適応の基準が異なるので，この点は注意が必要です。

4.　個人的苦痛（distress）

当人自身が苦しんでいる，困っていることを異常性の基準とします。内面に苦悩を抱えながら社会適応している人もいるので，この基準は社会不適応とは必ずしも一致しません。苦しんでいる人は治療にも積極的なので，心の病として認定されるケースは多くなります。しかし，一部の精神疾患／障害では当人に異常の自覚がないこともあるので，この基準だけで異常性の判断はできません。

5.　4D

　専門家たちは上記の基準のいくつかを複合的に用います。4D とは，**逸脱**（deviant），**非機能的**（dysfunctional），**個人的苦痛**（distressing）に，**危険**（dangerous）を加えたものです（Sterling Education, 2019）。危険という観点では，自傷など当人にとって危険があるかどうかだけでなく，暴力など他の人に対して危険があるかどうかも判断材料になります。

11.1.2　精神疾患／障害の診断分類

　心の病は，精神医学では**精神疾患**（psychiatric illness）あるいは**精神障害**（psychiatric disorder）と呼ばれます。今日使われている精神医学の診断分類はクレペリン（Kraepelin, E.；1856-1926）に遡ります。膨大な数の患者の病歴を分析した彼は，精神疾患の分類には症状そのものよりも時間的変動パターンが重要であることに気づきました。彼が見出した 2 つの基本的パターンの一つは進行性のもので，これは**早発性痴呆**（dementia praecox）と名づけられました。もう一つの循環性パターンは躁うつ病と命名されました。早発性痴呆はブロイラー（Bleuler, E.）によって統合失調症と改名されましたが，これらはその後の精神医学診断の基礎となりました。

　今日，精神疾患／障害の診断では 2 つの主要分類法が用いられます。一つは**国際疾病分類**（ICD）で，1893 年の国際死因統計（International List of Causes of Death）に始まったもので，このときは身体疾患だけを分類したものでした。ICD は今日まで 10 版を重ねていますが，1949 年の ICD-6 から精神疾患が含まれるようになりました。アメリカ精神医学会は，1952 年，独自の診断基準，**精神疾患の診断・統計マニュアル**（Diagnostic and Statistical Manual of Mental

BOX 11.1	ローゼンハン実験

　アメリカの心理学者，ローゼンハン（Rosenhan, D. L.：1929-2012）によって行われたこの研究は，精神疾患／障害の診断が困難であることを示唆するフィールド実験です。8 人の健常者は幻覚があるふりをして，アメリカの 12 の精神病院に入院しました。入院後，彼らは普通に振る舞い，医師に対して「もう幻覚はない」と訴えました。もともと健康であり，今は「幻覚を持ってはいない」のにもかかわらず，彼らは全員が精神疾患と診断され，これを治療するためとして，抗精神病薬を投与されたのでした。**ローゼンハン実験**は精神科診断の信頼性の低さを暴いたものでしたが，これは精神医学者たちがより信頼性の高い診断基準の構築を目指す契機となりました。

Disorders; DSM）を作りましたが，こちらは第 5 版に至っています（**BOX 11.1** 参照）。

　これらの診断分類法の改訂の歴史は，異常行動の基準とカテゴリー化が時代とともにいかに変化してきたかを知る格好の材料です。例えば，**同性愛**は当初の DSM では障害とされていましたが，1973 年，アメリカ精神医学会の会員投票によって DSM から除外されました。ICD から除かれたのはさらに 17 年後の 1990 年でした。

11.1.3　主な心の病

　精神疾患／障害の発生率は国によって異なりますが，どの国でも広く見られるのは不安や抑うつなどです。本項では，これらの他，代表的な心の病をDSM-5 に基づいて解説します。

1.　不安症（anxiety disorder）

　多くのサブタイプがありますが，共通するのは過剰な恐怖や不安などの負の感情と，これに関連した不適応行動が長期にわたって持続することです。恐怖は切迫していると感じる脅威に対する情動反応，不安は将来の脅威への予期反応です。限局性**恐怖症**は，閉所，動物，血など特定の対象や状況に直面するこ

とによって過剰な恐怖が喚起されるもの，**パニック症**は突然激しい恐怖や不安に襲われ，またパニックが起きるのではないかとひどく心配すること，**社交不安症**は自分が人から否定的に評価されるのではとの悲観的予期から，人付き合いを恐れ，これを回避するものです。

2. うつ病（depressive disorder）

これは，強い悲哀感，虚無感，易怒的な気分が持続し，また反復して起こるものです。重いうつ病では，抑うつ気分が一日中続き，倦怠感や不眠などが伴い，集中力や気力の低下によって社会活動の継続が困難になります。過去の些細な失敗を繰返し思い悩むなど，非現実的なまでに否定的な自己評価に囚われ，中には，「世の中の貧困は自分のせいだ」など妄想的な罪責感を持つ患者もいます。**自殺念慮**もあり，実際，自殺の危険があります。

3. 強迫症（obsessive-compulsive disorder）

同じパターンの思考，イメージ，衝動が繰返し起こり，自分でもそれを止められない**強迫観念**，これと関連し，一定パターンの行為を繰り返さないではいられない強迫行為などが症状です。よく見られるのは，**洗浄恐怖**（汚染に対する強迫観念と洗浄の強迫行為）や**禁断的思考**（攻撃的，性的，宗教的な強迫観念とこれに関連した強迫行為）です。関連疾患として，自分の身体的外見がひどく歪んで醜いと思い込む**醜形恐怖症**があり，過剰な化粧や奇妙な服装をするなどの行為が見られます。

4. 心的外傷後ストレス障害（Post Traumatic Stress Disorder; PTSD）

ストレス性の強い出来事を経験すると，その後も関連する記憶や夢に悩まされたり，その出来事が再現されたかのようにパニックに陥る人がいます。また，その間の記憶を失ったり（**解離性健忘**），抑うつ症状（自責，意欲減退，孤立感）を呈したり，人に対する攻撃性や自己破壊的行動，あるいは過剰な警戒心などを示す患者も見られます。

5. 摂食障害（eating disorder）

神経性**やせ症**は，健康を損ねるほどにカロリー摂取の過剰制限を自らに課すもので，その背後には，肥満に対する極度の恐怖心と体重や体型に関する歪んだ自己認識があります。神経性**過食症**では，食べ始めると気持ち悪くなるまで

食事をやめることができませんが，体重増加を防ぐために，今度は絶食したり，無理やり嘔吐したり，下剤を用いたりします（代償行動）。やせ症も過食症もダイエットが契機となることが多く，主な患者は若い女性です。

6. 統合失調症（schizophrenia）

相反する証拠があっても変わらない非現実的な信念（**妄想**），人がいないのに声が聞こえるなどの外的刺激に対応しない知覚様の体験（**幻覚**），まとまりのない支離滅裂な思考，同じ姿勢を続けるなどの異常行動，情動表出の消失，人や社会との関わりに興味を示さない意欲欠如などが統合失調症の顕著な症状です。この中の一部の症状だけを示すサブタイプもあります。発症は青年期から若成人期です。

7. 双極性障害（bipolar disorder）

かつては**躁うつ病**や**気分障害**と呼ばれていました。気分が異様に高揚して開放的になり，過剰に自信に満ちあふれ，活力が亢進し，行動抑制がきかないなどの躁病エピソードと，正反対の抑うつ気分，意欲の減退，罪責感などの抑うつエピソードの両方を示します。どちらか一方が顕著なタイプもあります。躁病エピソードが強いときには，無謀な計画，危険な事業投資，散財や借金，性的な乱れなどのために，患者が社会的・職業的破たんをきたすこともあります。

8. 発達障害（developmental disorder）

①知的能力の遅れや適応機能の欠陥を示す**知的能力障害**，②人との言語的・非言語的なコミュニケーションが困難な**社会的コミュニケーション障害**，③人の意図や感情が理解できないといった社会的交流困難，特定活動に対して異常に執着する反復的行動様式などを特徴とする**自閉症スペクトラム障害**，④1つの課題に集中できない，過剰な運動活動性，我慢できない・思いつきで行動するなどの衝動性を特徴とする**注意欠如・多動性障害**（ADHD），などのサブタイプがあります。社会化の始まる幼児・児童期からこうした特徴が見られ始めます。

9. パーソナリティ障害（personality disorder; PD）

これは性格の著しい偏りのことで，認知，感情，対人関係，衝動制御などの面に特徴が見られます。DSM-5 には 10 タイプがあげられていますが，人に対

する猜疑心や不信感の強い猜疑性 PD，他人の権利を無視し侵害する反社会性 PD，対人関係，自己像，感情の不安定さと著しい衝動性を示す境界性 PD，過度の情動性を示し，人の注意を引こうとする演技性 PD，誇大性や賞賛されたいという欲求の強い自己愛性 PD などがあります。

11.2　心の病の治療——精神医学

　今日，臨床心理学と精神医学の専門家たちは，互いに協力しながら，心の病を持つ人たちに対する治療サービスを提供しています。精神疾患に陥ったとき，あるいはそこまで深刻ではないが，悩みごとがあって心が晴れないときなど，現代では，人々の精神衛生や**精神的健康（ウェルビーイング（well-being））**のために援助してくれる専門家がたくさんいます。それは，心理カウンセラー，臨床心理学者，心理療法家，精神科医などです。各専門家は，病像の理解の仕方，また，病の原因などに関して，それぞれ独自の見方（仮説）を持っています。医学モデルでは心の病は生理的・身体的原因から生じる一つの症状ですが，心理学モデルでは，これを，健康な人にも共通する心のはたらきの不調として理解しようとします。

11.2.1　治療法の変遷

　精神医学（psychiatry）という用語はギリシャ語の「精神（psychē）＋癒す（iatreuō）」に由来しますが，初期の精神医学では心の病に対して効果的治療法をほとんど持っていませんでした。できることは患者の管理だけで，当初は身体拘束でしたが，19 世紀後半からは薬物による行動抑制が中心となりました。

　20 世紀前半，医学の進歩は精神疾患の発生率低下をもたらしましたが，実は，保護施設や精神病院の食事や居住環境を改善するだけで大きな効果があったのでした。例えば，錯乱や幻覚などの精神症状はビタミン B_1 の欠乏によっても起こりますが，これは栄養管理によって改善されました。20 世紀後半，抗生剤の発見と普及が梅毒による痴呆患者の数を劇的に減少させ，それによっ

て保護施設に長期間収容される患者の数も減少しました。

　20 世紀には，また，脳の前頭葉の神経結合を切断する**ロボトミー**（lobotomy；**前頭葉白質切断術**）などの神経外科が試みられました。頭蓋に穴を開けたり，アイスピックのような機材を眼窩から挿入するものでしたが，これらの技術は患者を「治療」するものではなく，彼らを大人しく「扱いやすく」するだけのものでした。これらの技術は 1970 年代にはまったく使われることがなくなりました。

11.2.2　薬物療法の発達

　単に行動をコントロールするのではなく，症状を改善する薬物の発達は 1950 年代に始まりました。染料に含まれる化学物質から生まれた**クロールプロマジン**は，感情を改善し，妄想・幻覚を抑制する効果があることから，統合失調症の治療に使われるようになりました。その効果は劇的で，入院が長くなりがちだった多くの精神科患者を病院から解放しました。クロールプロマジンの成功は他の**向精神薬**（psychoactive drug）の探求を刺激し，20 世紀後半だけで，精神疾患治療薬として数百の新薬が開発されました。薬物療法は次節で述べる心理療法に比べて手軽なので，精神疾患の治療として今や中心的な座を占めるまでになりました。しかし，治療は長期にわたることが多く，コストが大きいことに加えて，効果を疑問視する声もあることから，心の病の専門家たちは，薬物療法と心理療法の併用を勧めています。

11.3　心理療法と心理的援助

　心理療法（psychotherapy）とは，心の病を持つ人だけでなく，ストレスに悩む健常者たちを対象に，心理学的アプローチによって症状の改善と問題解決を促す支援方法です。心理療法にはいくつかの異なる立場がありますが，それぞれ，人の心に関する独自の理論と治療経験に基づいて発展してきました。そのすべてに共通するところは，対象者の思考，感情，行動，人間関係を改善し，その心理社会的機能を回復させることを目的としている点です。こうした心理

的援助は，精神衛生上の問題を持つ人だけでなく，家庭，学校，職場，地域などにおける人々の広範な社会活動とその問題解決をサポートする役割も担うようになっており，これを提供する心理専門職に対する社会的ニーズはますます高まっています。

11.3.1　精神力動療法

　この治療アプローチはフロイト（Freud, S.）の**精神分析療法**に始まります。精神分析理論によると，人の心はイド，自我，超自我の3つの機能体から成り，その相互作用の中で精神現象が発生しますが（9.4節参照），精神疾患や問題行動についても，これを心的機能体間の葛藤という観点から理解しようと試みます。イドが発する利己的な欲望や感情をめぐって発生する心の葛藤ドラマに注目することから，このアプローチは精神力動論と呼ばれますが，このアプローチをとる療法家のほとんどは精神分析学を理論的基盤としています。

1.　無意識の葛藤（unconscious conflict）

　内的葛藤は多くの場合、無意識界で起こっており，このため，なぜ不快な症状や問題行動が続くのか，当人にもその原因がわからず，自分自身では対処が難しいとされます。心の奥底に秘められた感情，欲動，記憶が葛藤を生み出していますが，これら無意識界の出来事は，抑圧，否認，投影などによって防御され，意識化することを妨げられています。これらの防衛は短期的には心の安寧を守るという意味で有用なのですが，長期的には精神的負担となり，種々の問題行動を発生させることになりがちです（BOX 11.2）。以下に，精神力動論の基本的考え方を示します。

・**心理学的決定論**……症状には原因や理由がありますが，その多くは，心を構成する機能体（イド，自我，超自我）間の葛藤にあります。

・**無意識**……葛藤が生み出す不快な影響を避けるため，心は防衛機制をはたらかせているので，それは無意識界にとどまり，意識化して対処することはしばしば困難です。

・**幼児期の重視**……葛藤を生み出す心の歪みは，子ども時代に形成されたものとされています。

BOX 11.2 ┃ アンナの症例

　精神分析における最も有名な事例分析は，フロイト自身によって行われたものではなく，友人であり同僚でもあったブロイアー（Breuer, J. ; 1842-1925）がアンナと呼ばれた若い女性に対して施したものでした。彼女は飲食ができないなど，種々の奇妙な症状に苦しんでいました。催眠状態になると，彼女は自分の症状がいつどのように始まったのかを話すことができましたが，覚醒するとそれらを思い出すことはできませんでした。

　催眠状態の中でアンナは，水を飲むことができなくなったことに関連するある出来事を想起しました。子どもの頃，アンナはイヌを飼っていましたが，このイヌは女性の家庭教師にとてもなついていました。ある日，その女性教師はイヌにグラスで水を飲ませ，同じグラスで自分も水を飲んだのでした。アンナはこの光景にショックを受けましたが，何も言えず，この女性教師に対して抱いた嫌悪と怒りは抑圧されてしまいました。この出来事を想起した後，アンナの症状は一時悪化しましたが，繰り返し想起するうちに次第に症状は弱まっていきました。

　フロイトはこのエピソードを次のように解釈しました。アンナは女性教師を尊敬していたので，これと矛盾する感情を喚起する記憶は抑圧されてしまったのですが，このトラウマ記憶と結びついたエネルギーは存在し続け，身体的症状に転化されました。この記憶を意識化して，その出来事と自分の感情を直視することは彼女にとっては苦痛でしたが，それが繰り返されるうちにエネルギーは放出され，身体的症状は消失したのでした。

　アンナの症例は精神分析の発展において鍵となる事例研究でした。フロイトはそこから意識と無意識の役割，心理的トラウマが身体的症状へと転化するメカニズムなどを導き出したからです。

2. 自由連想 (free association)

　精神分析療法では，無意識の葛藤を意識化させるために，**自由連想法や夢分析**が用いられます。自由連想法とは，心に浮かんだものを患者が取捨選択することなく，すべてを治療者に話すというものです。これを続けると，普段は意識しなかったような思考，感情，記憶が立ち現れ，葛藤を起こしている問題に

行き当たります。当初は，抵抗が生じて思考が進まなくなったり，感情的動揺に陥ったりしますが，当人が深層にあるこれらを自覚し受容することによって，内的葛藤を解消する手がかりが得られます。

頑固で深刻な内的葛藤は，多くの場合，患者が子ども時代に経験した親子関係にルーツがあるとされます。精神力動療法では，内的葛藤の自己理解とともに，過去がその人の現在にどのように影響を与えているかについて洞察を得ることも重要とされます。

3. フロイト以後の精神力動療法

フロイトの死後，精神分析は**クライン派，ユング派，アドラー派**などいくつかのグループに分かれました。それらは，初期経験の重要性，抑圧といった力動機構など，精神分析の基本概念は継承しながらも，それぞれフロイト理論のある面を拡張することによって，独自の心理療法を発展させました。

精神分析療法家に共通するのは，治療関係の中で生じる**転移**（transference）のプロセスを治療に利用しようとすることです。転移とは，患者にとって重要な人間関係にあった人の特徴を治療者の中に見出し，心理療法のプロセスの中でその人間関係を再現し，追体験することです。この治療プロセスの中で，治療者は患者の中に存在する抑圧の存在に注意を払います。そして，治療者は患者が防衛機制を自ら解体し，自分自身の無意識の動機や願望を理解することを支援するために，自由連想や夢分析などの技法を用います。

11.3.2　人間性心理学

1940年代，「葛藤に翻弄される人間」という精神分析学的人間観に疑問を抱いたアメリカの学者たちの中から，ロジャーズ（Rogers, C. R.）やマズロー（Maslow, A. H.）などのように，人間が本来持つ成長と統合の力を強調する**人間性心理学**を唱える人たちが現れました。彼らの強調する人間心理の特徴とは，以下のようなものです。

・人間は，自分の中に一貫性，統一性，統合性を求めます。
・人間は，自分自身のあり方を自覚している，つまり自己意識を持っています。これには，他の人たちが自分をどう見ているかを自覚することも含まれていま

す。

• 人間は意思決定の能力を持ち，それを行使し，その責任を自らが引き受けようとします。

• 人間は将来を展望し，目標を立てて努力します。人間は自分の人生に意味と価値を追求し，創造を目指します。

　こうした建設的人間観は心理療法にも適用され，セラピストの役割は無意識を分析することではなく，クライエント（来談者）を尊重し，励ますことだとされました。クライエントには自己実現（自己の潜在可能性を実現する）や自己改善の能力があることを信頼した上で，セラピストはクライエントが自分の強み，創造性，自由意志を認識し，自ら解決策を作り出せるよう援助します。人間性アプローチでは，子ども時代の親子関係など過去をほじくり返すのではなく，「今，ここで」に焦点を当て，クライエントに未来志向を促します（BOX 11.3）。

BOX 11.3　『グロリアと三人のセラピスト』

　1965 年，『グロリアと三人のセラピスト』というドキュメンタリーが作られましたが，これはグロリアという女性が 3 つの異なる立場の心理療法を受ける様子を録画したものでした（Shostrom, 1965 佐治他訳 1980）。それはロジャーズの来談者中心療法，パールズのゲシュタルト療法，それにエリスの論理情動療法です。これらのうち，最初の 2 つは人間性心理学的アプローチに基づくセラピーで，このドキュメンタリーは，人間性心理学の原理を具体的に知る上で最適の教材とされています。例えば，ロジャーズは，来談者中心療法とは，クライエントこそが自分の問題の解決法を深く理解しているという考え方に基づいて，セラピストは受容的な雰囲気と共感的な理解に努め，クライエント自身が問題の本質に気づきを得ていくことを支援するものであると述べています。

　ゲシュタルト療法は「今，ここで」の感情を伴った体験を重視して，本人にとって無意識であった感情や認識を意識化して，適応的なものの見方を自由にとれるように促す療法とされます。

　論理情動療法は，出来事そのものが不快感情を引き起こすのではなく，人の持つ非合理な考え方がその原因であると考え，これを合理的で適応的なものに修正していくことで不快感情を除去しようとするものです。

1.　来談者中心療法（client-centered therapy）

　これは，1940〜50年代，ロジャーズが創始した人間性アプローチで，彼の理論によると，セラピー（治療）とは専門家が患者を治療するというものではなく，セラピストとクライエントが対等なパートナーとして問題解決に取り組もうとするものです。

　ロジャーズが「患者」ではなく「クライエント」という語をあえて使用したことは重要で，それは，セラピーとは，「病気の」患者が「万能の」医師によって治療されるというのではなく，対等な者どうしが協力して取り組むものであることを表すものです。精神力動療法では，セラピストは症状の原因と思われる患者の無意識葛藤を見つけ出し，これを解釈しようとしますが，来談者中心療法では，セラピストの役割ははるかに控えめ（**非指示的**（nondirective））です。セラピストはクライエントに対して指示したり，解釈したり，解決策を提示したりはしません。その代わり，セラピストは，無条件の**尊重**（regard），**共感**（empathy），**受容**（acceptance）などによってクライエントを支え，クライエントが自らの価値と強さを再認識し，自分自身で解決策に至ることができるよう支援します。

　治療が始まった当初，クライエントは**不一致**（incongruence）の状態，つまり，自己像と現実がずれた状態にあります。セラピストは，それを指摘することなく，クライエントが自らこれに気づくよう見守ります。セラピーの目的は，クライエントが「**一致**（congruence）」——すなわち，自分自身に関する正確な認知と健全な自己意識——を持てるよう励まし，支えるものです。

2.　ゲシュタルト療法（Gestalt therapy）

　1940年代，パールズ（Perls, F. S.；1893-1970）たちによって創始されたゲシュタルト療法は，思考，感情，行為など個人の経験の全体に焦点を当てるものです。このセラピーでは，クライエントが自分の潜在可能性を発展させることを目指しますが，その際，重視されるのは**自己意識**（self-awareness）です。クライエントが経験している葛藤や苦悩は，当人が十分に自覚していない感情に由来するところが多いので，感情を正しく自覚するには，それなりのスキルが必要です。また，ネガティブな思考パターンやネガティブな反応傾向が問題

BOX 11.4	ゲシュタルト療法の技法

1.　ロール・プレイ（role play）

　セラピストとクライエントで親子や夫婦の役を演じ，場面を決めて演技をします。役割を交換して演技を続けると，クライエントは様々な思考や感情を経験します。他の人の立場から考える経験は，クライエントの自己認識を充実させます。

2.　エンプティ・チェア（empty chair；空の椅子）

　クライエントは空の椅子と向かい合わせに座り，その椅子に誰か重要な人物（例えば，親，配偶者，自分自身）が座っていると想像し，この人に話しかけ，質問し，対話をします。その後，今度はクライエントが空の椅子に座り，役割を交換して会話を続けます。セラピストは会話を促し，これを通してクライエントの感情の自己理解を図ります。

をこじらせ，正しい自己意識を妨害しています。

　精神力動療法では，なぜクライエントがそう感じるかに関心を持ちますが，ゲシュタルト療法ではむしろ，「今，ここで（here and now）」感じていることをクライエント自身がとらえ，理解することが重要とされます。こうしたスキル育成の目的は，感情，思考，観念，信念の自己意識を充実させ，これを通して問題に対処するための自己資源を活性化することです。ゲシュタルト療法で用いられる具体的な技法としては，ロール・プレイやエンプティ・チェアなどがあります（BOX 11.4）。

11.3.3　簡便な心理療法

　本格的な心理療法は長期にわたり，費用も高額です。また，セラピストは患者やクライエントの精神生活や私生活に深く立ち入ることになります。近年，問題が深刻でない場合には，もっと簡便で短期的な心理療法が用いられるようになりました。

1.　カウンセリング（counseling）

　これは心理療法の簡易版ですが，両者の区別は曖昧です。一般に，カウンセ

リングは精神疾患／障害の治癒ではなく，それが軽度の人に対する生活上のアドバイス，回復期にあって社会復帰を目指す人の支援などのために用いられます。また，様々の公的あるいは民間団体が，家庭，学校，職場，地域において生活上の悩みを持つ一般の人々を対象に相談活動を行っており，これらは本格的な心理療法の導入として利用されています。

2. ブリーフ・セラピー（brief therapy）

　解決志向療法（Solution-Focused Therapy; SFT）として知られるこのアプローチは，クライエントの抱える問題分析に多大の時間を費やすことをやめ，代わりにクライエントの持つ強みとスキルを活用して解決策を見出そうとするものです。このセラピーは，通常，3〜5回のセッションという短期のもので，この中でセラピストはクライエントに様々な角度から問いかけを行い（**BOX 11.5** 参照），問題に対する解決策をクライエントが自分で見つけ出すよう促します。

BOX 11.5　ブリーフ・セラピーで用いられる問いかけ

1. ミラクル・クエスチョン（miracle question）

　「夜，寝ている間に奇跡が起きて，問題が解決されたと想像してみなさい。朝起きたとき，あなたは，どうやって問題が解決されたことを知るのでしょう。何が，どう違っているでしょう」。これは，問題のない未来がどのようなものであるかをクライエントに明瞭に思い描かせ，それに向かって進むことを後押しするためのものです。

2. 例外クエスチョン（exception-seeking question）

　問題の深刻さはいつも同じというわけではありません。「今日は楽だ」と感じることもあります。クライエントがもともと持っている対処資源が活性化されることによって，こうした症状の中休みが生じます。例外クエスチョンとは「あなたが幸せだと感じるのはどんなとき？」などの問いかけで，クライエントに平穏期について考えさせ，そのとき，どんなリソースを自分が使っているのか考えさせます。自分が潜在的に持つ強みとリソースに注意を向けさせ，解決策を見出す手がかりにしようというものです。

11.3.4 行動療法

その名称が示唆するように，**行動療法**（あるいは**行動変容**（behavior modification））は患者の悩みとなっている不適切な，あるいは無益な行動を変化させようとするものです。精神力動療法や人間性療法がセラピストとクライエントの対話を中心に，クライエントの内的世界に焦点を当てるのに対して，行動療法では，患者の行動変容を目指した実践的指導が主になります。これは嗜癖，不安障害，恐怖症，強迫症などには特に効果的とされています。

イギリスの心理学者アイゼンク（Eysenck, H. J.）は，1940 年代後半，アメリカで始まった臨床心理学の教育訓練プログラムを視察しました。彼は，コロラド州のボルダーで開催された会議において確立された臨床心理士の専門性や科学的エビデンスに裏打ちされた理念（**ボルダー・モデル**と呼ばれます）に感銘を受け，帰国後，臨床心理学のトレーニング・コースを開始しました。アイゼンクの学問的背景は個人差研究と学習理論だったので，彼の教育カリキュラムもこれらを基盤としたものでした。

行動療法では，**古典的条件づけやオペラント条件づけ**を利用した多様な実践的技法が開発され，応用されてきました（**BOX 11.6**）。不適切な行動は学習されたものとみなし，これを**消去**（extinction）する手続きを実施するか，あるいは適切な行動を新たに習得することによって問題の改善を図ります。クライエントの過去に焦点を当てる精神力動療法とは異なり，行動療法は現在の問題に焦点を当て，将来の行動を変えることを目指します。

11.3.5 認知行動療法

行動療法は不安障害や恐怖症の治療には高い効果をあげましたが，他の精神疾患に対しては必ずしもそうではありませんでした。そこで，行動療法の射程を広げるために，認知的要素を加えた**認知行動療法**（Cognitive Behavioral Therapy; CBT）がエリス（Ellis, A.）やベック（Beck, A. T.）によって開発されました。当初は不安障害やうつ病の治療法として開発されましたが，現在は，他の多くの精神疾患／障害にも適用され，今日，CBT は心理療法の主流となりつつあります（Porter, 2018）。

BOX 11.6	行動療法の主な技法

最初の2つは古典的条件づけ，他はオペラント条件づけの原理に基づくものです。

1.　系統的脱感作（systematic desensitization）

不安や恐怖を喚起する刺激のうち，弱いものから段階的に暴露させ，同時にリラクゼーションを用います。リラクゼーションを患者自身でできるように訓練して，弱い刺激から順に不安・恐怖反応の除去を目指します。

2.　回避療法（aversion therapy）

系統的脱感作とは反対の原理を利用し，望ましくない行動を弱めるために，これと嫌悪刺激を連合させます。例えば，強迫症患者に，不快な思考に陥りそうになったら，ひもで手首を打つという習慣を身につけさせるというやり方があります。

3.　トークン・エコノミー（token economy）

患者が望ましい行動を行ったらこれを強化するため，特典あるいは景品と交換できる代理貨幣（トークン：チップやカードなど）を与えます。

4.　モデリング（modeling）

これは観察と模倣を通した学習で，モデルが行う行動を観察し，それをまねることによって適切な行動の習得を目指します。

1.　エリスの論理情動療法（Rational-Emotive Therapy; RET）

エリスは，もともとは精神分析療法家でしたが，患者に子ども時代のエピソードを追体験させたり，その無意識を探るのに時間を費やすことは無意味ではないかと感じるようになりました。患者は，自分の問題から逃れることはできないという誤った思考に囚われていることが多く，エリスはこの思考の修正に取り組むことのほうが重要だと思うようになりました。

BOX 11.3 で紹介したドキュメンタリー『グロリアと三人のセラピスト』にはエリスも加わっていますが，思考，感情，行動のリンクに焦点を当てる彼の治療理論は ABC モデルといわれています（図 11.1）。ある人が「この状態は

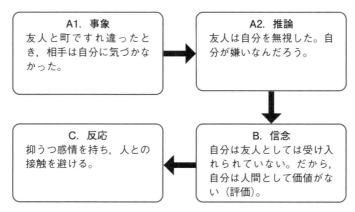

図11.1 ABC モデルの例

辛くてたまらない」と感じるときは，直面している事象（出来事や状況）そのものよりも，当人がそれをどう思っているか，またこの思考に対して当人がどう対処しようとしているかが重要な役割を果たしています。エリスの ABC モデルに従えば，個人が苦しみを経験するかどうかは，きっかけとなった**事象**（activating event）がその人のどのような思考や信念（belief）を誘発し，それに対して個人が**結果**（consequence）としてどう反応しているかによって決まります。

　論理情動療法においてセラピストが特に注目するのはクライエントの信念です。「C. 反応」（どう感じ，どう行動するか）は，通常，クライエント自身には明白ですが，その背後にある「B. 信念」は必ずしもそうではありません。これらの信念の所在を明らかにし，それらの根拠を狙い撃ちし，それらを現実的で適切な考え方に置き換えることがセラピーの目的です。

2. ベックの認知療法（Cognitive Therapy; CT）

　ベックもエリス同様，クライエントの病的反応は，無意識や抑圧機構からではなく，不合理な思考・信念から生じていると考えました。抑うつ症患者は，自分は無能だというネガティブな思考スパイラルに取り込まれているし，不安

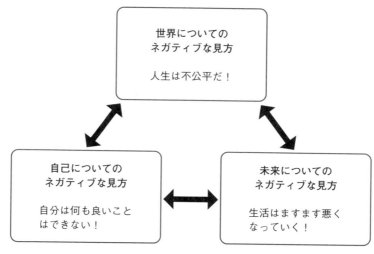

図 11.2　ベックの認知的トライアングル

症患者は，世の中は危険に満ちていて，自分にも恐ろしいことが起こるのではないかと怯えています。世の中には確かに多くの不幸・悲劇がありますし，また，自分自身が期待したほどには成果をあげられなかったということもあります。しかし，それを過大に受け止め，破滅的に考える必要はありません。認知療法においてベックは，負の側面を誇張する不合理な信念を修正し，それを現実的思考に置き換えるよう，患者と共同して取り組むことを提唱しました。

　ベックは，患者の心の中では，**図 11.2** のように，3 種類のネガティブな思考が認知的トライアングルを形成し，互いに強化し合う悪循環を生み出しているとして，これを打ち砕くことが自分のセラピーの目的であるとしました。

復 習 問 題

1. 異常性の定義である 4D とは何のことか，説明してください。
2. 精神力動療法では，心の病をどのように見ているのか，説明してください。
3. ゲシュタルト療法の技法にはどのようなものがあるか，説明してください。
4. ベックのいう認知的トライアングルとはどのようなものか，説明してください。

参 考 図 書

河合 隼雄（2017）．無意識の構造　改版　中央公論新社

　ユング派の心理療法家として知られる著者が，種々の症例や夢の具体例を取り上げながら心の深層を解明します。グレートマザー，元型，影など無意識界に存在するシンボルを使って人の行動の分析を試みます。

野島 一彦（編著）（2020）．臨床心理学への招待　第 2 版　ミネルヴァ書房

　臨床心理学には多くの分派があり，現在も細分化・専門化が進んでいます。本書は各分野の近年の発展を踏まえて執筆され，臨床心理学の全体像をとらえるのに適したテキストです。

下山 晴彦（監修）（2012）．面白いほどよくわかる！　臨床心理学　西東社

　初学者向け入門書で，臨床心理学とその隣接領域について，広範囲の理論や技法をわかりやすく解説しています。基本用語が網羅されており，辞書的な利用も可能です。

脳科学と心理学

　近年，「コミュニケーション脳」「キレる脳」「脳リフレッシュ」など，心理機能や心理状態を表す表現に代わって「脳」という用語が盛んに使われるようになりました。このようなブームの背後には，21 世紀にかけて人間の脳の活動を可視化できる装置が開発されるなど，脳科学のめざましい進展があります。従来，心理学の独壇場であったような様々なテーマにも，どんどん脳科学が入り込んで，学際融合研究が展開されています。そして公認心理師や臨床心理士の現場では，医療分野のスタッフと連携する機会も多いことから，心理学を学ぶ人たちにとって，この章で紹介する脳科学の基本知識は必須のものとなっています。

12.1　ニューロンの構造と機能

　人間の脳には大脳皮質だけでも約 140 億個にも及ぶニューロンがあります。ニューロン（neuron）は神経単位（神経細胞）とも呼ばれ，樹状突起，細胞体，軸索，シナプス終末などから構成されています（図 12.1）。**樹状突起**（dendrite）は他のニューロンの**シナプス**（synapse）終末と連絡し信号を受けとる機能を担いますが，木の枝のようにどんどん伸長したり，縮小したりします。細胞体の内部は K^+ イオンを多く含んでいますが，細胞体の外にある Na^+ イオンの量のほうが多いので，相対的に細胞体の中は $-60mV$ ぐらいになっています（静止膜電位といいます）。シナプス終末を拡大してみるとふくらみがあり（図 12.2），その中にたくさんのシナプス小胞があり，そこから放出された**神経伝達物質**（neurotransmitter）が次のニューロンの細胞膜に降り注ぎ，膜のイオン透過性を変化させると，外側にあった Na^+ が一気に細胞体内に入

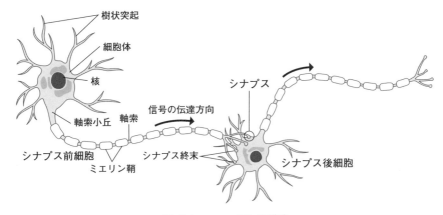

図 12.1　ニューロンの構造

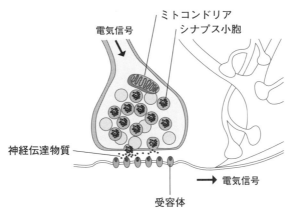

図 12.2　シナプスの拡大図

り込みます。これにより，細胞体の電位は＋40mV 近くまで急上昇するインパルス応答が発生します（**神経発火**（nerve impulse）とも呼びます）。この電位変化は軸索を伝わってシナプス終末に達し，小胞から神経伝達物質が次のニューロンの細胞膜に放出されるという連鎖が続くことになります。**軸索**（axon）は電気コードのように鞘を被った有髄の太いものと，鞘のない無髄の細いもの

があり，前者のほうが伝達速度は速くなります。ただし，イオン変化で信号を
伝えるので，速いほうの有髄神経でも 50m/秒程度で，電線に比べれば桁違い
に遅いものです。

12.2　シナプスの刈り込み

　樹状突起やシナプス終末部はどんどん伸びて，たくさんの神経結合を作りま
す。その数は視覚野だけを見ても生後 8 カ月から 1 歳頃にピークを迎え，約 2
兆個にもなります。シナプスが多いと興奮が神経ネットワーク全体にすぐに伝
わることになるので，良いことではありません。この頃から赤ちゃんは人見知
りをしたり，癇癪を起こしたりします。シナプスは神経信号が伝わる頻度が少
なくなる（つまりあまり使われなくなる）と，萎縮して消失し，10 歳ぐらい
になると視覚野のシナプス数は 1 兆 2,000 億個ぐらいに減少してしまいます。
これは刈り込み（trimming）と呼ばれる現象ですが（図 12.3），しつけや教育
によって有用な神経結合だけに整理されると考えられています。例えて言うと，
ジャングルのように混沌とした神経結合が，庭師（養育者や教育者）によって

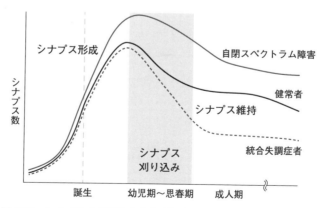

図 12.3　シナプスの刈り込みを表す概念図（渡邊他，2016 より抜粋）

剪定され，思春期頃までにはきれいな庭園のような神経結合状態になるような
もので，その後は高齢になるまでシナプスの数はあまり変化しません。

　自閉症の子どもの脳では，この刈り込みによる最適化がうまく行われていな
いとする考え方があります。局所的範囲をつなぐ**ショートレンジ神経結合**が密
で，脳の離れた部位を長距離でつなぐ**ロングレンジ神経結合**が形成不全である
といった知見が見出されています。それに関連して，入ってくる情報を，細部
よりもさらに高次の意味に向けて整理統合し，全体的な文脈に沿って処理する
機能が自閉症児では低下しているとする考え方（Weak Central Coherency;
WCC）が提唱されています（Frith, 2003）。

　一方，統合失調症の患者では，幼児期頃までは，健常者と同じようなシナプ
ス数を示しますが，思春期から青年期にかけて，より強く刈り込みが起こり，
シナプスの減少が見られます。特に記憶や感情に関係する脳領域での減少が激
しいといわれています。

12.3　神経伝達物質

　シナプスでは，神経信号の受け渡しは化学反応で行われ，細胞膜のイオン透
過性を変化させる**神経伝達物質**が中心的な役割を果たします。その代表的なも
のについて解説します。

　最初に見出されたのが**アセチルコリン**（acetylcholine; Ach）で，神経（特に
副交感神経系）を興奮させるはたらきがあり，学習や記憶，睡眠や覚醒などに
広く関わっています。アセチルコリンが過剰になると手足の震えが起こる**パー
キンソン病**になり，不足すると**アルツハイマー型認知症**になって，新しいこと
を覚えたり，的確な判断をしたりすることができなくなってしまいます。

　ノルアドレナリン（noradrenalin）も興奮性の伝達物質で，特に**交感神経系**
を活性化させます。ストレスと関係が深く，不安や恐怖を感じると，心拍数を
上げて覚醒させます。ノルアドレナリンが過剰になるとパニック障害や興奮状
態になります。一方，不足するとうつ状態になり，行動量や意欲の低下が起こ
ります。

ドーパミン（dopamine）も興奮性ですが，特に脳内の報酬系の神経を活性化させます。快感や陶酔感，気分や意欲を高揚させ，創造性に関わるとされています。ところが，ドーパミンが過剰になると統合失調症の陽性反応（幻覚や妄想）が現れることや，注意欠如・多動性障害とも関連性があることなどが指摘されています。ドーパミンが減少するとうつ病やパーキンソン病につながります。

セロトニン（serotonin）は，調整系の伝達物質といわれ，ノルアドレナリンやドーパミンの過剰なはたらきを抑え，血管系や体温を調整し，精神的安定に大きな関わりを持ちます。不足すると気分低下や不安が強くなるなど，うつ病との関連が指摘されています。抗うつ剤はセロトニンの濃度を上げる薬ですが，飲み過ぎて濃度が高くなり過ぎると，頭痛，めまい，吐き気などを伴うセロトニン症候群を引き起こすので注意が必要です。

ギャバ（GABA）は抑制系の伝達物質で，神経全般のはたらきを鎮めるはたらきがあり，筋肉の緊張を解き，睡眠を促すなどの作用があるので，脳の「なだめ役」ともいわれています。

このように神経伝達物質は適度な濃度が重要で，過剰でも過小でも，それぞれの問題が生じます。ほとんどの**向精神薬**はこれらの伝達物質の濃度をコントロールする薬なのですが，処方箋を守り，中断したり，飲み過ぎたりしないことが重要です。

12.4 脳の基本的構造と機能

脳の重さは体重の約2％で，1,200〜1,400g程度ですが，脳が消費するエネルギーは全体の約20％（幼児では約60％）を占めています。脳（**大脳皮質**（cerebral cortex））には脳溝と呼ばれるいくつものしわがありますが，代表的な大きな溝は，**中心溝**（central sulcus；ローランド溝）と**外側溝**（lateral sulcus；シルビウス溝）です（図12.4）。このような脳溝を境として，大脳皮質は大きく以下のように分けられ，様々な機能を担っています。

後頭葉（occipital lobe）は主に視覚機能に関わる部位であり，刺激の位置や

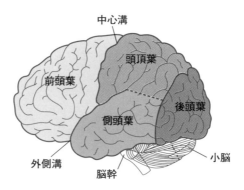

図 12.4　大脳皮質（左半球）の概略図

傾き，色や運動方向，顔のような形などに選択的に応答する神経がそれぞれに集まっていくつもの領野を形成しています（図 3.2 参照）。後頭葉が損傷を受けると，様々な皮質性の視覚障害が起こります。

　頭頂葉（frontal lobe）は，主に空間認識や注意制御に関わる部位であり，物をつかんだり，操作したりする行為の制御も行います。頭頂葉が損傷すると，半側空間無視やバリント症候群など，注意や空間認知の障害が現れます（第 4 章参照）。

　側頭葉（temporal lobe）は，物体や人の識別，言語の理解，記憶など，認知機能にとって重要な部位です。側頭葉が損傷すると，物体失認，相貌失認，感覚性失語症，健忘症など様々の障害が現れます（第 4 章参照）。

　前頭葉は，価値判断や美醜判断，感情のコントロールや創造性，行動や生活のプランニングに関わる部位です。有名なのは，1848 年，アメリカでフィニアス・ゲージ（Phineas, P. Gage）が受けた脳損傷です。彼はまじめな鉄道工事の現場監督でしたが，鉄棒でダイナマイトを仕掛けていたときに暴発が起こり，その鉄棒が左眼の眼窩から前頭先端部まで突き抜け，脳に穴が開いてしまいました。誰もがゲージは死んでしまったと思いましたが，彼はすぐに起き上がり，口をきくこともできました。ところが，温厚だった彼の人格は変わって

しまい，粗暴で，気が変わりやすく，酒におぼれるようになり，職を転々とし，見世物として穴の開いた自分の頭をさらしたりもしました。このケースは前頭葉が人格の一貫性を保つのに重要なはたらきをしていることを示しています。

　大脳は**左半球**（left hemisphere）と**右半球**（right hemisphere）に分かれますが，左半球は言語処理，文字認知，計算に優れ，右半球は空間処理や顔などの複雑なパターン，リズムや音楽の処理に優れるという偏り（**側性化**（laterality；ラテラリティ）があることが知られています。ただし，両半球は**脳梁**（corpus callosum）と呼ばれる約3億本もの神経線維からなる太い束でつながれているので，常に機能的に関連しています。

　大脳皮質は**脳幹**（brainstem）のほうに次第にもぐり込んでいき，その奥に**大脳辺縁系**（limbic system）があります（図12.5）。辺縁系で重要な部位は，記憶の中枢である**海馬**（hippocampus）と，情動の中枢である**扁桃体**（amygdala）です。海馬がPTSDやアルコールの影響で萎縮すると，短期記憶を長期記憶化することができなくなり，健忘症になります（第5章参照）。扁桃体が損傷を受けると，恐怖を感じられず，怖いものや危ないものを避けずに近寄ってしまう**クリューバー–ビューシー症候群**が起こります。大脳辺縁系は脳弓や

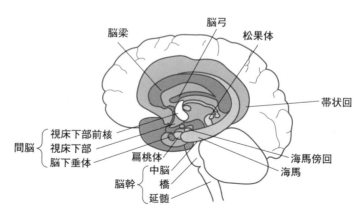

図12.5　大脳辺縁系，間脳，脳幹の概略図

帯状皮質によって結びつけられ，記憶・学習・感情の処理やコントロールが行われます。

　間脳（diencephalon）は大脳と脳幹の間に位置して，ほぼ脳の中心部にあります。代表的な部位は視床下部（hypothalamus）で，交感神経系（興奮性）と副交感神経（弛緩性）の両方の自律神経を制御し，心拍や呼吸，体温などを調節する大切なはたらきをします。また脳下垂体（pituitary）を介して食欲，飲欲，性欲，睡眠欲などをコントロールしています。ですので，これは本能の中枢とも呼ばれています。松果体は脳の中心近くに 1 つしかないので，かつて哲学者デカルト（Descartes, R.）は精神の座とみなしていましたが，それは誤りで，メラトニン（melatonin）というホルモンを分泌することによって，概日リズム（circadian rhythm；一日の睡眠と覚醒のリズムパターン）を調節する機能を担います。

　脳幹は中脳，橋，延髄からなり，その先は脊髄（spinal cord）へとつながります。脳幹は脳全体の活性の度合いである覚醒水準をコントロールしているので，脳幹が損傷を受けると意識のない昏睡状態になり，また呼吸や嚥下機能などがダウンし，生命維持が困難になります。そのため，脳のマスタースイッチとも呼ばれます。

12.5　脳機能可視化技術

　近年になって，飛躍的に発展したのは，実際の脳活動を可視化できる fMRI（functional Magnetic Resonance Imaging；機能的磁気共鳴画像法）や PET（Positron Emission Tomography；ポジトロン断層法），MEG（Magneto-encephalography；脳磁図法）や NIRS（Near-infrared Spectroscopy；近赤外線分光法）などの計測機器の発達で，計測の際に人間の頭に傷をつけるようなことはないので，非侵襲的脳機能測定装置と呼ばれています。これらの装置は高額ですが，利用可能性は広範囲で，様々な心理機能の脳内基盤がわかるようになってきました（図 12.6）。

　非侵襲的脳機能測定装置には，脳内のどこの領域が活動しているのかを厳密

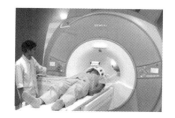

fMRI（国際電気通信基礎技術研究所）

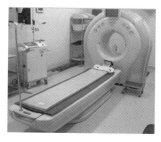

PET（東北大学）

MEG（広島大学）

NIRS（東北大学）

図 12.6　様々な非侵襲的脳機能測定装置

　に測る**空間解像度**に優れた装置（fMRI，PET，MEG）と，その活動がいつ起こったかを精密に測る**時間解像度**に優れた機器（EEG，MEG）があり，それぞれ一長一短があります。また NIRS 以外は，頭部を動かさずに測定しなくてはならない装置なので，いろいろな制約もあるのが現状です。また，脳内のある特定部位に活性化が見られたとしても，それが精神活動を引き起こす原因なのか結果なのか，あるいは経過処理段階で生じたものなのかなどが不確定な場合も多くあります。このため，一時，脳機能可視化研究は現代の骨相学と揶揄されたこともありました。

　そこで，脳活動を正確に解釈するためには，ある課題が遂行されているときの時系列活動や他の部位とのネットワーク活動などを総合的に調べる必要があり，このために様々な方法が提案されています。また，何もしていないとき，

BOX 12.1	ミラーリングとメンタライジング

　1996 年にイタリアの神経生理学者リゾラッティ（Rizzolatti, G.）は，サルが餌をつまむ行動をしているときに活動するサルの脳の F5 野（人間の場合，ブロードマンの言語中枢付近に対応）のニューロンが，他者（実験者）が餌をつまむ行動をそのサルが観察しているときにも活動することを見出しました。つまり，この脳部位では，観察された他者の行動を自分の同じ行動に写し換えるはたらきをしていると考えられたことから，ミラーニューロン（mirror neuron）と名づけられました。その後の非侵襲的脳計測研究を通して，人の脳では，ブロードマン領域の他に，下頭頂小葉や上側頭溝なども連携したシステムとして，他者の行為の模倣，理解，予測などのはたらき（ミラーリング（mirroring））を行っていることがわかりました。また，自閉症者の脳活動を調べた研究では，ミラーシステムのはたらきが弱いことが見出され，彼らのコミュニケーション障害の原因がミラーリングの不全に由来するとの考え方が提起されました。

　さらに，外的に表れた行動を認知するだけでなく，その内側にある他者の意図や気持ちの理解，そして自分に置き換えて共感するはたらきは**メンタライジング**（mentalizing）と呼ばれますが，そのような機能の脳内基盤は内側前頭皮質にあることもわかってきました（Liberman, 2007）。

　ミラーリングやメンタライジング機能がベースとなり，他者や自分の行為と心のはたらきを理解し，いろいろな心的状態の性質を区別し，推測したりする認知的枠組みである「**心の理論**（Theory of Mind; ToM）」が形成され（8.2 節参照），他者との相互作用に適応した**社会脳**（social brain）が進化してきたと考えることができます。

ボーっとしているときの脳活動（**デフォルトモード脳活動**）が，実は脳内の情報整理，状況把握，対応プランニングなどを担っていることもわかってきて，注目されています。

復 習 問 題

1. ニューロンによる信号伝達の特性について，電気回路による伝達と異なる点などを強調しながら解説してください。
2. 神経伝達物質の種類と，それらがどのような精神機能や障害と関係するか解説してください。
3. 大脳皮質における代表的な領野と大脳辺縁系の主要な部位をあげ，それらの機能について，損傷によって生じる障害の例とともに紹介してください。
4. 心の社会性を支える脳内基盤について，非侵襲的脳活動計測によって明らかになってきたことなどに基づきながら解説してください。

参 考 図 書

理化学研究所脳科学総合研究センター（編）（2016）．つながる脳科学——「心のしくみ」に迫る脳研究の最前線—— 講談社

　最新の脳科学研究を，第一線で活躍する研究者がわかりやすく一般向けに紹介する好書。

カーター，R. 養老 孟司（監修）（2012）．ビジュアル版　新・脳と心の地形図——思考・感情・意識の深淵に向かって—— 原書房

　サイエンスライターである原著者が，美しい図版を使ってわかりやすく脳科学の魅力的なテーマを紹介した本。

岡田 隆・廣中 直行・宮森 孝史（2015）．生理心理学——脳のはたらきから見た心の世界—— 第2版　サイエンス社

　脳科学だけでなく，生理心理学全般にかかわるテーマを，豊富な図版で的確に解説した教科書。

認知科学・人工知能と心理学

13

現在，私たちの社会や生活では，人工知能（AI）やビッグ・データなどの高度化した先端技術が急速に取り入れられ，利便性や効率性を高める様々な進展がなされようとしています。この章では，このような変革にはどのような学問体系の変遷が背景にあるのかについて解説します。また，AI に漠然とした不安を抱いたり，あふれる情報データを解釈や整理することができなかったりすることも多いと思いますが，そのような状況における心理学の意義や役割についても考察します。

13.1 第 1 次 AI ブームと認知革命

第 2 章でも解説した通り，20 世紀の前半は行動主義心理学が台頭し，例えば，知識や期待，感情や注意などといった心の内的状態を表す用語でさえも，科学的に明確ではないとして使用を控える傾向がありました。しばしば「心なき心理学」と呼ばれた行動主義に対する批判は心理学内部でも根強かったのですが，大きなインパクトを与えたのが，第 2 次世界大戦で通信や武器の制御などに必要な計算をするために使用されたコンピュータの発展でした。戦後には，数値計算以外の目的にも広く応用されるようなり，例えば，ニューウェル（Newell, A.），サイモン（Simon, H. A.）らは，論理学の証明問題やチェスなどを行うソフトウェアである LT（Logic Theorist）や GPS（General Problem Solver）を開発しました。1956 年の有名なダートマス会議で人工知能（Artificial Intelligence; AI）という言葉が提唱され，第 1 次 AI ブームが起きました（図 13.1）。

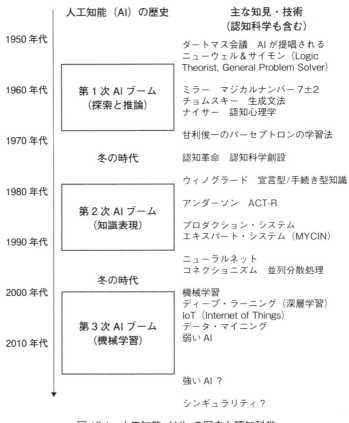

図 13.1　人工知能（AI）の歴史と認知科学

　一方，言語学の分野からチョムスキー（Chomsky, A. N.）も，痛烈な行動主義批判を展開しました。彼は，私たちの言語能力は単純な学習理論から説明することはできないことを示し，言語の産出や理解が可能になるには，言語の深層構造を把握し，それに基づいて新しい文を創り出す規則である**生成文法**（generative grammar）を操作できる能力を人間が持っていると主張しました（第 6 章参照）。心理学の分野でも，ブルーナー（Bruner, J. S.）は，例えば，硬貨の大きさを知覚する場合でも個人の内的欲求状態に大きな影響を受けるこ

と，また，思考や学習は，考え方の筋道やプランである方略に決定的な影響を
受けることを示しました。また，ミラー（Miller, G. A.）は情報処理の考え方
を記憶や思考の研究に積極的に導入し，人間が情報を他のものと比較なしに区
別できる容量は小さく，7±2チャンクであることを示しました（第4章参照）。
さらに注意や期待，構えといったテーマも情報処理の観点から再び取り上げら
れるようになり，それらの成果は，ナイサー（Neisser, U.）によりまとめ上げ
られ，1969年に『認知心理学（*Cognitive psychology*）』という著書が発刊され
ました。

　このように，行動主義と単純な学習理論を適用して人間をとらえる見方を脱
却し，コンピュータ科学，言語学，心理学，哲学などの研究分野を統合し，情
報理論を柱にして生体あるいは機械の持つ「知」というはたらきを中心にして
学際的研究をしようとする機運が高まり，1977年には**認知科学**（cognitive sci-
ence）という新しい学問領域が創設されました。これらの一連の学術動向は，
パラダイム・シフト（標準的な理論的枠組みの転換）を広い学問分野にわたっ
てもたらしたので，**認知革命**（cognitive revolution）と呼ばれました（図
13.1）。

13.2　認知科学の方法と心理学

　認知科学では，異分野間の研究知見の相互利用が活発に行われますが，それ
を支えるものとして大きな役割を担っているのが**情報処理モデル**の適用です。
これによって，入力と出力のみを問題にするのではなく，内部でどのような処
理を行うのかについて，コンピュータのハードウェアやソフトウェアとの比較
や比喩を共通の用語としながら明確な議論を活発に行うことができるようにな
りました。心理学においても特に知覚や認知，記憶や思考の分野では新しい概
念で人間の心理プロセスがとらえられるようなりました（第4～6章参照）。

　そして，実際の実験だけでなく，心理過程についてのモデルをフローチャー
トやプログラムの形で表して，予測通りにうまく動き，予測通りの結果が得ら
れるかどうかを確かめる**コンピュータ・シミュレーション**（computer simu-

lation）という手法もよく使われるようになりました。シミュレーションは，モデルの妥当性を概念的なレベルにとどまらずにチェックする方法として強力です。

　また，従来の手法では，複雑な系を**ブラック・ボックス**（black box）として扱い，その入力と出力のみに注目して関数化する場合が多かったのですが，認知科学にはブラック・ボックスの中で実際にどのような処理がなされているのかを果敢に解明していこうとする姿勢があります。例えば，問題解決などを行う実験参加者から得られる言語報告は，行動主義心理学のもとでは信頼性に乏しい内観として排除されてきましたが，認知科学的アプローチでは，その報告を思考や推論のプロセスの記録として積極的に利用する**プロトコル分析法**（protocol analysis）がとられます。

　さらに，硬直した実証主義的科学観に囚われず，心理行動の合理性や目的性，起源や進化，そして**生態学的妥当性**（ecological validity）などを自由な観点から論じ合うことを尊重する気風を心理学にもたらしました。

13.3　第2次 AI ブームと知識表現

　一方，その後の人工知能研究はトイ・プロブレム（おもちゃのような小規模の問題）しか解けなかったり，機械翻訳の失敗などから一時批判を受けますが，知識をどのようにコンピュータ上に表現するかといった基礎研究は着実に進展していきました。

　知識表現の多くは，「リンゴは赤い」といったように事実を命題形式で表した宣言型です。しかし，ウィノグラード（Winograd, T.）によれば，**宣言的知識**は一般性を持ち，新しい知識の追加や修正が簡単ではあるのですが，個別の領域における課題解決では利用しにくく，この形式では記述しにくいものがあります。このような場合には，「方法についての知識」である**手続き的知識**が有効となります。この型の知識表現に基づき，課題解決を有効に行うのが**プロダクション・システム**（production system）です。このシステム内には，条件部と行為部からなるルール（「もし～ならば，…せよ」といった形）で知識が

書かれていて，入力情報が条件部と合致すると行為部が実行されます。さらに，アンダーソン（Anderson, J. R.）は，両方の型の知識表現を組み入れたシステムである **ACT-R**（Adaptive Control of Thought-Relational）を 1980 年代後半に開発しました。この理論によると，課題の遂行は宣言的知識から手続き的知識への翻訳という流れで進行するとされています。

プロダクション・システムは，専門的知識を運用して人間の判断・決定を支援する**エキスパート・システム**（expert system）に広く応用されて，**第 2 次 AI ブーム**を作り出しました（図 13.1）。血液中の細菌を特定し，それに有効な抗生物質を推薦するシステム **MYCIN** は有名です。ところが，システムに埋め込む有効な知識を抽出し，提供するためには広範囲の領域の専門家に頼らざるを得ず，結局，膨大な手間や人材，予算がかかり過ぎて，第 2 次 AI ブームも衰退していきました。

13.4 コネクショニズムと心理学

従来の認知科学や人工知能は，**直列逐次処理**（sequential serial processing）を行う**ノイマン型コンピュータ**（表 13.1）をベースにして，概念やシステムを構築する姿勢から，人間の精神活動を明示的な記号処理としてとらえること

表 13.1　異なった処理方式をとるコンピュータの比較

	直列逐次処理型（ノイマン型）パソコンなど，現在の主流コンピュータ	並列分散処理型ニューラルネット型
プログラム	必要　　内蔵型	ほとんどいらない　学習型
動作	制御可能予測可能	完全な制御は困難時として予測不能
保守	容易　デバッグ　パッチ処理	困難　再学習が必要
知識の記述	明示的　分析的	暗示的　直観的
知識の分布	局所的	分散的
応答	正確　デジタル的	ほぼ正確　アナログ的

がほとんどであった時期がありました。しかし，第 2 次 AI ブームと重なる 1980 年代後半から，生体の神経回路網を手本として，情報処理課題を**並列分散処理**（parallel distributed processing）で実行しようとする**コネクショニズム・アプローチ**（connectionism approach；図 13.1）が台頭してきました。

　神経系の信号の伝達速度は数ミリ秒ほどで，コンピュータと比べると格段に遅いのに，人間はちょっとした課題なら，数百ミリ秒程度の反応時間でこなすことができます。これは，複雑な課題でも約 100 ステップ以下で行われていることを示しています。ところが，同様な処理を現在の直列逐次処理型コンピュータでやろうとすると，ちょっとしたものでも数千から数万ステップのプログラムが必要です。遅い素子でも速い処理が可能なのは，神経系では並列分散処理が大規模になされているためです。

　このような反省に基づいて，ニューラルネットの振る舞いをまねて，逐時的な処理手順をまったく仮定しない並列分散処理を適用するアプローチが，1986 年にラメルハート（Rumelhart, D.）により提唱されました。実はその 15 年ほど前から，日本では甘利俊一が神経情報処理の基礎理論を構築し，福島邦彦は文字認識に応用していました。

　ニューラルネットでは入力層に十分な情報を与え，適当な数の中間層を用意し，出力層の応答が望むべき解を表すように各層のユニット間の結合の強さを学習によって最適化していく方式（**誤差逆伝播学習法**）をとるので，幅広い応用範囲があります。ただし，当時のコンピュータのほとんどは直列型で，ニューラルネットも 3 層程度のものしかシミュレートできませんでした。速度も遅く，結果的に限定された課題にしか適用することができず，停滞してしまいますが，次のブーム到来の先駆けとなりました。

13.5　第 3 次 AI ブームと心理学

　2000 年代になると，コンピュータの性能は約 1 年半ごとに 2 倍になるというムーアの法則（Moor's law）に従って飛躍的に伸びました。ニューラルネットの階層も多重に増やすことができ，精度の高い機械学習である「ディープ・

ラーニング（deep learning；**深層学習**）」が実現可能になりました。学習方式も教師なし学習や強化学習，ベイズモデルなど様々なものが開発され，**第3次 AI ブーム**が引き起こされました（図 13.1）。グーグルのディープマインドという AI によるプログラム（アルファ碁）が人間のプロ棋士を次々と打ち負かしたことは大きな話題となりました。

　第3次 AI ブームを作ったもう一つの大きな要因は**ビッグ・データ**の活用です。現在では，大部分の人が携帯電話や各種カードを使い，車にはナビがつけられ，街は監視カメラであふれ，**IoT**（Internet of Things）技術で日常品の多くがネットにつながるようになり，日々刻々と膨大な量のデータが産出されています。高性能コンピュータや深層学習などによって，それらのビッグ・データの網羅的解析が可能になり，データの中にある潜在法則や構造を抽出する**データ・マイニング**（data mining）が可能になりました。

　では，深層学習やビッグ・データの活用は心理学にどのような影響を及ぼすのでしょうか。実は深層学習で課題遂行がなされたとしても，それは表面的な近似に過ぎないのかもしれず，なぜできたのか，なぜその結果が得られたのかは説明できないケースがほとんどです。学習された知識は，ニューラルネットの中のシナプス・ウェイトの状態として暗示的に分散表現されているからです。また，データ・マイニングである潜在傾向が見つかったとしても，それらを現実の人間生活に対応させて意味のある解釈することが非常に大切です。このような仕事を担うのが一般には**データ・サイエンティスト**と呼ばれていますが，心理学は古くから潜在意識や潜在態度分析などに携ってきたので，このような時代こそ「データ・サイコロジスト」の活躍が期待されます。

　現在の AI は汎用性がなく，特定の課題にしか対応できないので「**弱い AI**」と呼ばれていますが，2045 年には AI が人類の知能を上回る「**強い AI**」が現れ，**特異点**（singularity；シンギュラリティ）が訪れるという主張もあります（図 13.1）。これに伴い，失業，システムによる監視や統制，システムの暴走など将来の不安の数々が暗雲のように垂れ込めているのも事実です。しかし，人工知能やロボットにとって代わることができないとされる職業をネットなどで調べてみると，各種カウンセラーやコンサルタント，教育や保育従事者，コミュ

ニティ・リーダーやデザイナーなど，心を理解し豊かにする仕事に関わるもの
が多いことがわかります。ですから，人工知能や情報科学の進展が，人間の最
も人間らしい本質的能力を逆照射し，「人間だからこそできること」を再発見
し，発展させることを期待したいと思います。

復 習 問 題

1. 認知革命がもたらしたパラダイム・シフトが心理学に及ぼした影響についてまと
めてください。
2. 機械学習（ディープ・ラーニング）のメリットとデメリットについて，人間の認
知や，既定のプログラム通りに動く直列処理型コンピュータ（現在，主流であるコ
ンピュータ）が行う記号処理と比較しながら，述べてください。
3. 人工知能の進展に伴い，人間の心のはたらきを追究する心理学の役割はより重要
となることが予想されますが，その具体例について考察してください。

参 考 図 書

内村 直之・植田 一博・今井 むつみ・川合 伸幸・嶋田 総太郎・橋田 浩一（2016）.
　　はじめての認知科学　新曜社
　心の中をわかることを目指した認知科学のやさしい入門書。歴史的発展や，人間
と動物の比較，心と体の問題，情報化社会とのつながりなど，豊富な話題が解説さ
れています。
太田 信夫（監修）都築 誉史（編）（2017）. ICT・情報行動心理学　北大路書房
　情報化社会が人間の認知や行動に及ぼす影響をについて，認知工学，インターネ
ットやメディアと心理学，ビッグ・データなどの観点から解説した参考書。
甘利 俊一（2016）. 脳・心・人工知能──数理で脳を解き明かす──　講談社
　ニューラルネットによる並列分散学習の先駆者である著者が，人工知能の歴史や，
未来に訪れるとされるシンギュラリティの問題まで展望した好書。
浅川 伸一（2015）. ディープラーニング，ビッグデータ，機械学習──あるいはそ
　　の心理学──　新曜社
　副題に「あるいはその心理学」とあるように，機械学習やビッグ・データ・サイ
エンスが心理学との間にどのような相互作用的影響を及ぼしてきたか，専門的な解
説を加えながらも，丁寧に解説した参考書。

行動経済学と心理学

14

　人前でお金の話をするのははしたないと思う人は多いでしょうが，一方で，お金に関心のない人はいません。実際，自給自足の不可能な現代社会では，生存に必要なものを手に入れるため金銭は必要不可欠です。資産は生活の安定と将来への安心感を与え，さらには社会的パワーの源ともなります。人が勉学に努力するのも，仕事に精勤するのも，資産形成が動機づけの一つであることは否定できません。しかし，人の心はそう単純ではありません。物を買ったり売ったり，お金を出したりもらったりする経済行動（economic behavior）も，実は損得勘定だけでは決まりません。そこには義理人情，個人の価値観や信条なども影響します。人の経済行動を心理面から分析する行動経済学（behavioral economics）は，この分野の研究者がノーベル経済学賞を受賞したこともあり，近年，著しい発展が見られます。本章では，その代表的な理論と研究を紹介します。

14.1　経済行動の非経済的要因

　心理学もそうですが，経済学でも，人とは快を追求するもので，それを最大化すべく**意思決定**（decision making）していると仮定されています。経済学では，意思決定によってもたらされる快を**効用**（utility）と呼びます。例えば，ある商品を購入すると，それは，美味，使い心地，所有する喜びなど様々の快をもたらします。しかし，商品購入に要した**コスト**（cost，代金だけでなく，時間や手間も含め）は**損失**（loss）になるので，その分，快は下がります。購入した商品がもたらす快の上昇が損失のもたらす快の低下を補って余りあれば，その意思決定は効用があったということになります。

14.1.1　限定合理性

　伝統的な経済学では，効用の最大化を図る人間像をホモ・エコノミクス（経済人）と呼んでいます。ホモ・エコノミクスは，ある意思決定をする際，可能な選択肢をすべて数え上げ，それぞれがもたらしうる利益とコストをすべて計算した上で，効用を最大化するように意思決定ができるという完全に合理的な存在です。

　電化製品を買うとき，類似商品すべてのスペックを調べ上げ，比較しようとする人は確かにいるでしょう。しかし，そうした人でも，スーパーで夕食の食材を購入するとき，コンビニでたまたま見かけた新商品に手を伸ばすときなど，あらゆる経済行動について完全な情報収集をすることはしないでしょうし，実際に不可能です。そんなことをしていたら，いつまでたっても夕食は出来上がりません。つまり，仮定された超合理的人間像に合致する人間は実在しないのですが，経済学では，完全に合理性を備えた存在ならどのように意思決定するかをモデル化し，そこから個人や集団（企業や国など）の実際の行動を予測し，分析・評価しようとします。

　物を売ったり買ったりする経済行動にリスク（risk）はつきものです。ある商品を購入しても，価格から期待されるほどの効用が得られず，失敗したと思うことはよくあります。就職は労働を売るという経済行動ですが，別の会社のほうが待遇は良かったのではないかと思っている人は少なくないでしょう。このように，人の実際の経済行動を見ると，合理的予測とは合致しない例がたくさんあります。その一つの理由は，人間の情報収集能力に限界があり，必要な情報をすべて集めることはできないことと，そうした情報を解析する能力にも限界があり，完全に合理的な判断には至らないことが多いためと考えられます。こうした人間の情報処理能力によって生じる意思決定の制限は，**限定合理性**（bounded rationality）と呼ばれます。

14.1.2　ヒューリスティック

　人間の判断や行動が超合理性モデルと合致しない第 2 の理由は，情報処理能力の限界というよりも，人間の情報処理においては独特の方略が使われるから

です。人間の意思決定では，限定合理性を補うために，様々の簡便処理パターンが使用されています。トヴァースキーとカーネマン（Tversky & Kahneman, 1974）は，これをヒューリスティック（heuristic）と呼びました。すべての可能な選択肢を探し出す代わりに，人間は，コストのかからない簡便な問題解決法を用いることによって，最適ではないかもしれないが，ほぼほぼ満足できて，無難な意思決定を目指します。

　しかし，ヒューリスティックは，時として，まったく合理的とは思えない意思決定をもたらすこともあります。例えば，飛行機事故が起こると大きくメディアで報道され，悲惨な現場や嘆き悲しむ遺族の様子が繰返し映し出されます。一方，その何万倍も起こっている自動車事故のほうは，その頻度の高さゆえに，メディアの扱いは小さくなります。このため，「飛行機は怖いから乗りたくない」という人が，実際にはそれよりずっと死亡リスクの高い自動車には平気で乗るということが起こります。この例のように，リスク判断において人はしばしば印象的な出来事の影響を強く受けますが，この現象は**利用可能性ヒューリスティック**（availability heuristic）と呼ばれます（第6章も参照）。

14.1.3　社会的関心——協力と信頼

　第7章「感情と動機づけの心理学」で述べたように，人は数多くの異なる種類の欲求や願望を持っています。それらのうち，ある状況で喚起された複数の欲求が組み合わされて具体的な行動動機が形成されます（第7章図7.3参照）。この観点からすると，経済行動においても，損得以外の関心が喚起され，これに影響を与えることが考えられます。

　行動経済学でよく使われる研究方法に**公共財ゲーム**（public goods game）というものがあります。このゲームでは，参加者たちはお金を出し合って資金プールを作り，それを元手に投資をします。そして，増えた分は，みんなで分配するというゲームです。これは例えば，お金を出し合って公園という公共財を作れば，みんながそこから便益を得られるという状況をシミュレートするようなものです。

　このゲームで，「出資しなくても配分は平等に受けられる」というルールに

すると，**自己利益最大化**の観点から，参加者たちは誰も出資せず，利益配分だけを受けようとすると予測されます。その結果，皆がただ乗りをもくろみ，誰も出資しなくなると，資金プールはできず，公共財そのものが立ち行かなくなります。しかし，実際にゲームをやってみると，そんなことにはならず，ほとんどの人が出資をし，協力を申し出てくれます。お金を募るのではなく，地域で清掃や資源回収などを呼びかけると，多くの人が協力して，労働を提供してくれます。人々の間には，個人的損得とは別に，人は互いに協力し合うべきだという社会規範がはたらいており，その背後にある多様な社会的関心がこれを支えています。

1. 信　頼

　公共財ゲームにあたる状況において，ただ乗りをする人がいると，協力した人は搾取されます。この懸念を乗り越えて協力行動を選択するためには，他の人たちも，自分同様，協力してくれるだろうという**信頼**（trust）が必要です。これは個人の心情というだけでなく，現実には，**ただ乗り**（free ride）を防ぐ社会制度も出来上がっています。例えば，地域など多くの共同体では，協力しなかった人がいると，他のメンバーは様々な形でこれを非難したり，排斥したりといった制裁行動を示し，これが信頼を担保するインフォーマルな社会制度として機能しています

2. 社会的欲求

　自己利益を損なう恐れがあっても協力行動を行うのは，個人の側からすると，**受容や承認**（approval）などの社会的欲求を満たすためです。また，第 10 章「社会心理学」でも述べたように，協力ネットワークに参加することは，生存にかなう保険的方略なのかもしれません。経済行動は，このように，人間の多様な欲求や対人的方略の中に位置づけられており，それゆえ，社会的関心が経済的意思決定に反映されることは少なくないと思われます。

14.1.4　身 体 感 覚

　一見，無関係と思われる事柄も，人の経済行動に影響を与えます。本章の冒頭で述べたように，多くの人は，お金に執着しているように人から見られるの

BOX 14.1	お金は誰でも好きですが

　現代社会で暮らすには，衣食住など生活に必要なものを手に入れるためにお金が必要です。マズローの**欲求階層**でいえば，基本的欲求である生物学的欲求にあたります。しかし，それだけでなく，お金は，人を支配したり，上流階級に仲間入りするために必要なものだと思っている人もいます。また，お金を社会的成功の証であるとして，自己実現と資産を重ねる人たちもいます。お金が欲求階層のどこまでをカバーするかには個人差があり，それが広ければ広いほど，欲求群の中で金銭の占める役割は大きくなります。

　金銭に対する個人の価値観，選好の程度を測る心理テストが多数提案されてきましたが，ここでは簡便な尺度であるタンとチョウ（Tang & Chiu, 2003）の金銭愛尺度（LOMS）を紹介します（表14.1）。

表 14.1　**金銭愛尺度（LOMS）**（Tang & Chiu, 2003）

下位尺度	項目例
重要性	お金は良いものだ。 お金は魅力的だ。
成功	お金は成功を表す。 私たちは，お金で互いを比較している。
動機づけ	私が一生懸命働くのは，お金のためである。 私はお金儲けに強い意欲を持っている。
豊かさ	お金持ちになりたい。 お金があれば，人生はもっと楽しくなるだろう。

は嫌だと思っています。実際のところ，お金に執着する程度には個人差があり，これを測定する心理テストもあります（**BOX 14.1**参照）。

1.　空腹感と金銭価値

　同じ人でも，直面した状況によってお金への関心度が変わってきます。独身時代はあまりお金に頓着しなかった人も，結婚や子どもの出産を控えると，お金のことが気になります。ウォーラップたち（Warlop, L.；Briers et al., 2006）は，一連の実験的研究によって，空腹感がお金に対する執着心を強めることを見出しました。ある実験において，ヨーロッパの大学の女子学生たちに手持ち

資金として 10 ユーロ渡した上で，前項で紹介した公共財ゲームをさせました。
このうち半分の参加者だけ，ブラウニーを焼く香ばしいにおいが漂っている中
で実験を受けさせました。すると彼女たちの投資額（平均 2.7 ユーロ）は，統
制群（平均 3.9 ユーロ）よりも有意に減少したのです。ブラウニーの香りによ
って空腹感が刺激された参加者は，お金に対する執着心が強まったと考えられ
ます。

　ウォーラップたちは，食料も金銭も人間にとって生存上必要な資源であり，
前者への渇望が喚起されると後者に対しても関心が高まり，金銭への執着が強
まるのであろうと解釈しています。「貧すれば鈍する」といわれるように，生
物学的欲求が最優先になると，社会的関心（と，これに伴う協力行動）は後回
しにされるのかもしれません。

2.　膀胱圧と遅延反応

　経済行動の意思決定では，しばしば時間ファクターが考慮の対象となります。
あるまとまったお金を，すぐに消費しないで貯蓄や投資に回せば，利子や配当
がついて増える可能性があります。手持ちのお金を使わないで残しておくため
には，欲しいものがあっても買わないで我慢するという**自制心**（self-control）
が必要です。資産形成に必要な自制心は，一見まるで無関係な活動からスピル
オーバー（溢出）することが，ウォーラップたちによって示されました（Tuk
et al., 2011）。それは排尿を我慢させるというものでした。

　参加者はヨーロッパの大学の男女学生たちで，その半数は 700cc の水を，残
り半数は 50cc の水を飲んで，45 分間トイレに行くことなく待たされた後，8
個の意思決定課題を与えられました。それは例えば，「翌日なら 16 ユーロもら
えるが，35 日待てるなら 30 ユーロ得られる，どちらが良いか」といったもの
でした。図 14.1 は，これら 8 課題のうち，大きな報酬を得るために長期間待
つという選択肢（**遅延**（delayed）選択）を選んだ平均回数ですが，たくさん
の水を飲み，強い膀胱圧の中で排尿を我慢していた参加者ほど，経済行動に関
しても強い自制心を示しました。この結果は，自己統制（自制心）は生活領域
横断的にはたらくもので，ある領域で自己統制に努力した（強いられた）人は
他の領域でもそれが強まるが，それは経済行動も含まれることを示しています。

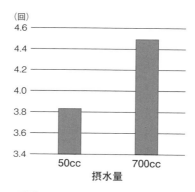

図 14.1　**膀胱圧と遅延選択回数**（Tuk et al., 2011）

14.2　経済行動における公正の動機

　経済行動に含まれる社会的関心の一つは**公正動機**（justice/fairness motive）
です。これを調べるためによく使われる方法が，経済行動ゲームの一つである
独裁者ゲーム（dictator game）という変わった呼び名の実験パラダイムです。

14.2.1　平 等 分 配

　このゲームは 2 人の実験参加者間で金品のやりとりをするというものですが，
実験者は，一方の参加者（分け手）に全部を渡し，それをもう一人の参加者
（受け手）と分配するよう指示します。その際，「どのように分配しても構わな
い」と伝えます。もしも人間が**利己的動機**（selfish motive, self-interest）だけ
で行動しているなら，分け手は金品を独り占めにして，受け手には最低限しか
分配しないでしょう。しかし，実際にゲームをさせてみると，そうした不平等
分配はまれで，分け手の立場になった人の多くは，**図 14.2** に見られるように，
半分ずつ平等に分けようとします。

　平等分配（equal allocation）をする人の心には，「どん欲だと思われたくな

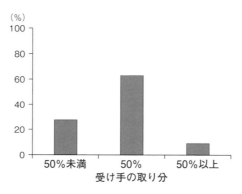

図 14.2　**分け手の提案率**（徐，2015）

い」「公平な人間でありたい」「半々に分けるのが常識」などの気持ちがありますが，これらは公正動機の現れです。豊かな国，貧しい国を含め，世界中で類似のゲームが行われましたが，その結果はおおむね一致しています。

14.2.2　公正動機の発達

　子どもも 10 歳くらいになるとほぼ同様の行動をとるようになりますが，もっと年少の子どもたちはどうなのでしょうか？　スイスの発達心理学者フェールたち（Fehr et al., 2008）は 3〜8 歳の子どもたちに，図 14.3 のような A，B 2 つのプレートを示し，「A を選ぶとあなたはお菓子を 2 個もらえますが，お友達は何ももらえません。B を選ぶとあなたもお友達も 1 個ずつお菓子がもらえます。あなたは A と B のどちらがいいですか？」と聞きました。平等分配である B の選択率は 3〜4 歳児では 8％に過ぎませんでしたが，5〜6 歳で 22％に増え，7〜8 歳児では 46％となりました。この結果は，幼児期の子どもたちは人のことを考えず，自己利益動機だけで行動しますが，学童期に入る頃から公正動機が芽生え始め，利己心を抑えて公正に振る舞うことができるようになることを示しています。

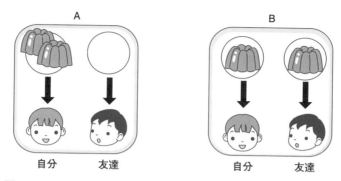

図 14.3　子どもの平等分配行動の実験場面 (Fehr et al., 2008 より作図)

14.2.3　公正の効用理論

　なぜ人が公正に振る舞おうとするかについて，それは，結局，そのほうが生存に有益だから（効用）という説があります。公正動機は，平等分配のように，他者の利益に配慮した行動，すなわち，協力行動を促します。霊長類の分配行動を研究しているドゥ・ヴァール（de Waal, F. B. M.）は，公正さを無視して搾取を行う利己的個体は，仲間の**協力ネットワーク**から排除されるであろうと論じています。狩りや防御などでは協力が不可欠なので，ネットワークからの排除は生存を危うくします。こうした事態を避けるため，個体は「搾取をしない，公正な」という**評判**（reputation）を形成・維持するために，普段から公正にかなった行動をするよう努めるというのですが（Brosnan & de Waal, 2014；BOX 14.2 参照），これは会社や地域で人の評判を気にして生きる人間たちにも当てはまりそうです。実際，**公正効用理論**（utility theory of fairness）には心理学者の間でもこれを支持する声があります。

BOX 14.2 サルの公正行動

　人間以外の動物にも公正動機はあるのでしょうか？　図 14.4 はドゥ・ヴァールたちが行ったチンパンジーを被験体にした実験風景です（Horner et al., 2011）。右の檻に赤と緑の小さな筒がたくさん入ったバスケットを置き，被験体がその中から 1 つを取り出して実験者に渡すと報酬（食料）を与えました。赤の筒を選ぶと自分だけが報酬をもらえますが，緑の筒を選ぶと，自分だけでなく隣の檻にいる別のチンパンジーも報酬がもらえます。隣に仲間がいるときは，いないときよりも緑を選択する割合が増えたことから，研究者たちは，チンパンジーも仲間に配慮した公正行動を行っていると解釈しました。

図 14.4　ドゥ・ヴァールたちの実験風景（Horner et al., 2011）

14.3 価値判断と意思決定

　人の意思決定が合理性からそれることが多い，すなわち，**限定合理性**の現れとして，多くの事例や研究例をあげてきました。これに加えて，ある選択肢の利益とコストの大きさが正確にわかっても，これらを単純平均して，その選択肢の価値を決めるわけではないことも，人間の経済行動の特徴です。つまり，人間には**経済合理性**（economic rationality）とは異なる特有の好みがあるのです。

　こうした選好の例として，**損失回避**（loss aversion）がよくあげられます。「100 円を賭けてコイン投げしないか」と誘われたら乗る人は少なくないでしょうが，「100 万円賭けよう」と言われたら，多くの人は尻込みするのではな

いでしょうか。どちらも勝率は2分の1で，期待値も同じゼロなのですが，利益が100円から100万円になるという魅力よりも，損失が100円から100万円になるかもしれないという恐怖のほうがずっと強いからです。

14.3.1　保 有 効 果

　損失回避の一つの現れに保有効果があります。買い物好きで，似たような商品を次々と買い求める人がいます。その人にとっては買うまでが楽しいように見えます。新しい商品が届いたときはその新鮮さにワクワクし，使う楽しみを実感しますが，やがて慣れてくると感動しなくなり，飽きて，触る気もなくなったりすることは，誰にでもありそうです。こうした日常経験からすると，私たちにとって物の価値とは，まだ自分の所有になっていないときは高いが，いったん手に入れてしまえば下がる，ということなのでしょうか。

　これは確かにありそうなことなのですが，しかし，行動経済学の研究では，むしろ逆の現象が見られます。カーネマンたち（Kahneman et al., 1991）は大学生を無作為に売り手と買い手に分けて売買交渉をさせました。商品はマグカップです。売り手がつけた価格の中央値は7.12ドルでしたが，買い手のそれは3.12ドルと，両者の間には倍以上も開きがありました。

　自分の所有する物の価値を高く評価するというこうした心理的特徴をセイラー（Thaler, R. H.）は**保有効果**（endowment effect）と呼び，これは人々の社会生活の至るところで見られると言います。例えば，月給20万円の人が5万円昇給して喜んでいたら，半年後，業績不振を理由に「給与を元に戻す」と会社から言われました。こんなとき，「なに，元に戻っただけさ」と簡単に自分を納得させられる人は少ないでしょう。いつまでも不満が残り，「こんな会社辞めようか」と思う人さえいるかもしれません。給与が5万円上がったときの喜びと，同額下がったときの辛さを比較すると（感情質が違うので比較は難しいのですが），後者のほうがずっと衝撃が大きいので，給与は元の水準に戻っただけなのに，社員の気持ちは元には戻りません。様々な物品やサービス，生活環境などについて調べた研究によると，人は自分が所有している物の価値を数倍高く見積もる傾向があるともされます（Thaler & Sustein, 2008）。

表 14.2　反射効果ゲーム（Kahneman & Tversky, 1979）

	ゲーム 1	ゲーム 2
選択肢 1	確実に 3,000 ドル得られる。	確実に 3,000 ドルを失う。
選択肢 2	80％の確率で 4,000 ドルが得られるが，20％の確率で利益がゼロになる。	80％の確率で 4,000 ドルを失うが，20％の確率で損失がゼロになる。

14.3.2　反射効果

　カーネマンとトヴァースキー（Kahneman & Tversky, 1979）が見出した人の選好の一つに，利益と損失ではリスクの取り方が異なるというものがあります。実験参加者は表 14.2 に示すような 2 種類のゲームに参加し，それぞれ 2 個の選択肢のうちどちらかを選ぶよう求められました。ゲーム 1 では利益が期待され，ゲーム 2 では損失が見込まれます。選択肢 1 は一定額の利益あるいは損失が確実なもの（リスクなし），選択肢 2 は利益も損失もそれより大きくなる可能性があるのですが，逆にゼロになる可能性もあるというものです（リスクあり）。

　結果を見ると，ゲーム 1 ではほとんどの参加者（80％）が選択肢 1 を選んだのに対し，ゲーム 2 では，逆に，ほとんどの参加者（92％）が選択肢 2 を選びました。参加者たちは，利益が期待できるときには，小さくてもリスクのない確実なほうを選んだのに対して，損失に直面したときには，小さくても確実な損失は避け，大きくなる可能性があっても，ゼロになる可能性があるほうを選んだのでした。このことは，人々が損失に直面した場合にはリスクをとり，利益が期待できるときはリスクを避けるという対照的な意思決定傾向があることを示しています。こうした現象を**反射効果**（reflection effect）と呼びます。

14.3.3　プロスペクト理論

　上記のように，人間の経済行動には経済合理性とは必ずしも合致しない特徴が多々見られますが，これらをトータルに説明するためにカーネマンとトヴァ

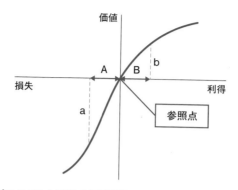

図 14.5　プロスペクト理論の価値関数（Baddeley, 2017 土方訳 2018）

ースキー（Kahneman & Tversky, 1979）はプロスペクト理論（prospect theory）を提起しました（図 14.5）。

　この図の横軸は損益の増加量を表していますが，基準点はゼロではなく現在の利得水準で，これを参照点といいます。例えば，現在の月給が 20 万円なら，これが基準点になります。給与が 10 万円増えると（B），利得水準はその分右に移動しますが，給与が 10 万円減ると（A）左に移動します。縦軸は「価値」と書かれていますが，これは利得の増減が当人にとってどれくらい大きな快・不快（効用）をもたらすかで，これが経済行動の動機づけを規定します。

　損益と価値の関係を表すのが S 字の曲線で，これには 2 つの特徴があります。第 1 に，利得側も損失側も漸減曲線になっています。例えば，給与が 20 万円のときに 5 万円増えてうれしかった気持ちと，給与が 200 万円になってから 5 万円増えたときの喜びを比較すると，後者の快は小さくなるでしょう。利得が増えていくにつれ，快の増分は小さくなりますが（漸減），損失に伴って増加する不快の量についても同様です。これは**限界効用逓減**（diminishing marginal utility）といって，経済学では古くから知られていた現象でした。

　第 2 に，利得側よりも損失側で曲線の傾きは大きくなっています。図 14.5 の横軸の A と B は基準点からの距離は同じですが，それに対応する価値の変

化（a と b）は倍くらい違います（実際，損失は利得の 2 倍の心理的インパクトがあるとされています）。これは，**保有効果**で述べたように，同じ量の変化でも損失は利得よりも主観的には大きな変化と感じられ，経済行動を起こすより強い動機づけになることを意味しています。

　以上，様々な理論や研究例で見てきたように，物を買ったり売ったり，お金を出したりもらったりする経済行動も，実際には損得勘定だけでは決まりません。そこには人間の情報処理の癖（ヒューリスティック），あるいは人間的なものの見方や感じ方（選好）が深く関与しており，それは物価や景気などマクロな経済現象にも反映されている可能性があります。経済学者はしばしばこうした人間的要因を「非合理性」と呼びますが，それらも心理学的には十分「合理的」なものです。行動経済学は，心理学と経済学のクロスオーバーな分野として，研究と実践の両面で，今後も興味深い理論や知見を提供してくれるものと期待されます。

復 習 問 題

1. ヒューリスティックとはどのようなものですか。例をあげて説明してください。
2. 身体感覚と経済行動の関係について，実証研究ではどのような例が知られているか説明してください。
3. 人が公正に振る舞おうとする理由について，どのような理論が提起されているか説明してください。
4. プロスペクト理論の最も重要な主張は何か，説明してください。

参 考 図 書

バデリー，M.　土方 奈美（訳）（2018）．エッセンシャル版　行動経済学　早川書房
　　合理的な意思決定を阻む様々な「バイアス」と，それを政府や企業の制度設計に逆用する「ナッジ」まで，行動経済学の全体像を伝統的な経済学の考え方と比べながらコンパクトに解説しています。

カーネマン，D.　村井 章子（訳）（2014）．ファスト＆スロー――あなたの意思はどのように決まるか？――（上・下）　早川書房
　　伝統的な人間観を根底から覆す研究と理論によってノーベル経済学賞に輝いた著

者の代表作です。直感的・感情的な「速い思考（システム1）」と意識的・論理的な「遅い思考（システム2）」の比喩を巧みに使いながら，意思決定の仕組みを解き明かします。

筒井 義郎・山根 承子（2011）．図解雑学　行動経済学　ナツメ社

　行動経済学の基本的な概念や考え方をイラストや図版を使い，数学を知らなくても学ぶことができる入門書ですが，学術的にもしっかりした内容になっています。「幸福の経済学」という最新研究も盛り込まれています。

健康と安全の心理学

　うつ病など心の病は現代病といわれていますが，それでも，すべての人がこれを経験するというわけではありません。しかし，その原因の一つであるストレスについては，誰もが経験するとても身近なものです。ストレスは病気や不適応の原因となりますが，一方で，個人の達成と成長を促し，人生を充実させる面もあります。健康とともに安全もまた，現代社会を生きる人々の大きな関心事です。日常生活では誰もが思い違いや，し損ないをしますが，自動車運転中のヒューマン・エラーは大事故につながる恐れがあります。本章では，災害時の避難行動や交通事故に焦点を当て，安全に関わる人の心理と行動を分析します。

15.1　ストレスと健康

15.1.1　ストレスとストレス反応

　ストレス（stress）とは，心や体に負担を与えるような有害刺激（ストレッサー（stressor））にさらされている状態のことです。ストレッサーには，地震や疫病など大規模な被害をもたらす出来事，家族の死や暴力被害といった個人的に深刻な経験などがありますが，職場の同僚と行き違いがあったとか，道路の渋滞などの些細な出来事も含まれます。また，新学期や転居といった生活上の変化もストレス源です。栄転や結婚などの慶事も，当人にとってはストレスになることがよくあります（表 15.1）。

　ストレスを経験している人には，心身に特有の変化（ストレス反応（stress reaction））が生じます。心理面では，不安や恐怖といった負の情動が強まり

表 15.1　ホームズのストレス度表（Holmes & Rahe, 1967）

生活上の出来事	ストレス度
1.　配偶者の死	100
2.　離婚	73
⋮	⋮
6.　病気や怪我	53
7.　結婚	50
8.　失業	47
⋮	⋮
11.　家族の病気	44
⋮	⋮
15.　仕事が変わる	39
⋮	⋮

ストレス度の高い出来事から順に並べたリストのうち，
上位の部分だけを示しました。アメリカ人を対象にし
たホームズたちの研究では（Holmes & Rahe, 1967），
過去1年間のストレス度合計が300点を超えた人の約
8割に何らかの心身の不調が見られました。日本人向
けの類似のストレス尺度も多数作られています。

ますが，人によっては，むしろ挑戦意欲や闘争心が喚起されることもあります。
こうした心理的変化に対応して，生理面でも様々の変化が生じています。

　ストレス研究で有名なセリエ（Selye, H.）によると，ストレッサーにさらさ
れた生体に生じる変化の第1段階，**警告反応期**では，交感神経の興奮と副腎皮
質から分泌されるストレス・ホルモンによって肺や心臓の活動が亢進され，血
圧が上昇します。第2段階は**抵抗期**で，身体運動のエネルギー源となる酸素，
糖，脂肪などが血管を通して骨格筋に大量に運び込まれます。その一方で，胃
腸など消化器系は機能を低下させます。これらの生理的変化は，緊急事態に対
処するため，「**闘争か，逃走か**」などの迅速かつ強力な身体運動を行うための
準備態勢です。

　こうした準備態勢は心身に負担を強いるので，ストレス事態が長引くと，体
内のエネルギー資源が枯渇します。こうして，第3段階の**疲弊期**に至ると，生
体は衰弱し，疾病にかかりやすくなります。

| BOX 15.1 | 「ストレス」の起源 |

　ストレス（stress）という語は，「強く引っ張る」という意味のラテン語「stringere」から来ています。最初は物理学で使われ，物質に対して外からはたらきかける力と，その結果生じる緊張（strain）を指すものでした。1930 年代，セリエなどの研究を通して，ストレスは生体反応の記述に用いられるようになり，今日では，人間の心理と行動を分析するために，心理学に不可欠の概念となりました。

15.1.2　ストレスの功罪

　ストレス反応は，本来は，脅威や緊急事態に対処するための正常な適応反応です。人間が狩猟・採集生活を送っていた太古の時代，大型肉食獣や他部族による襲撃から身を守り，また，災害などに対処するために，この防御システムは有効な機能として進化したものと思われます。しかし，身体運動の駆動を主とするこの防御システムは，現代社会では必ずしも適応的ではありません。現代人のストレスの多くは社会的なものなので，「闘争か，逃走か」の身体反応によっては対処できないものが大半だからです。現代社会においてストレスに対処するためには，祖先から受け継いだこの**自動防御システム**だけでは不十分で，もっと複雑で洗練された**認知的・社会的スキル**が必要なのです。

　第 11 章で見たように，心の病の多くは急性の外傷性ストレス（トラウマ）や長期にわたる慢性ストレス（疲弊期の長期化）から生じます。身体疾患の中にもストレスと関連の深いものがあります。健康なアメリカの男性 257 人を 9 年間追跡したローゼンマンたち（Rosenman et al., 1975）の研究によると，ストレス反応が強く攻撃的な人たち（**タイプ A**）は，そうでない人たち（**タイプ B**）と比べて 2.5 倍も多く心疾患を発症していました。怒りっぽいのは体に悪いといわれますが，確かに戦闘モードは心臓や血管に負担を与えるようです。

　ストレス下にある人は風邪などの感染症にもかかりやすいようです。心身を安静にしていると免疫機能は向上しますが，ストレスはこれとは正反対のはたらきをします。ストレス反応はエネルギーを免疫系から筋肉や脳に移すので，

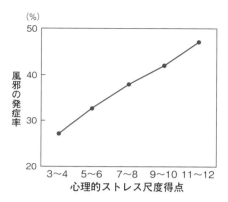

(%)

風邪の発症率

心理的ストレス尺度得点

図 15.1　**ストレスと感染症の関係**（Cohen et al., 1991）

ストレス時には感染への抵抗力が弱まります。アメリカのコーエンたち（Cohen et al., 1991）が 394 人の健康な人たちの鼻孔に風邪ウイルスを滴下したところ，一部の人たちに風邪の症状が現れました。**図 15.1** に示すように，心理的**ストレス尺度**で高得点だった人ほど風邪の発症率が高まったことから，ストレスが免疫を低下させたと推測できます。

　しかし，ストレスと身体疾患の関連性を強調し過ぎるのは誤りです。ガンとストレスの関係は確証されていませんし，ストレスとは無関係に発症する疾患もたくさんあります。ストレスに気をつけることは健康維持に有益ですが，万能というわけではないのです。

　また，ストレスを悪と決めつけるのも間違いです。困難は挑戦への意欲を喚起し，それを乗り越えたときには達成感と充実感，それに自尊心の高揚をもたらします。「若い頃の苦労は買ってでもせよ」と言われるように，ストレスは人の成長を促すものです。また，適度のストレスは人の生活に刺激と変化をもたらし，人生を豊かにしてくれます。このようなストレスは，**悪いストレス**（distress）と区別して，**良いストレス**（eustress）と呼ばれます。

15.1.3 ストレス対処

　ストレスは対処に成功すれば，上記のような良い効果が得られますが，失敗すれば心身の病につながります。**ストレス対処**（stress coping；**コーピング**）には，問題に取り組んで実際にその解決を目指す**問題焦点型**（problem-focused）と，ストレスから生じる負の情動を軽減しようとする**情動焦点型**（emotion-focused）があります。適応の見地からすると問題解決を図るのが最善ですが，震災で子どもを亡くした親の嘆きを解決することは困難ですし，上司の命令が不合理だと思っても，面と向かって拒絶するにはリスクがあります。問題自体を解決することが難しいときなどには，情動焦点型のストレス対処法も必要です。

　「対処できる」という**コントロール感**（sense of control）自体がストレスの悪影響を軽減します。有名なワイスの「管理職ネズミ」の実験では（Weiss, 1968），電気ショックが流れたとき，車輪を回してこれを止めることができる「上司」ラットと，同じ量の電気ショックを受けるが，自分ではそれを制御できない「部下」ラットの胃潰瘍発生率が比較されました。「上司」ラットの発症率が低かったことから，同じストレス状況に置かれても，それを自分で制御できると思うと有害な影響を小さくすることができるようです。

　社会的サポート（social support）もストレス対処の重要なリソースです。家族や友人など親密な人間関係に恵まれている人ほど健康で長寿の傾向があることは多くの研究から報告されています（Holt-Lunstad et al., 2010）。社会的サポートには**道具的サポート**と**情動的サポート**の2タイプがありますが（10.5.5項），前者は**問題焦点型**のコーピングを，後者は**情動焦点型**のコーピングを支援してくれます。本章で紹介した鼻孔に風邪ウイルスを滴下するというコーエンの実験でも，社交的な人ほど風邪にかかりにくいという結果が得られ，人付き合いは心身の安寧をもたらし，免疫機能を高めるのではないかと推測されています。

　最後に，ストレス反応に個人差があることは日常経験からも明らかですが，心理学においてもストレスに強いパーソナリティの研究が行われてきました。その一つの特性は**ハーディネス**（hardiness）で，これは挑戦意欲，参加意欲

BOX 15.2	子ども時代の自己統制が 20 年後の生活水準を予測する？

　自己統制あるいは自制心（self-control）とは，先々のことを考慮に入れて意思決定する心的機能で，これは欲望や感情のコントロール，忍耐心などを含みます。**ダニーディン健康発達研究**では，1972 年と 73 年の 2 年間に，ニュージーランドのダニーディン市にあるクイーン・メリー病院で生まれた 1,037 人を対象に，長い期間追跡し，発達の様相を調べています。モフィットたち（Moffitt et al., 2011）は，この対象者たちを 3〜11 歳時の自己統制水準で 5 グループに分け，32 歳になったときの生活状況を調べました。その結果，子ども時代に自己統制が高かった対象者ほど，大人になって，より健康で，また，経済的に豊かな生活を送っていました。このことは，自己統制も適切なストレス対処に資するパーソナリティ特性であることを示しています。

（コミットメント），コントロール感などの特徴を持つものです（Kobasa, 1979）。挑戦意欲は困難にぶつかっても挫けることなく解決に努力しようとする動機づけの強さのこと，参加意欲とはストレス状況から逃げ出すことなく，関わりながら解決策を模索しようとする姿勢のことで，これらは問題焦点型コーピングの志向を強めます。コントロール感の重要性はすでに論じましたが，パーソナリティ特性としては，どんな障害があっても努力すれば何とかできるという信念です。

　この他にも，人付き合いに積極的で，豊富な社会的ネットワークを持つ社交性，物事の良い面に目を向け，ポジティブな感情を持ちやすい楽観主義など，健康や長寿と正の関連を示し，ストレスに強い人の特性と思われるものが数多く見出されています（BOX 15.2 参照）。

15.2　安全とリスクの心理学

社会生活には様々の危険が満ちています。一つは**自然災害**（natural disaster）ですが，日本は昔から地震や水害の多い国で，近年もこれらの災害によって大きな被害が生じています。また，2020年には，新型コロナウイルス感染症によって世界中で多くの死者が出ました。別のタイプの危険は**人為災害**（human-made disaster）で，事故や犯罪などが代表的なものです。自動車事故は日常的に起こっていて，発生件数は多いのですが，一方，原子力発電所や化学工場での産業事故は，まれとはいえ，発生すると広範囲かつ甚大な被害を生じさせます。

15.2.1 セキュリティ，セーフティ，リスク，ハザード

　上記のような理由で，安全は，近年，社会の大きな関心事となっており，これに関する専門家の発言も増えてきました。彼らは安全に関して様々な用語を用いますが，それらの意味は必ずしも一貫しません。

1. セキュリティとセーフティ

　一般的な用法として，**セキュリティ**（security）とは，危険なことが起こらない程度を，一方，**セーフティ**（safety）とは，危険なことが起こっても被害を受けないですむ程度を指します。例えば，自動車の自動ブレーキや急発進停止装置などは，そもそも事故が起こらないようにするための装備なのでセキュリティ装置といえ，それらの精度が優れていれば安全性の高い車ということになります。一方，シートベルトやエアバッグは，いったん事故が起こったとき，運転者が受ける被害をできるだけ小さくするためのセーフティ装備なので，その性能が高い車は，この観点から安全性が高いといえます。他の種類の事故や災害についても，安全対策はセキュリティとセーフティの両面から行われています。

2. リスク

　リスクも災害や事故に限らず，ビジネスや医療などを含め，社会生活の様々な場面で使われる用語です。**リスク**（risk）とは，ある行為（意思決定）をとったとき，それに伴って生じうる損害や不利益の大きさ，あるいは可能性の高さを指します。例えば，ある新規事業を始めるとしたら，失敗して損失を出す可能性はどれくらいあるか，病気の患者にある手術を行うとしたら，障害が残

ってしまう可能性はどれくらいかなどが**リスク判断**です。また，「電車に乗って通勤するよりも，在宅のままリモートワークするほうが感染のリスクは低い」といった言い方もします。いずれも，ある選択肢に付随する危険度を表します。

3. ハ ザ ー ド

ハザード（hazard）とは「危険」という意味で，被害をもたらす原因となりうる事象を指します。例えば，ハザード・マップとは，水害など危険の起こりやすさを地域別に示したものです。

これら 4 つの概念は互いに関連していますが，どの点を強調するかが異なり，文脈によって使い分けられます。

15.2.2　避難行動の心理

地震，噴火，水害などの自然災害は，発生自体を防ぐことは困難なので，人間の側でできることは被害をいかに小さくするかです。言い換えると，災害時のセーフティをいかに高めるかということですが，この点で鍵となるのは**避難行動**（evacuation）です。2011 年に起こった東日本大震災は 2 万人を超える死者・行方不明者を出しましたが，適切な避難行動が行われていれば，被害をもっと少なくできていたかもしれません。

災害時に逃げ遅れたために被害が拡大してしまったという指摘は繰返しなされてきましたが，最近でも，台風が接近し，避難指示が出されているにもかかわらず，ほとんどの人が避難所に行かなかったというニュースを聞くことがあります。2018 年 7 月に西日本豪雨があり，河川の氾濫や土砂災害によって死者 200 人を超える甚大な被害が発生しました。その年の秋，国土交通省が被災地の一つ，広島県の住民を対象に調査を行ったところ，回答者 164 人のうち 95％が，テレビや近隣からの声がけによって居住地区に避難勧告が出されていることを知っていたにもかかわらず，**図 15.2** に見るように，過半数の人が避難していませんでした。

避難勧告が出ているにもかかわらず，なぜ避難しない人が多いのかについては様々な理由が考えられますが，心理学の観点からは**正常性バイアス**（nor-

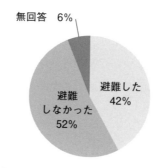

図 15.2　**西日本豪雨における避難行動の割合**（国土交通省，2019）

malcy bias）を指摘することができます。災害や犯罪の被害者になった人たち
は異口同音に，「まさか自分にこんなことが起こるとは思ってもみなかった」
と言います。このように，異常事態の認識に抵抗があるという人間の認知傾向
を正常性バイアスといい，その背後には 3 つの心理メカニズムがあると考えら
れます。

・**期待効果**……人の情報処理では，入力信号をすでに持っている知識と照合す
ることから始めるので，予想している事態の認知は早いのですが，想定外の事
態については，これを理解するのにどうしても時間がかかります。人間の情報
処理システムでは，確率の低いまれな事態を正しく認識することは遅れがちに
なるのです。

・**楽観的願望**……人間には，危険の接近を告げる信号を受けても，「たいした
ことはないだろう」と事態を過小評価する傾向があります。「自分だけは大丈
夫だろう」とか，深刻な事態ではないと思いたいという願望がこうした楽観的
認知を促します。

・**オオカミ少年効果**……近年，日本では，台風や集中豪雨によって被害が発生
した際，避難勧告を出すのが遅れたとして地元自治体が批判されることがあり
ました。行政はこうした批判を恐れて，早めに避難勧告を出すようになりまし
た。すると今度は，警報が空振りに終わるということが増えます。それが繰り

返されると，住民の側には，警報が出ても，「どうせまた，空振りではないか」
と思い，それを深刻に受け止める気持ちが弱まります。

　災害に対する社会のセーフティ度を高めるために，地域においては，住民を
対象にした防災教育や避難訓練が頻繁に行われるようになりました。そうした
際には，人間にはこうした正常性バイアスがあることを考慮に入れて，説明や
訓練を行う必要があります。

15.2.3　事故とヒューマン・エラー

　自然災害と違って，人為的原因によって起こる人為災害を**事故**（accident）
と呼んでいます。実際には，両者の区別は難しいこともあります。暴風雨に巻
き込まれた飛行機が墜落した場合，天候の変化があっても，それが人間の制御
能力の範囲内であったとみなされれば人為災害，すなわち事故となりますが，
自然要因があまりにも強烈で，対処不能であったとされれば自然災害とみなさ
れます。

　事故には，自然要因以外にも様々な要因が絡みますが，主要なものは**技術要
因**（technical factor）と**人的要因**（human factor）です。技術要因とはシステ
ムや構造上の瑕疵によるもので，例えば，事故を起こした飛行機のコンピュー
タ・システムに不具合があったとか，材質が悪くて負荷に耐えられなかったと
いったものです。これに対して，飛行機を操縦していたパイロットの判断・操
作ミスが原因とみなされた場合など，事故時に機械やシステムの操作・管理に
あたっていた人の作為・不作為による場合には，人的要因による事故とされま
す。一般には，この人的要因が**ヒューマン・エラー**（human error）と呼ばれ
ます。

　ただし，技術要因も，もとを正せば，構造・システムを設計し，あるいは素
材選択をした人のミスなのでヒューマン・エラーということもできます。つま
り，ヒューマン・エラーとは，広義には技術要因も含みますが，狭義には，事
故が起こったときに機械やシステムの操作・管理にあたった人の行為（人的要
因）に起因するものということになります。

BOX 15.3 ハインリッヒの法則

ハインリッヒの法則とは，労働災害においてよく知られている経験則の一つです。図 15.3 に示されているように，1 つの重大事故の背後には 29 の軽微な事故があり，その背景には 300 の小さな異常があるというものです。20 世紀初頭，損害保険会社に勤務していたハインリッヒ（Heinrich, H. W.）は 5,000 件以上の事故事例を分析して，この数値を導き出しました（土田，2018）。数値自体はともかく，1 つの大事故が発生する背景には，呼び水となる軽微な事故や異常が多数あったはずで，それを見逃してきたことが大事故につながったということを意味するものです。

小さな異常に気づいて対処すれば事故を防ぐことができるという教訓は，日常の安全管理こそが事故防止の最善の手段であることを強調するものです。この法則は，提起されてから 1 世紀がたちますが，今でも様々の分野で引用されます。社会の仕組みや技術は大きく変化しましたが，事故を起こす人間の心理と行動の本質は変わらないと言っているようです。

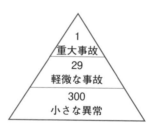

図 15.3 ハインリッヒの法則

15.2.4 ヒューマン・エラーのタイプ

狭義のヒューマン・エラーについても，様々のタイプがあります。例えば芳賀（2000）は，人間の情報処理過程を入力（感覚，知覚・認知），媒介（判断，意思決定），出力（動作の計画と遂行）の 3 段階に分け，エラーもこれに応じて分けることを提案しています。エラーが情報処理のどの段階の失敗によるものかを明らかにすることは，防止策の立案にもつながると主張しています。

　小松原（2019）は，人間の特性と環境要因の両方を考慮に入れ，ヒューマン・エラーを次のように分類しました。

・**無理な相談**……これは，人間の注意力，記憶力，判断力などの能力の限界を超える対処が要求されることから生じるエラーです。自動車事故の起こりやすい交差点があり，そういうところには，人間の能力特性との関連で事故を誘発しやすい条件がある可能性があります。

・**不注意**……これは，見間違い，思い込み，取り違えなどの錯誤によって，あるいは，し忘れなど失念によって起こるエラーです。自動車のブレーキとアクセルを踏み間違えたとか，信号を見落としたなどが典型例です。

・**知識や技量の不足**……未熟なために起こる事故ですが，それとともに「たぶん，これでいいだろう」といった曖昧な気持ちで作業を続けることから事故に結びつくケースも多いようです。「知らないことは確認して」という態度が事故防止には重要です。

・**違反**……定められた規則や手順を守らないために生じるエラーです。工場ではどこでも，安全のために細かな作業手順が定められていますが，慣れてくると，面倒だと感じるようで，手順を省くことが行われるようになり，それが重大事故に結びついた例がたくさんあります。

・**チームの意思不疎通**……集団メンバー間の認識の食い違いがもたらすエラーです。「おかしいな」と感じるメンバーがいても，全体の雰囲気のせいで指摘できないこともあります（第 10 章で論じた**リスキー・シフト**や**集団思考**を参照してください）。

・**組織の不適切行為**……これは，安全を軽視するリーダーの姿勢や組織風土を指します。飛行機，電車，バス，トラックなどの事故の中には，組織が普段から効率を優先するよう現場の作業者に圧力をかけ，その結果，安全がなおざりにされていたと指摘されるものがあります。

15.2.5　高齢者の自動車事故

　わが国の**交通事故**（traffic accident）は，戦後，自動車の普及とともに増加し続けましたが，2004 年の 95 万件をピークに減少に転じ，2017 年は 47 万件

とピーク時のほぼ半分となりました。交通事故による死者数も，一時は年間1万5,000人を超えましたが，2017年は4,000人を下回り，4分の1にまで減少しています（交通事故総合分析センター，2018）。事故と死者数が減少している理由として，道路施設や自動車の安全装備といったハード面の充実に加え，シートベルト装着率の上昇，飲酒運転の減少など，人々の運転マナーが向上していることもあげられています。

1. 高齢者の事故増加は事実か

　全体としては交通事故が減少している中で，近年，高齢者による交通事故が増えているとの報道があります。悲惨な事故もあったことから，高齢者の運転を規制すべきとの世論も高まりつつあります。実際，高齢者による事故の件数は多いのですが，それは，寿命が延び，高齢者の人口が増えていることを反映しているだけではないかとの指摘もあります。高齢者の運転が実際に危険かどうかを明らかにするためには，年代別の人口比で事故件数を比較してみる必要があります。

　図15.4は，警察庁交通局（2020）の資料ですが，これは交通死亡事故の件

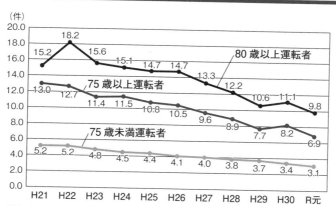

（注）第1当事者が原付以上の件数である。
　　　算出に用いた免許人口は，各年12月末の値である。

図15.4　運転者の年齢層別免許人口10万人あたり死亡事故件数の推移
（警察庁交通局，2020）

数を，運転者の年齢で 75 歳未満，75 歳〜80 歳未満，80 歳以上の 3 グループ
に分けて，2009 年から 2019 年までの推移を示したものです。ただし，どの年
齢グループも，免許人口（運転免許を持っている人の数）10 万人あたりの事
故件数に換算しているので，人口の違いは無視できます。

　これで見ると，どの年齢グループでも過去十余年で死亡事故は 4 割程度減少
していますが，一貫して年齢の高いグループが高水準です。例えば，直近の
2019 年で見ると，75 歳未満のグループと比較して，75 歳〜80 歳未満グループ
はその 2 倍，80 歳以上グループでは 3 倍の事故率です。このデータからは，
相対的にみると，確かに，高齢者には交通事故が起こりやすいと結論づけるこ
とができます。

2.　高齢者の運転特性

　自動車の運転には注意，知覚，認知判断，意思決定，運動反応などが適切に
機能することが必要ですが，高齢になるといずれも能力低下は否めません。蓮
花たち（2003）は，様々な年代の運転者たちに同一のテスト・コースを走らせ，
その運転の様子を録画しました。これを分析したところ，交差点での左右の安
全確認に加齢の影響が見られました。図 15.5 に示すように，高齢のグループ
ほど，安全確認の頻度は少なくなったのです。

　実際の道路上では交通状況は絶え間なく変化し，運転者はこれに機敏に対処

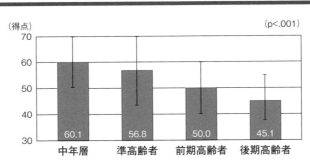

図 15.5　年代別の確認行動得点（蓮花他，2003）
中年層（30〜55 歳未満），準高齢者（55〜65 歳未満），前期高齢者（65〜75 歳未満），
後期高齢者（75 歳以上）。

することが求められます。その際，見逃し，思い違い，し損ないなどが起こると，事故につながる可能性が高くなります。心身機能の低下した高齢者には，これらのヒューマン・エラーに加えて，**図 15.5** が示唆しているように，危険の認知に気づくのが遅く，その結果，対処が遅れることも起こりやすくなります。こうしたことが高齢者による事故の多発を招いているものと思われます。自動ブレーキや急発進停止装置など，技術面での安全対策は今後も進むと思われますが，同時に，高齢者自身への安全教育も必要です。

復習問題

1. ストレス反応において人の心身はどのような変化を示すか，説明してください。
2. ストレス対処にはどのようなものがあるか，問題焦点型と情動焦点型に分けて説明してください。
3. 災害時の避難行動が行われにくい理由を，心理学の観点から説明してください。
4. 高齢者が本当に交通事故を起こしやすいかどうかは，どのようにしたら明らかにできるか，その方法を説明してください。

参考図書

大石 繁宏 (2009). 幸せを科学する——心理学からわかったこと——　新曜社
　幸福感をどう測るか，幸福感を生み出す要因は何か，幸福な人はどこが違うのかなど，近年人気の高いポジティブ心理学の中心テーマである幸福という主観的感覚を，実証的なデータをもとに心理学的に考察しています。

蓮花 一己・向井 希宏 (2017). 改訂版　交通心理学　放送大学教育振興会
　交通事故研究の専門家が，豊富な事例や研究知見をもとに，交通事故の原因を人の心理という観点から解析し，これに基づいて安全教育の指針を提案しています。

土田 昭司 (編著) (2018). 安全とリスクの心理学——こころがつくる安全のかたち　　—— 培風館
　身の回りで起こる生活上のリスクや社会が抱える危険に焦点を当て，安全とリスクの正しいとらえ方を解説した後，防災行動，ヒューマン・エラー，リスクのコミュニケーションとガバナンス，災害報道，危機における心理などを平易に説明しています。

引 用 文 献

Ainsworth, M. D. S., Blehar, M. C., Waters, E., & Wall, S. (1978). *Patterns of attachment: A psychological study of the strange situation.* Hillsdale, NJ: Lawrence Erlbaum.

Ajzen, I. (1991). The theory of planned behavior. *Organizational Behavior and Human Decision Processes, 50,* 179-211.

Armstrong, S. L., Gleitman, L. R., & Gleitman, H. (1983). What some concepts might not be. *Cognition, 13,* 263-308.

Asch, S. E. (1956). Studies of independence and conformity: I. A minority of one against a unanimous majority. *Psychological Monograph: General and Applied, 70,* Whole No.416.

Baddeley, A. (2000). The episodic buffer: A new component of working memory? *Trends in Cognitive Sciences, 4,* 417-423.

Baddeley, M. (2017). *Behavioral economics: A very short introduction.* Oxford, UK: Oxford University Press.
（バデリー，M. 土方 奈美（訳）(2018). エッセンシャル版 行動経済学 早川書房）

Bandura, A., Ross, D., & Ross, S. A. (1961). Transmission of aggression through imitation of aggressive models. *Journal of Abnormal and Social Psychology, 63,* 575-582.

Baron-Cohen, S., Leslie, A. M., & Frith, U. (1985). Does the autistic child have a "theory of mind"? *Cognition, 21,* 37-46.

Biederman, I. (1985). Human image understanding: Recent research and a theory. *Computer Vision, Graphics, and Image Processing, 32,* 29-73.

Bouchard, Jr. T. J., Lykken, D. T., McGue, M., Segal, N. L., & Tellegen, A. (1990). Sources of human psychological differences: The Minnesota Study of Twins Reared Apart. *Science, New Series, 250* (4978), 223-228.

Bowlby, J. (1969). *Attachment and loss.* Vol. 1. *Attachment.* New York: Basic Books.
（ボウルビィ，J. 黒田 実郎・大羽 秦・岡田 洋子・黒田 聖一（訳）(1991). 母子関係の理論―― I 愛着行動―― 新版 岩崎学術出版社）

Briers, B., Pandelaere, M., Dewitte, S., & Warlop, L. (2006). Hunger for money: The desire for caloric resources increases the desire for financial resources and vice versa. *Psychological Science, 17,* 939-943.

Brosnan, S. F., & de Waal, F. B. M. (2014). Evolution of response to (un) fairness. *Science, 346* (6207), 1251776-1251776.

Buss, A. H. (1986). *Social behavior and personality.* New York: Lawrence Erlbaum Association.
（バス，A. H. 大渕 憲一（監訳）(1991). 対人行動とパーソナリティ 北大路書房）

Byrne, D., & Nelson, D. (1965). Attraction as a linear function of proportion of positive reinforcements. *Journal of Personality and Social Psychology, 1,* 659-663.

Chomsky, A. N. (1965). *Aspects of the theory of syntax.* Cambridge, MA: MIT Press.

（チョムスキー，A. N. 福井 直樹・辻子 美保子（訳）（2017）. 統辞理論の諸相――方法論序説―― 岩波書店）

Cohen, S., Tyrrell, D. A., & Smith, A. P. (1991). Psychological stress and susceptibility to the common cold. *New England Journal of Medicine, 325,* 606-612.

Darwin, C. (1859). *On the origin of species by means of natural selection.* London: John Murray.

（ダーウィン，C. 渡辺 政隆（訳）（2009）. 種の起源（上・下） 光文社）

Darwin, C. (1872). *The expression of the emotions in man and animals.* London: John Murray.

（ダーウィン，C. 浜中 浜太郎（訳）（1991）. 人及び動物の表情について 岩波書店）

DeCasper, A. J., Lecanuet, J.-P., Busnel, M.-C., Granier-Deferre, C., & Maugeais, R. (1994). Fetal reactions to recurrent maternal speech. *Infant Behavior and Development, 17,* 159-164.

Dutton, D. G., & Aron, A. P. (1974). Some evidence for heightened sexual attraction under conditions of high anxiety. *Journal of Personality and Social Psychology, 30,* 510-517.

Fehr, E., Bernhard, H., & Rockenbach, B. (2008). Egalitarianism in young children. *Nature, 454.*

Festinger, L. (1957). *A theory of cognitive dissonance.* Stanford, CA: Stanford University Press.

（フェスティンガー，L. 末永 俊郎（監訳）（1965）. 認知的不協和の理論――社会心理学序説―― 誠信書房）

Festinger, L., Schachter, S., & Back, K. (1950). The spatial ecology of group formation. In L. Festinger, S. Schachter, & K. Back (Eds.), *Social pressure in informal groups* (pp.146-161). Cambridge, MA: MIT Press.

Frith, U. (2003). *Autism: Explaining the Enigma* (2nd ed.). Blackwell.

Gibson, J. J. (1979). *The ecological approach to visual perception.* Boston, MA: Houghton Mifflin.

Graf, P., & Schacter, D. L. (1985). Implicit and explicit memory for new associations in normal and amnesic subjects. *Journal of Experimental Psychology: Learning, Memory, and Cognition, 11,* 501-518.

Greenwald, A. G., McGhee, D. E., & Schwartz, J. L. K. (1998). Measuring individual differences in implicit cognition: The implicit association test. *Journal of Personality and Social Psychology, 74,* 1464-1480.

Gregory, R. L. (1998). *Eye and brain: The psychology of seeing.* New York: Princeton University Press.

（グレゴリー，R. L. 近藤 倫明・中溝 幸夫・三浦 佳世（訳）（2001）. 脳と視覚――グレゴリーの視覚心理学―― ブレーン出版）

行場 次朗（1996）. 形の処理様式 丸山 欣哉（編）基礎心理学通論（pp.60-62） 福村出版

芳賀 繁（2000）. 失敗のメカニズム――忘れ物から巨大事故まで―― 日本出版サービス

Harlow, H. F. (1958). The nature of love. *American Psychologist, 13* (12), 673-685.

Holmes, T. H., & Rahe, R. H. (1967). The social readjustment rating scale. *Journal of*

Psychosomatic Research, 11, 213-218.

Holt-Lunstad, J., Smith, T. B., & Layton, J. B. (2010). Social relationships and mortality risk: A meta-analytic review. *PLOS Medicine, 7*, e1000316.

Horner, V., Carter, J. D., Suchak, M., & de Waal, F. B. M. (2011). Spontaneous prosocial choice by chimpanzees. *Proceedings of the National Academy of Sciences of the United States of America, 108*, 13847-13851.

Jack, R. E., Garrod, O. G. B., Yu, H., Caldara, R., & Schyns, P. G. (2012). Facial expressions of emotion are not culturally universal. *Proceedings of the National Academy of Sciences of the United States of America, 109*, 7241-7244.

Janis, I. (1991). Groupthink. In E. Griffin (Ed.), *A first look at communication theory* (pp.235-246). New York: McGraw-Hill.

Kahneman, D., Knetsch, J. L., & Thaler, R. H. (1991). Anomalies: The endowment effect, loss aversion and status quo bias. *Journal of Economic Perspectives, 5*, 193-206.

Kahneman, D., & Tversky, A. (1979). Prospect theory: An analysis of decision under risk. *Econometrica, 47*, 263-292.

警察庁交通局 (2020). 令和元年における交通死亡事故の発生状況等について 警察庁 Retrieved from https://www.npa.go.jp/news/release/2020/20200213jikosibou.html

King, J. E., & Figueredo, A. J. (1997). The five-factor model plus dominance in chimpanzee personality. *Journal of Research in Personality, 31*, 257-271.

Kobasa, S. C. (1979). Stressful life events, personality and health: An inquiry into hardiness. *Journal of Personality and Social Psychology, 37*, 1-11.

Kohlberg, L. (1981). *Essays on moral development.* Vol. 1. *The philosophy of moral development.* San Francisco, CA: Harper & Row.

国土交通省 (2019). 平成30年7月豪雨の避難意識と行動に関する調査 国土交通省 Retrieved from https://www.mlit.go.jp/river/sabo/committee_jikkousei/190328/09san-koshiryo4.pdf

小松原明哲 (2019). ヒューマンエラー 第3版 丸善出版

交通事故総合分析センター (2018). 交通統計平成29年版 交通事故総合分析センター

Kraft, T. L., & Pressman, S. D. (2012). Grin and bear it: The influence of manipulated facial expression on the stress response. *Psychological Science, 23* (11), 1372-1378.

Latané, B., & Darley, J. M. (1970). *The unresponsive bystander: Why doesn't he help?* New York: Appleton-Century-Crofts.
(ラタネ, B.・ダーリー, J. M. 竹村研一・杉崎和子 (訳) (1997). 冷淡な傍観者——思いやりの社会心理学—— 新装版 ブレーン出版)

Latané, B., & Rodin, J. (1969). A lady in distress: Inhibiting effects of friends and strangers on bystander intervention. *Journal of Experimental Social Psychology, 5*, 189-202.

Lieberman, M. D. (2007). Social cognitive neuroscience: A review of core processes. *Annual Review of Psychology, 58*, 259-289.

Maguire, E. A. (2001). Neuroimaging studies of autobiographical event memory. *Philosophical Transactions of the Royal Society B: Biological Sciences*, *356*, 1441-1451.

Maslow, A. H. (1954). *Motivation and personality*. New York: Harper.
(マズロー，A．H．小口 忠彦 (訳) (1987)．人間性の心理学――モチベーションとパーソナリティ―― 改訂新版 産業能率大学出版部)

Metzger, W. (1953). *Gesetze des Sehens*. Frankfurt, Germany: Kramer.
(メッツガー，W．盛永 四郎 (訳) (1968)．視覚の法則 岩波書店)

Moffitt, T. E., Arseneault, L., Belsky, D., Dickson, N., Hancox, R. J., Harrington, H., …Caspi, A. (2011). A gradient of childhood self-control predicts health, wealth, and public safety. *Proceedings of the National Academy of Sciences of the United States of America*, *108*, 2693-2698.

Ninose, Y., & Gyoba, J. (2003). The effect of prolonged viewing on the recognition of hierarchical patterns. *Acta Psychologica*, *112*, 233-242.

大渕 憲一 (2011)．人を傷つける心――攻撃性の社会心理学―― 新版 サイエンス社

太田 信夫 (監修) 行場 次朗 (編) (2018)．感覚・知覚心理学 北大路書房

Palmer, S. E. (1975). Visual perception and world knowledge: Notes on a model of sensory-cognitive interaction. In D. A. Norman, & D. E. Rumelhart (Eds.), *Explorations in cognition* (pp. 279-307). San Francisco: Freeman.

Patterson, G. R. (1982). *Coercive family process*. Avenue Eugene, OR: Castalia.

Peters, W. (1971). *A class divided*. Garden City, NY: Doubleday.
(ピータース，W．白石 文人 (訳) (1988)．青い目 茶色い目――人種差別と闘った教育の記録―― 日本放送出版協会)

Piaget, J., & Inhelder, B. (1956). *The child's conception of space*. New York: Humanities Press.

Porter, A. (2018). *Psychology: Everything you need to know to master the subject-in one book*. London, UK: Sirius, Arcturus.

Ramachandran, V. S., & Hubbard, E. M. (2001). Synaesthesia: A window into perception, thought and language. *Journal of Consciousness Studies*, *8* (12), 3-34.

蓮花 一己・石橋 富和・尾入 正哲・太田 博雄・恒成 茂行・向井 希宏 (2003)．高齢ドライバーの運転パフォーマンスとハザード知覚 応用心理学研究，*29*，1-16．

Rosenman, R. H., Brand, R. J., Jenkins, C. D., Friedman, M., Straus, R., & Wurm, M. (1975). Coronary heart disease in the Western Collaborative Group Study: Final follow-up experience of 8 1/2 years. *JAMA*, *233*, 872-877.

Russell, J. A. (1994). Is there universal recognition of emotion from facial expression? A review of the cross-cultural studies. *Psychological Bulletin*, *115*, 102-141.

サトウ タツヤ・高砂 美樹 (2003)．流れを読む心理学史――世界と日本の心理学―― 有斐閣

Saucier, G. (2010). Mini-markers: A brief version of Goldberg's unipolar big-five markers. *Journal of Personality Assessment*, *63*, 506-516.

Schachter, S., & Singer, J. E. (1962). Cognitive, social, and physiological determinants of emotional state. *Psychological Review, 69*, 379-399.

Schank, R. C., & Abelson, R. P. (1977). *Scripts, plans, goals and understanding: An inquiry into human knowledge structures.* Hillsdale, MI: Lawrence Erlbaum Associates.

Selfridge, O. G. (1959). Pandemonium: A paradigm of learning. In D. V. Blake, & A. M. Uttley (Eds.), *Proceedings of the symposium on the mechanization of thought processes* (pp.511-529). London, UK: Her Majesty's Stationary Office.

Seligman, M. E. P. (2002). *Authentic happiness.* New York: Free Press.

Shostrom, E. L. (1965). *Three approaches to psychotherapy.* Psychological and Educational Films.

（ショストロム，E. L. 佐治 守夫（監修・訳）(1980). グロリアと3人のセラピスト ──「来談者中心・ゲシュタルト・論理」療法の記録── 日本・精神技術研究所)

Sterling Education (2019). *Psychology: Everything you always wanted to know about.* Boston, MA: Sterling Education.

Stoner, J. A. F. (1968). Risky and cautious shifts in group decisions: The influence of widely held values. *Journal of Experimental Social Psychology, 4*, 442-459.

Tang, T. L. P., & Chiu, R. K. (2003). Income, money ethic, pay satisfaction, commitment, and unethical behavior: Is the love of money the root of evil for Hong Kong employees? *Journal of Business Ethics, 46*, 13-30.

Thaler, R. H., & Sunstein, C. R. (2008). *Nudge: Improving decisions about health, wealth, and happiness.* Cambridge, MA: Yale University Press.

（セイラー，R. H. ・サンスティーン，C. R. 遠藤 真美（訳）(2009). 実践行動経済学 ──健康，富，幸福への聡明な選択── 日経 BP 社)

Thomas, A., & Chess, S. (1977). *Temperament and development.* New York: Brunner/Mazel.

Thompson, P. (1980). Margaret Thatcher: A new illusion. *Perception, 9*, 483-484.

Treisman, A. (1986). Features and objects in visual processing. *Scientific American, 255* (5), 114B-125.

（トリーズマン，A. 高野 陽太郎（訳）(1987). 特徴と対象の視覚情報処理 日経サイエンス，*1*，86-98)

Treisman, A. M., & Gelade, G. (1980). A feature-integration theory of attention. *Cognitive Psychology, 12*, 97-136.

土田 昭司（編著）(2018). 安全とリスクの心理学──こころがつくる安全のかたち── 培風館

Tuk, M. A., Trampe, D., & Warlop, L. (2011). Inhibitory spillover: Increased urination urgency facilitates impulse control in unrelated domains. *Psychological Science, 22*, 627-633.

Tversky, A., & Kahneman, D. (1974). Judgment under uncertainty: Heuristics and biases. *Science, 185* (4157), 1124-1131.

渡邉 貴樹・上阪 直史・狩野 方伸 (2016). 生後発達期の小脳におけるシナプス刈り込みのメ

カニズム 生化学, *88*, 621-629.

Weiss, J. M. (1968). Effects of coping responses on stress. *Journal of Comparative and Physiological Psychology, 65*, 251-260.

Wicker, A. W. (1969). Attitudes versus actions: The relationship of verbal and overt behavioral responses to attitude objects. *Journal of Social Issues, 25*, 41-78.

徐 茜 (2015). 暗がりが利己的行動に与える影響——主観的匿名性—— 東北大学大学院文学研究科前期 2 年の課程平成 26 年度修士論文

矢野 正晴・柴山 盛生・孫 媛・西澤 正己・福田 光宏 (2002). 創造性の概念と理論 *NII Technical Report*, 1-60.

Zimbardo, P., Haney, C., Banks, W. C., & Jaffe, D. (1971). The Stanford prison experiment: A simulation study of the psychology of imprisonment conducted August 1971 at Stanford University. Technical Notes.

Zuckerman, M., & Neeb, M. (1979). Sensation seeking and psychopathology. *Psychiatry Research, 1*, 255-264.

人名索引

事項索引

著者紹介

行場　次朗（ぎょうば　じろう）　　　　　（第 3 〜 6, 12, 13 章）

1976 年　東北大学文学部卒業
1981 年　東北大学大学院文学研究科博士課程後期満期退学
現　在　尚絅学院大学総合人間科学系心理部門特任教授
　　　　東北大学名誉教授　博士（文学）

主要編著書

『認知心理学重要研究集 1　視覚認知』（編・執筆）（誠信書房，1995）

『イメージと認知』（共著）（岩波書店，2001）

『新・知性と感性の心理──認知心理学最前線』（共編著）（福村出版，2014）

『感覚・知覚心理学』（編）（北大路書房，2018）

大渕　憲一（おおぶち　けんいち）　　　（第 1, 2, 7 〜 11, 14, 15 章）

1973 年　東北大学文学部卒業
1977 年　東北大学大学院文学研究科博士課程後期中退
現　在　東北大学名誉教授　博士（文学）

主要編著書

『紛争と葛藤の心理学──人はなぜ争い，どう和解するのか』（サイエンス社，2015）

『こころを科学する──心理学と統計学のコラボレーション』（編著）（共立出版，2019）

『紛争と和解を考える──集団の心理と行動』（編）（誠信書房，2019）

ライブラリ 心理学の杜＝1

心理学概論

2021 年 7 月 25 日ⓒ　　　　　　初 版 発 行

著　者　行 場 次 朗　　　発行者　森 平 敏 孝
　　　　大 渕 憲 一　　　印刷者　中 澤　　眞
　　　　　　　　　　　　　製本者　小 西 惠 介

発行所　　**株式会社　サイエンス社**
〒151-0051　東京都渋谷区千駄ヶ谷 1 丁目 3 番 25 号
営業 TEL　(03) 5474-8500 (代)　　振替 00170-7-2387
編集 TEL　(03) 5474-8700 (代)
FAX　　　(03) 5474-8900

組版　ケイ・アイ・エス
印刷　㈱シナノ　　　製本　ブックアート
《検印省略》

ISBN978-4-7819-1508-1

PRINTED IN JAPAN

サイエンス社のホームページのご案内
https://www.saiensu.co.jp
ご意見・ご要望は
jinbun@saiensu.co.jp　まで.